Friedrich Heubel · Matthias Kettner
Arne Manzeschke (Hrsg.)

# Die Privatisierung von Krankenhäusern

## Gesundheit und Gesellschaft

Herausgegeben von
Ullrich Bauer
Uwe H. Bittlingmayer
Matthias Richter

Der Forschungsgegenstand Gesundheit ist trotz reichhaltiger Anknüpfungspunkte zu einer Vielzahl sozialwissenschaftlicher Forschungsfelder – z. B. Sozialstrukturanalyse, Lebensverlaufsforschung, Alterssoziologie, Sozialisationsforschung, politische Soziologie, Kindheits- und Jugendforschung – in den Referenzprofessionen bisher kaum präsent. Komplementär dazu schöpfen die Gesundheitswissenschaften und Public Health, die eher anwendungsbezogen arbeiten, die verfügbare sozialwissenschaftliche Expertise kaum ernsthaft ab.

Die Reihe „Gesundheit und Gesellschaft" setzt an diesem Vermittlungsdefizit an und systematisiert eine sozialwissenschaftliche Perspektive auf Gesundheit. Die Beiträge der Buchreihe umfassen theoretische und empirische Zugänge, die sich in der Schnittmenge sozial- und gesundheitswissenschaftlicher Forschung befinden. Inhaltliche Schwerpunkte sind die detaillierte Analyse u. a. von Gesundheitskonzepten, gesundheitlicher Ungleichheit und Gesundheitspolitik.

Friedrich Heubel · Matthias Kettner
Arne Manzeschke (Hrsg.)

# Die Privatisierung von Krankenhäusern

## Ethische Perspektiven

VS VERLAG

Bibliografische Information der Deutschen Nationalbibliothek
Die Deutsche Nationalbibliothek verzeichnet diese Publikation in der
Deutschen Nationalbibliografie; detaillierte bibliografische Daten sind im Internet über
http://dnb.d-nb.de abrufbar.

1. Auflage 2010



Lektorat: Frank Engelhardt

VS Verlag für Sozialwissenschaften ist eine Marke von Springer Fachmedien.
Springer Fachmedien ist Teil der Fachverlagsgruppe Springer Science+Business Media.
www.vs-verlag.de

Umschlaggestaltung: KünkelLopka Medienentwicklung, Heidelberg
Gedruckt auf säurefreiem und chlorfrei gebleichtem Papier
Printed in Germany

ISBN 978-3-531-17256-9

# Inhaltsverzeichnis

# Einführung und Überblick

*Friedrich Heubel, Matthias Kettner und Arne Manzeschke*

Als der Hessische Landtag im Mai 2005 seine Anhörung zur Privatisierung der Universitätsklinika Gießen und Marburg[1] durchführte, problematisierte nur eine von den insgesamt 106 schriftlichen Stellungnahmen dieses Projekt ethisch. Es war dies die Stellungnahme der Gesellschaft für Ethik und Medizin Marburg. Als Reaktion auf das hessische Vorhaben bildete sich dann auf der Jahrestagung der Akademie für Ethik in der Medizin (AEM) im September 2005 in Witten die Arbeitsgruppe Klinikprivatisierung. Nachdem der Hessische Landtag endgültig den Verkauf von 95 % der Anteile der aus den beiden Klinika gebildeten rechtsfähigen Anstalt des öffentlichen Rechts an die Rhön-Klinikum AG beschlossen hatte, übertrug die Gesellschaft für Ethik und Medizin Marburg der Arbeitsgruppe Klinikprivatisierung der AEM die Vorbereitung ihres jährlichen Symposions, das im November 2008 stattfand und den Titel trug: *Wie ist Krankenhausprivatisierung ethisch zu beurteilen?* Die Rückmeldungen, die die Arbeitsgruppe auf diesem Symposion erhielt, veranlassten sie, ihre Arbeit, ausgehend von den dort gehaltenen Referaten zu vertiefen und zu veröffentlichen. Das nun vorliegende Buch verdankt sich also dem Zusammenfluss dieser beiden Initiativen.

In der Sache war die Privatisierung von Gießen und Marburg freilich nur ein Anstoß. Diese Privatisierung war spektakulär, weil hier zum ersten Mal Universitätsklinika betroffen waren, also Einrichtungen, die im Zuge der Krankenbehandlung auch noch Forschung und Lehre betreiben. Universitätsklinika teilen aber mit allen Krankenhäusern die Aufgabe der Krankenversorgung. Krankenversorgung ist letzten Endes der Zweck, dem auch Forschung und Lehre in der Medizin dienen. Die Arbeitsgruppe durfte also die Spezifika der Universitätsklinika außer Acht lassen und sich allein der Problematik des Versorgungsauftrags widmen.

---

1 Gesetzentwurf der CDU für ein Gesetz über die Errichtung des Universitätsklinikums Gießen und Marburg – Drucks. 16/3758. Das Gesetz bereitete die vorgesehene Fusionierung der Universitätsklinika Gießen und Marburg und den anschließenden Verkauf an die private Klinikkette Rhön-Klinikum AG vor.

Das Irritierende an der Kombination von Krankenversorgung und finanziellem Gewinnstreben brachte ein Teilnehmer des Symposions mit dem folgenden Gedankenexperiment sinnfällig zum Ausdruck:

Herr Mayer und Herr Müller haben jeder eine Seenotrettungsfirma. Bei einer bestimmten Klasse von Seenotfällen können sie – bei gleichem Wetter, gleicher See, gleichem Schiff – von hundert Mann Besatzung im Schnitt 70 retten. Die Rechnungen für ihre Rettungseinsätze werden letzten Endes von einer Versicherung beglichen, für die die Reeder laufende Prämien zahlen. Müller rettet etwas billiger als Mayer. Zwar könnte er seine Preise auf das Niveau von Mayer anheben und seinen so erzielten Mehrgewinn in die weitere Verbesserung von Rettungstechnik investieren. Dann würde sich die Versicherung für die Reeder allerdings verteuern und Müllers Wettbewerbsvorteil gegenüber Mayer verschwinden. Müller könnte aber dann von hundert Mann Besatzung vielleicht 90 retten.

Gewiss, das Beispiel ist insofern irreführend, als es sich bei Lebensrettung um ein Gut mit völlig unelastischer Nachfrage handelt, für das die direkten Kunden (wenn sie noch könnten), prinzipiell jeden Preis zahlen würden. Dennoch spricht das Gedankenexperiment eine wichtige Intuition an: Die meisten von uns würden es intuitiv wohl richtig oder sogar geboten finden, dass Herr Müller in die Verbesserung seiner Seenotrettungsfirma investiert. Allerdings würde Herr Müller so sich selbst, seine Mitarbeiter und das Versicherungsunternehmen einem Risiko aussetzen. Seine Leistung würde zwar insofern ›wertvoller‹ als er mehr Menschen retten kann, sie würde aber auch teurer und deshalb tendenziell die Nachfrage sinken lassen. Die Reeder würde er zwingen, entweder den erhöhten Preis für die Versicherungspolice mit größeren Rettungschancen oder den bisherigen Preis des Status quo zu wählen. Was also ist den verschiedenen Betroffenen in diesem Szenario zumutbar, und wer sollte es durchsetzen?

Das sind grundsätzlich die gleichen Fragen, die sich beim gewinnorientierten Betrieb von Krankenhäusern und insbesondere beim Übergang von öffentlicher in private Trägerschaft stellen. Ein großer Teil der einschlägigen Literatur behandelt diese Fragen als Aspekte einer quasi-natürlichen Entwicklung, auf die man zwar reagieren, die man aber weder privat noch öffentlich merklich beeinflussen kann. Unsere Arbeitsgruppe fasst diese Fragen dagegen als normative Fragen auf. Sie analysiert die Entwicklung nicht mit dem Ziel, Trends zu identifizieren und darauf Empfehlungen zu gründen, wie die verschiedenen Akteure jeweils ihren Vorteil wahren könnten. Sie versucht nicht, pragmatische Rezepte aufzustellen, sondern die einschlägigen moralischen Normen zu identifizieren, nach denen Trends ethisch zu beurteilen und Handlungsvorschläge gegebenenfalls ethisch zu bewerten wären. Sie sucht nach einen rational ausweisbaren Kern in den Intuitionen, die im Szenario des Gedankenexperiments anklingen.

Die Arbeitsgruppe bindet sich jedoch nicht an einen spezifischen moralphilosophischen (ethischen) Ansatz. Wir halten das Thema für ein im Prinzip öffentlich zu verhandelndes, und in der öffentlichen Diskussion sind ohnedies vielfältige moralisch-normative Ansätze zu erwarten, entsprechend dem erwartbaren Wertepluralismus in der liberalen Kultur moderner demokratischer Rechtsstaaten. Die Autoren waren deshalb frei, ihre persönlichen Überzeugungen zugrunde zu legen, soweit diese sich in der Form von Argumenten auf nachvollziehbare Weise ausdrücken ließen. Die Arbeitsgruppe hat großen Wert darauf gelegt, jedes Manuskript – unter Umständen auch mehrfach – auf insgesamt siebzehn gemeinsamen Sitzungen zu diskutieren. So entwickelte sich eine erhebliche Konvergenz. Das entspricht einer in der Ethik nicht seltenen Erfahrung, dass Vertreter unterschiedlicher Grundkonzepte im Einzelfall dennoch zum gleichen Urteil kommen, vorausgesetzt, die zu beurteilende Handlungssituationen wird gründlich genug aufgearbeitet. Wir gliedern das Buch deshalb methodisch in einen deskriptiven und einen reflexiven Teil mit jeweils vier Beiträgen. Am Ende steht ein Fazit, dass den in der Arbeitsgruppe entwickelten Konsens zusammenfasst. Die künftige Arbeit wird sich unter anderem mit den folgenden Themen beschäftigen müssen: Die Bedeutung der Pflege in der therapeutischen Situation und die Bedeutung des Rechts für die Übertragung moralisch-normativer Forderungen in die Praxis.

## Die Beiträge im Überblick

Den deskriptiven Teil des vorliegenden Bandes eröffnet *Franziska Prütz* mit einer differenzierten Beschreibung der deutschen Krankenhauslandschaft im Trend der Privatisierung. Sie charakterisiert die verschiedenen Rechtsformen bzw. Träger, die sich hinter dem pauschalen Begriff der Privatisierung verbergen, insbesondere unter dem Gesichtspunkt, wie die verschiedenen Verselbständigungsformen des Managements mit dem ökonomischen Druck zurechtkommen können. In die so gewonnene Klassifikation werden die Kenndaten der Häuser im Verlauf zwischen 2002 bis 2008 eingetragen. Dazu kommt ein Überblick über die empirischen Daten, die zum Leistungsvergleich zwischen den verschiedenen Trägern vorliegen. Im Fazit lässt sich kein eindeutiger Vor- oder Nachteil einer Seite im Hinblick auf Behandlungsqualität und monetäre Effizienz belegen.

*Rainer Sibbel* betrachtet Krankenhäuser gesundheitsökonomisch. Er benennt die Hemmnisse, die aus dieser Sicht für öffentliche Träger, und die Erfolgsfaktoren, die für private Betreiber gelten. Sibbel argumentiert, dass auch die privaten Träger im Wettbewerb die ›Sachziele‹ neben den ›Formalzielen‹ nicht vernachlässigen können. Die Leistungsindikatoren im Vergleich öffentlich, freigemeinnützig und privat zeigen, dass die geeigneten organisatorischen Mittel nicht nur den privaten Trägern zu Gebote stehen. Im Einklang mit weltweit gemachten Erfahrungen beruhen gelungene Privatisierungen nicht auf Deregulation, sondern auf kluger staatlicher Regulation.

*Horst Imdahl* schreibt aus der Sicht des erfahrenen Krankenhausmanagers. Er schildert zunächst die typischen Verfahrensschritte, die eine Krankenhausprivatisierung vom lokalpolitischen Beschluss bis zu den ersten Maßnahmen des neuen Besitzers durchläuft. Er erläutert dann das Vergütungssystem der DRGs. Diese diagnosebezogenen Pauschalen bilden konzeptionell nur die Diagnose- und Behandlungskosten ab, enthalten also keine Anteile für Gewinnausschüttungen an Anteilseigner. An Beispielen kommunaler Krankenhausprivatisierungen wird gezeigt, dass diese Eigenschaft der DRGs private Krankenhausbetreiber unter zusätzlichen ökonomischen Druck setzt.

*Viola Schubert-Lehnhardt* beschreibt das poliklinische Versorgungssystem der ehemaligen Deutschen Demokratischen Republik qualitativ und quantitativ nach Zielen, Strukturen, Entwicklungsschritten, Leistungen und Defekten. Den Hauptgesichtspunkt bilden die Kontraste zu Marktelementen: Gleichverteilung des Leistungsangebots in der Fläche, gleiche Versorgung aller Patienten, direkte Verbindung von Ambulanz und Klinik, wobei sowohl Organisation wie Finanzierung direkt durch zentrale staatliche Stellen erfolgt, nicht durch einen gesetzlichen Rahmen, der von den Akteuren nach deren Prioritäten ausgefüllt werden kann.

Den reflexiven Teil des vorliegenden Bandes beginnt *Christian Lenk* im Rückgang auf die klassische Theorie des Gesellschaftsvertrages als Basis staatlichen Handelns. In der von John Rawls vertretenen und modifizierten Form wird sie als Prüfkriterium für die Gerechtigkeit eines Staates benutzt. Lenk diskutiert das Verhältnis von Grundbedürfnissen, Grundgütern und Grundrechten und hält fest, dass Gesundheit den Status eines Grundgutes hat. Daraus folge eine Verantwortung des Staates für die Gesundheitsversorgung überhaupt, private Erbringungsformen sind zwar möglich, der Staat muss Marktversagen aber korrigieren können.

*Matthias Kettner* präzisiert das begriffliche Instrumentarium. Ökonomisierung geht auf Effizienz bei bestimmten Zielen; Kommerzialisierung auf das Sonderziel, aus eingesetztem Geld mehr Geld zu machen. Kommerzialisierung als Prozess ist Vermarktlichung. Kettner bestimmt Merkmale marktförmigen Handelns und beschreibt einige Ansatzstellen für die moralische Kritik an Kommerzialisierung. Eine Unterscheidung zwischen schwacher und totaler Kommerzialisierung erfasst das Spezifische von kapitalistischen Märkten. Moralisch fragwürdig ist die Möglichkeit, dass die Gewinnerzielung Vorrang vor der Behandlungsqualität erhalten kann.

*Arne Manzeschke* thematisiert das Spannungsverhältnis von Eigeninteresse und Zuwendung zum Anderen. Auf dieses Thema hin werden die Pflichtenethik von Immanuel Kant, die wirtschaftsethische Konzeption von Peter Ulrich und der philosophische Ansatz von Emmanuel Levinas verglichen. Die These von der langfristigen Gewinnmaximierung als bestem Mittel zur allgemeinen Wohlfahrt wird unter Rückgriff auf Ulrich kritisiert. Der konzeptionellen Aufwertung des Eigeninteresses wird die Verantwortung für den Anderen nach Levinas entgegengestellt. Ohne diese drohe ein Versorgungssystem »ohne Ansehen der Person, nicht aber ohne Ansehen seiner Zahlungsfähigkeit«.

*Friedrich Heubel* reflektiert umsichtig auf den begrenzten Wert der Marktwirtschaft für die Organisation eines leistungsfähigen Gesundheitssystems. In seinem Beitrag macht er deutlich, worin die typische Situation von behandelnden Ärzten und behandlungsbedürftigen Patienten von der typischen Situation von Verkäufern und Kunden abweicht. Krankenhäuser sollten die quantitativen Wirtschaftsgüter, die Voraussetzungen und Ergebnisse therapeutischer Entscheidungen sind, zur Verfügung stellen, die therapeutische Situation selbst aber unangetastet lassen, was im privatisierten, renditegetriebenen Unternehmen Krankenhaus wegen der dort vergleichsweise geringeren professionellen Autonomie der Behandler auf spezifische Schwierigkeiten stößt. Auf dem Umweg einer Analyse von Finanzspekulationen bestimmt Heubel die besondere politische Regulationsaufgabe für eine Gesundheitspolitik diesseits der Illusion, dass Patienten und Behandler einander so begegnen könnten, als wären sie Marktteilnehmer.

Ein in der Arbeitsgruppe konsensfähiges *Fazit* beschließt den Band.

Wir danken Herrn Prof. Dr. Rainer Sibbel für seinen Beitrag, Herrn Dr. Hans-Joachim Conrad, Herrn Dr. Heinz Kammeier, Herrn Prof. Dr. Hermes A. Kick und Herrn PD Dr. Thomas Loer für wertvolle Informationen und Anregungen und Herrn Dr. Klaus Voelker für Kritik und fachkundige Begleitung.

# Bestandsaufnahme

# Die Krankenhauslandschaft nach Trägern und Rechtsformen

*Franziska Prütz*

## 1. Einleitung

Verwendet man den Begriff der Privatisierung im Zusammenhang mit Krankenhäusern, so kann dies zwei Dinge bedeuten. Meist ist damit ein Wechsel des Krankenhausträgers gemeint, in dem Sinne, dass ein Krankenhaus von einem öffentlichen oder freigemeinnützigen auf einen privaten Träger übergeht. Außerdem kann sich Privatisierung auf die Rechtsform des Krankenhauses beziehen und meint dann die Umwandlung von einer öffentlich-rechtlichen in eine privatrechtliche Unternehmensform. Dieser Doppeldeutigkeit des Begriffs der Privatisierung entspricht der Befund, dass sich in der Praxis immer wieder Probleme bei der Einordnung von Krankenhäusern ergeben, die darauf beruhen, dass Rechtsform und Trägerschaft nicht auseinandergehalten werden[1].

In diesem Beitrag sollen die verschiedenen Formen von Krankenhausträgerschaft dargestellt werden, um eine möglichst genaue Beschreibung der betriebswirtschaftlichen Organisation vornehmen zu können, unter Einbeziehung der Rechtsformen. Es sollen, auch anhand von Beispielen, Möglichkeiten der Restrukturierung als Alternativen zur Privatisierung aufgezeigt werden. Dem voran geht eine Definition des Krankenhauses aus gesetzgeberischer und unternehmerischer Perspektive; hieraus lassen sich Aufgaben bzw. Funktionen des Krankenhauses ableiten, die als Kriterien für den Vergleich der einzelnen Organisationsformen dienen können. Dieser Vergleich bildet den Schluss des Beitrags.

---

1 Vgl. Wörz, Markus (2008): *Erlöse – Kosten – Qualität: Macht die Krankenhausträgerschaft einen Unterschied?* Wiesbaden (VS Verlag für Sozialwissenschaften), S. 34, 181f.

## 2. Das Krankenhaus als Ort der Gesundheitsversorgung und als Unternehmen

Für eine Bestimmung dessen, was ein Krankenhaus ist und worin seine Aufgaben bestehen, bietet es sich an, zuerst auf die gesetzlichen Grundlagen zurückzugreifen. Definitionen des Krankenhauses sind im Krankenhausfinanzierungsgesetz (KHG)[2] und im Sozialgesetzbuch V (SGB V)[3] zu finden; letztere Definition ist etwas ausführlicher, da sie auch dem Zweck dient, Krankenhäuser von Vorsorge- und Rehabilitationseinrichtungen zu unterscheiden.

»Im Sinne dieses Gesetzes sind [...] Krankenhäuser Einrichtungen, in denen durch ärztliche und pflegerische Hilfeleistung Krankheiten, Leiden oder Körperschäden festgestellt, geheilt oder gelindert werden sollen oder Geburtshilfe geleistet wird und in denen die zu versorgenden Personen untergebracht und gepflegt werden können« (§ 2 Abs. 1 KHG).

»Krankenhäuser im Sinne dieses Gesetzbuchs sind Einrichtungen, die
1. der Krankenhausbehandlung oder Geburtshilfe dienen,
2. fachlich-medizinisch unter ständiger ärztlicher Leitung stehen, über ausreichende, ihrem Versorgungsauftrag entsprechende diagnostische und therapeutische Möglichkeiten verfügen und nach wissenschaftlich anerkannten Methoden arbeiten,
3. mit Hilfe von jederzeit verfügbarem ärztlichen, Pflege-, Funktions- und medizinisch-technischem Personal darauf eingerichtet sind, vorwiegend durch ärztliche und pflegerische Hilfeleistung Krankheiten der Patienten zu erkennen, zu heilen, ihre Verschlimmerung zu verhüten, Krankheitsbeschwerden zu lindern oder Geburtshilfe zu leisten,und in denen
4. die Patienten untergebracht und verpflegt werden können« (§ 107 Abs. 1 SGB V).

Daraus lässt sich ableiten, welche Aufgaben im Krankenhaus von welchen Akteuren auf welche Weise und mit welchem Ziel erfüllt werden. Die Feststellung der Gesundheitsversorgung als Kernbereich des Krankenhauses ist zunächst unberührt von organisatorischen, wirtschaftlichen oder verwaltungstechnischen Vorgaben. Da aber das Krankenhaus seine Aufgaben nur dann erfüllen kann, wenn seine wirtschaftliche Existenz gesichert ist, wird im KHG eine gesetzliche Regelung der Krankenhausfinanzierung vorgenommen:

»Zweck dieses Gesetzes ist die wirtschaftliche Sicherung der Krankenhäuser, um eine bedarfsgerechte Versorgung der Bevölkerung mit leistungsfähigen, eigenverantwortlich wirtschaftenden Krankenhäusern zu gewährleisten und zu sozial tragbaren Pflegesätzen beizutragen« (§ 1 Abs. 1 KHG).

---

2 Gesetz zur wirtschaftlichen Sicherung der Krankenhäuser und zur Regelung der Krankenhauspflegesätze (Krankenhausfinanzierungsgesetz – KHG), Ausfertigungsdatum: 29. 6. 1972; http://www.gesetze-im-internet.de/bundesrecht/khg/gesamt.pdf; Zugriff am 25. 7. 2009

3 SGB V Handbuch (2009): *Sozialgesetzbuch V Krankenversicherung*. Altötting (KKF-Verlag) 15. Aufl..

Hier werden drei Ziele benannt: die wirtschaftliche Sicherung der Krankenhäuser, die bedarfsgerechte stationäre Versorgung der Bevölkerung und sozial tragbare Pflegesätze für die Versicherten. Dabei ist die Existenzsicherung der Krankenhäuser ein Mittel, um die gesundheitliche Versorgung der Bevölkerung zu gewährleisten. Bei einem Wechsel in die unternehmerische Perspektive ändert sich sowohl diese Zielkonstellation als auch die Definition des Krankenhauses:

»Krankenhäuser sind Dienstleistungsunternehmen, in denen Produktionsfaktoren mit dem Ziel kombiniert werden, Patienten zu versorgen« [4].

Das Unternehmensziel, Patienten zu versorgen, wird in zwei Untergruppen von Zielen eingeteilt, die als Formalziele und Sachziele bezeichnet werden[5]. Die Sachziele beziehen sich dabei auf die Art und Weise, wie die Patientenversorgung geleistet wird (dazu gehören z.B. Bedarfsgerechtigkeit, Kundenfreundlichkeit und Leistungsfähigkeit), während die Formalziele mit der »Zieltriade« der Rentabilität, Liquidität und Sekurität[6] an die »Teilnahme des Unternehmens am Wirtschaftsprozess und Geldkreislauf« anknüpfen[7]. Dabei bedeutet das Rentabilitätsziel nicht zwangsläufig, einen maximalen Gewinn zu erwirtschaften, sondern es kann je nach Zielvorgabe des Unternehmens »von der Begrenzung des Zuschussbedarfs über die Kostendeckung bis hin zur begrenzten oder unbegrenzten Gewinnmaximierung reichen«[8].

Ein Vergleich der Perspektiven ergibt, dass die gesetzlich vorgesehenen Funktionen des Krankenhauses am ehesten den Sachzielen entsprechen und die wirtschaftliche Sicherung den Formalzielen. Im Gegensatz zur Zweck-Mittel-Relation des Gesetzestextes besteht aus betriebswirtschaftlicher Sicht eine Gleichwertigkeit von Formal- und Sachzielen. Dabei ist ein Ergebnis von zunehmender Ressourcenknappheit und strengeren Verteilungsmechanismen, dass auch nicht-erwerbswirtschaftlich orientierte Krankenhäuser sich immer mehr als Unternehmen begreifen und sich zunehmend an den Formalzielen orientieren, was eine Aufgabe der bis

4 Eichhorn, Peter (2000): *Unternehmensmanagement – Definition und Aufgaben.* In:, Eichhorn, Peter/Seelos, Hans–Jürgen/Graf v. d. Schulenburg, J.–Matthias (Hrsg.): Krankenhausmanagement. München, Jena (Urban & Fischer), S. 60–69, S. 60.

5 Vgl. den Beitrag von Rainer Sibbel in diesem Band.

6 Sekurität meint Schutz vor Vermögensverlusten und Überschuldung; vgl. Eichhorn 2000, S. 60.

7 Eichhorn 2000, S. 60.

8 Greiling, Dorothea (2000): *Rahmenbedingungen krankenhausbezogenen Unternehmensmanagements.* In: Eichhorn et al., S. 69–104, S. 91.

Anfang der 90er Jahre (als Wendepunkt gilt das Gesundheitsstrukturgesetz 1993) herrschenden Sachzieldominanz bedeutet[9].

## 3. Träger und Rechtsformen im Einzelnen

Jedes Unternehmen – so auch das Krankenhaus – wird durch externe Umweltfaktoren und betriebsindividuelle institutionelle Faktoren[10] bestimmt. Unter diesen nimmt die Eigentumsträgerschaft eine besondere Stellung ein: Sie gibt an, »wer eine qualifizierte Kapital- oder Stimmenmehrheit an einem Unternehmen hält«[11], setzt damit die Rahmenbedingungen für die Organisation des Krankenhauses und bestimmt die anderen institutionellen Faktoren. Eine gesetzliche Definition von Krankenhausträgerschaft gibt es nicht[12]. Nach der Definition des Statistischen Bundesamtes werden drei Gruppen von Krankenhausträgern unterschieden:

- *Öffentliche Träger* sind Gebietskörperschaften (Bund, Länder, Bezirke, Kreise, Gemeinden) oder Zusammenschlüsse solcher Körperschaften (z.B. Arbeitsgemeinschaften, Zweckverbände) oder Sozialversicherungsträger (wie Landesversicherungsanstalten und Berufsgenossenschaften);
- *Freigemeinnützige Träger* sind Träger der kirchlichen und freien Wohlfahrtspflege, Kirchengemeinden, Stiftungen oder Vereine;
- *Private Träger* betreiben das Krankenhaus als gewerbliches Unternehmen und bedürfen dazu einer Konzession nach § 30 Gewerbeordnung[13].

9 Vgl. Gerste, Bettina (2003): *Veränderungen der Trägerschaft von Krankenhäusern seit 1992.* In: Arnold, Michael/Klauber, Jürgen/Schellschmidt, Henner (Hrsg.): Krankenhaus-Report 2002. Schwerpunkt: Krankenhaus im Wettbewerb. Stuttgart (Schattauer), S. 295–312, S. 295; Eichhorn, Peter/Greiling, Dorothea (2003): *Das Krankenhaus als Unternehmen.* In: Ebd., S. 31–41, S. 35.

10 Unter externen Umweltfaktoren werden u.a. Mitanbieter von Gesundheitsleistungen, Finanzierungsträger, gesetzgebende Institutionen und öffentliche Verwaltungen, unter betriebsindividuellen institutionellen Faktoren u.a. Eigentümerstruktur, Zielsetzung, Unternehmenskultur, Rechtsform, Mitbestimmungsregeln und Leitungsspitze subsumiert; vgl. Greiling 2000, S. 69f..

11 Greiling 2000, S. 88.

12 Tiemann, Oliver/Schreyögg, Jonas/Wörz, Markus/Busse, Reinhard (2010): *Leistungsmanagement in Krankenhäusern.* In: Busse, Reinhard/Schreyögg, Jonas/Tiemann, Oliver (Hrsg.): Management im Gesundheitswesen. Heidelberg (Springer ), S. 47–76, S. 50.

13 Statistisches Bundesamt (2009): *Gesundheit. Grunddaten der Krankenhäuser 2008*, Fachserie 12, Reihe 6.1.1, Statistisches Bundesamt, Wiesbaden, S. 8; Andere synonym verwendete Begriffe sind statt *öffentlich* auch *staatlich* oder *public*, statt *freigemeinnützig* auch (*private*) *nonprofit* bzw. *not-for-profit* oder *voluntary*, statt *privat* auch *privat-kommerziell*, (*private*) *forprofit* oder *erwerbswirtschaftlich*; vgl. Greiling 2000, Wörz 2008.

| | staatlich | | nonprofit | forprofit |
|---|---|---|---|---|
| | **nicht verselbständigt** | **verselbständigt** | | |
| **Ziel** | Polit. Rücksichten, z.B. Wiederwahl der Krankenhausleitung | Bedarfsdeckung | Bedarfsdeckung | Erzielung von Gewinnen |
| **Politiknähe** | hoch | mittel | fern | fern |
| **staatliche Förderung** | ja | nein | ja | nein |
| Verfügungsrechte | | | | |
| **Nutzung des Gutes** | ja | ja | ja | ja |
| **Aneignung der Erträge / Gewinnverwendung** | Non-distribution Constraint | Non-distribution Constraint | Non-distribution Constraint | frei |
| **Veränderung des Gutes** | nein | ja | ja | ja |
| **Verkauf des Gutes** | nein | ja | ja | ja |

*Tabelle 1: Zentrale idealtypische Eigenschaften von nonprofit, staatlichen und forprofit Krankenhäusern (Wörz 2008)*

Hat ein Krankenhaus mehrere Träger, wird die Trägerform durch denjenigen bestimmt, der überwiegend beteiligt ist oder überwiegend die Geldlasten trägt. Im KHG ist vorgeschrieben, dass bei der Anwendung des Gesetzes »die Vielfalt der Krankenhausträger zu beachten« und dabei »nach Maßgabe des Landesrechts insbesondere die wirtschaftliche Sicherung freigemeinnütziger und privater Krankenhäuser zu gewährleisten« ist (§ 1 Abs. 2 KHG). Einen Überblick über die Eigenschaften der Träger und die jeweiligen Verfügungsrechte gibt Wörz (Tabelle 1)[14].

Die dort getroffene Unterscheidung der öffentlichen Krankenhäuser in nicht verselbständigte und verselbständigte wird auch (seit 2002) vom Statistischen Bundesamt vorgenommen. Sie bezieht sich auf die Rechtsformen der öffentlichen Krankenhäuser. Mit der Wahl der Rechtsform sind die gesetzlichen Vorschriften, die für die Organisation eines Unternehmens gelten, bestimmt; diese können noch durch unternehmensindividuelle Regelungen ergänzt werden[15]. Daraus resultieren verbindliche Vorgaben für das Außen- und das Innenverhältnis des Unternehmens. Wesentliche Unterschiede zwischen den Rechtsformen bestehen dabei im Verhältnis zwischen Trägern und Geschäftsführung bzw. Management, in der Rechtsstellung des Krankenhauses und in der Frage der Haftung. Grundsätzlich können öffentliche Krankenhäuser in öffentlich-rechtlicher und in privatrechtlicher Form geführt werden, wobei die öffentlich-rechtlichen Rechtsformen noch nach rechtlich selbständigen und rechtlich unselbständigen Formen unterschieden werden (Tabelle 2). Im Einzelnen sind folgende Rechtsformen gebräuchlich, geordnet nach zunehmender Handlungsautonomie des Managements:

14 Wörz 2008, S. 32; er weist allerdings darauf hin, dass es sich um »idealtypische« Eigenschaften handelt; so sei z.B. das Verfügungsrecht auf die Veränderung des Gutes für deutsche Krankenhäuser durch die Krankenhausplanung eingeschränkt, und zwar unabhängig von der Trägerschaft (S. 31).

15 Grundlage der folgenden Erläuterung und der Beschreibung der Rechtsformen sind im Wesentlichen die Ausführungen von Greiling 2000.

| **öffentlich-rechtliche Rechtsformen** | **privatrechtliche Rechtsformen** |
|---|---|
| rechtlich unselbständig:<br>• Regiebetrieb<br>• Eigenbetrieb<br>• LHO-Betrieb | • Gesellschaft bürgerlichen Rechts<br>• eingetragener Verein<br>• Stiftung des privaten Rechts<br>• Gesellschaft mit beschränkter Haftung<br>• Aktiengesellschaft |
| rechtlich selbständig:<br>• vollrechtsfähige Anstalt des öffentlichen Rechts<br>• Körperschaft des öffentlichen Rechts<br>• Stiftung des öffentlichen Rechts | |

*Tabelle 2: Rechtsformen von Krankenhäusern (nach: Greiling 2000)*

*Öffentlich-rechtliche Form, rechtlich unselbständig*: Für diese Rechtsformen gilt, dass die Krankenhausleitung die Geschäftsführung nur im Rahmen delegierter Entscheidungsbefugnisse innehat. Es besteht eine unbegrenzte Haftung des Trägers (Kommune bzw. Land).

- Der *Regiebetrieb* ist Bestandteil der kommunalen Verwaltung, d.h., er ist rechtlich, wirtschaftlich und organisatorisch unselbständig. Da es mehrere Entscheidungsebenen oberhalb der Geschäftsführung gibt (Rat/Kreistag, Krankenhausausschuss, oberstes Verwaltungsorgan, Krankenhausdezernat), werden Entscheidungen eher schwerfällig getroffen. Seitdem 1985 durch rechtliche Bestimmungen die Buchführung erschwert wurde (Verpflichtung zur kaufmännischen doppelten Buchführung), ist diese Rechtsform nicht mehr lohnend für Krankenhäuser.
- Der *Eigenbetrieb* gilt als »klassische Organisationsform für wirtschaftliche Unternehmen der Kommunen«[16]. Er ist wirtschaftlich und organisatorisch selbständig, wobei Kommunalvertretung und Bürgermeister oberste Dienstherren sind, die den Betrieb überwachen und wesentliche Unternehmensentscheidungen (z.B. Fusion, Besetzung der leitenden Organe) treffen. Auch hier existieren mehrere Entscheidungsebenen (Rat/Kreistag, Werkausschuss, oberstes Verwaltungsorgan) oberhalb der Geschäftsführung.

16 Greiling 2000.

- Der *§26-Landeshaushaltsordnungs-Betrieb (LHO-Betrieb)* ist eine durch Landeshaushaltsordnung geschaffene Betriebsform mit dem Land als Träger, in der vor allem psychiatrische Kliniken und Universitätskliniken organisiert sind. Wie die Eigenbetriebe sind die LHO-Betriebe wirtschaftlich und organisatorisch selbständig. Die Aufteilung der Entscheidungskompetenzen zwischen Träger und Geschäftsführung ist allerdings nicht gesetzlich geregelt und daher je nach Land und Krankenhaus unterschiedlich. Unterschieden werden die §26-LHO-Abs.1-Betriebe ohne und die §26-Abs.2-Betriebe mit aus dem Trägerhaushalt ausgegliedertem Sondervermögen. Oberhalb der Geschäftsführung bestehen noch zwei Entscheidungsebenen (Ministerium, Abteilung/Referat).

*Öffentlich-rechtliche Form, rechtlich selbständig*: Diese Rechtsformen gestehen der Geschäftsführung einen größeren Handlungsspielraum zu und gehen in der Regel mit einer Haftungsbegrenzung des Trägers einher.

- *Vollrechtsfähige Anstalten des öffentlichen Rechts* werden durch Gesetz, Rechtsverordnung oder Verwaltungsakt geschaffen; sachliche sowie persönliche Mittel werden zur Erfüllung eines besonderen Zwecks zusammengefasst. Die Geschäftsführung liegt beim Vorstand, dem als Aufsichtsorgan der Verwaltungsrat übergeordnet ist. Vorteil dieser Rechtsform wäre, dass es für das Verhältnis zwischen Verwaltungsträger und dem Krankenhaus vielfältige Gestaltungsmöglichkeiten gäbe, Nachteil, dass zu ihrer Einrichtung ein Spezialgesetz erforderlich ist[17]. Eine solche gesetzliche Grundlage gibt es in Bayern; dort haben die Kommunen seit 1995 die Möglichkeit, mit den so genannten *Kommunalunternehmen* Anstalten des öffentlichen Rechts zu bilden[18].
- Die *Körperschaft des öffentlichen Rechts* ist eine Rechtsform, die »öffentliche Aufgaben mit hoheitlichen Mitteln unter staatlicher Aufsicht wahrnimmt«[19] und hauptsächlich in der Selbstverwaltung angewendet wird. Sie kommt bei kirchlichen und kommunalen Krankenhäusern vor. Grund dafür ist, dass sie ab Ende des 18. Jh. durch den Landesherren Krankenhäusern mit kirchlichen Trägern verliehen wurde und nach der Säkularisierung (1803) einige dieser Häuser in kommunaler Trägerschaft verblieben. Ihre Entscheidungsebenen sind die Mitglieder- bzw. Vertreterversammlung, die Grundsatzentscheidungen trifft, und ein exekutierendes Verwaltungsorgan, das die laufende Geschäftsführung tä-

17 Buse, Henning R. (2000): *Geeignete Rechtsformen für kommunale Krankenhäuser.* Köln/Berlin/Bonn/München (Carl Heymanns), S. 55f..

18 Ebd., S. 56.

19 Ebd., S. 54.

tigt. Zu den Körperschaften des öffentlichen Rechts werden im Allgemeinen auch die *Zweckverbandskrankenhäuser* gerechnet[20]; ein Zweckverband ist ein Zusammenschluss »mindestens zweier Kommunen zur Erledigung ausgewiesener Spezialaufgaben«[21].

- *Stiftungen des öffentlichen Rechts* verwalten ein vom Stifter übergebenes Vermögen und erfüllen damit öffentliche Aufgaben[22]. Sie entstehen durch einen Stiftungsakt und bedürfen einer Genehmigung des Landes. Es gibt eine staatliche Stiftungsaufsicht; für die kirchlichen Stiftungen existiert zusätzlich eine kirchliche Stiftungsaufsicht. Entscheidungsebenen sind das Kuratorium und der Vorstand.

*Privatrechtliche Form*: Unterschiede zu den öffentlich-rechtlichen Krankenhäusern bestehen vor allem in der Anzahl der Entscheidungsebenen, der Art des Beschaffungsverfahrens, der Ausgestaltung und dem Umfang der Mitbestimmung, den Publizitätspflichten, steuerrechtlichen Belangen sowie dem Umfang der Zustimmungsvorbehalte durch die Träger. Außerdem besteht im Gegensatz zur der öffentlich-rechtlichen Form, bei der Defizite der Krankenhäuser durch den Träger ausgeglichen werden müssen, die Möglichkeit der Insolvenz.

- Die *Gesellschaft bürgerlichen Rechts* entsteht meist durch Zusammenschluss mehrerer Ärzte und ist keine eigene Rechtspersönlichkeit. Sie gehört zu den Personenvereinigungen, d.h., ihre Existenz ist gebunden an die Personen der Gesellschafter. Diese übernehmen die Geschäftsführung gemäß den Bestimmungen des Gesellschaftervertrages.
- Der *eingetragene Verein* ist eine Rechtsform vor allem bei freigemeinnützigen Krankenhäusern. Er kann als Personenvereinigung zur Verwirklichung der Ziele der Mitglieder (mindestens sieben Personen) beschrieben werden und stellt eine eigene Rechtspersönlichkeit dar. Entscheidungsebenen sind die Mitgliederversammlung, der Vorstand und ggf. die Geschäftsführung.
- Eine Rechtsform, die von kirchlichen oder weltanschaulich geprägten Krankenhäusern gewählt wird, ist die *Stiftung des privaten Rechts*. Entscheidungsebenen sind das Kuratorium und der Vorstand.
- Die *Gesellschaft mit beschränkter Haftung (GmbH)*, eine häufig anzutreffende Rechtsform bei Krankenhäusern, ist eine Kapitalgesellschaft mit mindestens

20 Hierzu gibt es allerdings in der Literatur abweichende Auffassungen, nach denen der Zweckverband eine Form der Trägerorganisation ist; vgl. Greiling 2000, S. 99.

21 Greiling 2000, S. 99.

22 Buse 2000, S. 59.

einem Gründer und einem Grundkapital von mindestens 25 000 €. Ihre Organe sind die Gesellschafterversammlung zur Ausübung der Kontrolle und die Geschäftsführung, ab 500 Arbeitnehmern ist ein Aufsichtsrat als zusätzliches Kontrollorgan vorgeschrieben. Charakteristisch für die GmbH ist ihre im Vergleich zur AG »extrem flexible Zuständigkeitsordnung« und damit ein gewisses Maß an Gestaltungsmöglichkeiten für das Verhältnis zwischen Gesellschaftern und Geschäftsführung[23]. Es gibt auch Krankenhäuser, die als *gemeinnützige GmbH (gGmbH)* organisiert sind und damit einhergehende Steuerbefreiungen in Anspruch nehmen können.

- Die *Aktiengesellschaft* ist traditionell eine Rechtsform großer erwerbswirtschaftlich ausgerichteter Unternehmen, die vor allem bei privaten Krankenhausketten zu finden ist. Sie ist eine Kapitalgesellschaft mit mindestens fünf Gründern und einem Grundkapital von mindestens 50 000 €. Kennzeichen sind eine hohe Fungibilität und eine starke Stellung des Vorstands durch die eindeutig vorgenommene Trennung zwischen leitenden (Vorstand) und kontrollierenden Organen (Hauptversammlung, Aufsichtsrat). Auch hier ist eine gemeinnützige Variante möglich.

Für das Jahr 2008 ergab sich folgende Verteilung der Krankenhäuser auf die Träger- und Rechtsformen: 31,9% der Krankenhäuser befanden sich in öffentlicher Trägerschaft (von diesen waren 20,6% in öffentlich-rechtlicher unselbständiger, 21,7% in öffentlich-rechtlicher selbständiger und 57,7% in privatrechtlicher Rechtsform), 37,5% in freigemeinnütziger und 30,6% in privater Trägerschaft. Dabei hielten die öffentlichen Einrichtungen im Durchschnitt mehr Betten vor als die freigemeinnützigen oder die privaten, so dass fast die Hälfte der Betten in öffentlichen, jedoch weniger als ein Fünftel in privaten Häusern zu finden waren; allerdings ist bei den privaten Häusern eine Zunahme der Bettenzahl je Einrichtung zu verzeichnen. Im zeitlichen Verlauf kann man feststellen, dass sowohl der Anteil der privaten Krankenhäuser zugenommen hat (von 14,8% im Jahr 1991 auf 30,6% im Jahr 2008), als auch der Anteil der öffentlichen Krankenhäuser in privatrechtlicher Form (von 28,2% im Jahr 2002 auf 57,7% im Jahr 2008); der Anteil der öffentlichen Krankenhäuser, die in öffentlich-rechtlicher unselbständiger Form geführt werden, ist seit 2002 um mehr als die Hälfte gesunken (von 56,9% auf 20,6% im Jahr 2008).

Entsprechend ist bei einem insgesamt vorherrschenden Bettenabbau der Anteil der Betten in privaten Krankenhäusern von 8,9% (2002) auf 15,9% (2008) gestiegen. Der Anteil der Betten in öffentlichen Krankenhäusern in privatrechtlicher Form stieg ebenfalls, und zwar von 14,7% (2002) auf 26,7% (2008); dabei stieg ihr

23 Buse 2000, S. 71.

Anteil an der Gesamtbettenzahl der öffentlichen Häuser von 27,1% auf 54,6%. Auch bei dem Anteil der Betten in den öffentlichen Krankenhäusern, die in öffentlich-rechtlicher Form selbständig geführt wurden, war ein Anstieg zu verzeichnen, von 10,5% (2002) auf 12,7% (2008); hier stieg der Anteil an der Gesamtbettenzahl der öffentlichen Häuser von 19,3% auf 26,0%. Dies ging vor allem zu Lasten der Betten in öffentlichen Krankenhäusern in öffentlich-rechtlicher, rechtlich unselbständiger Form, die im der Zeit von 2002 bis 2008 um 70% reduziert wurden (Tabelle 2)[24].

Auch unter der Annahme, dass einige Krankenhäuser die Selbsteinschätzung nicht korrekt vorgenommen haben, lässt sich also nicht nur die Tendenz zur Privatisierung bei Trägern und Rechtsformen (formelle und materielle Privatisierung[25]), sondern allgemein eine Hinwendung zu Träger- und Rechtsformen mit größerer Autonomie des Krankenhausmanagements feststellen.

Die Gründe für diese Entwicklung liegen in dem hohen Veränderungsdruck, dem die Krankenhäuser ausgesetzt sind[26], der hier nur kurz unter den Stichworten demographische Entwicklung, medizinisch-technischer Fortschritt, Wandel des Krankheitsspektrums einerseits und Investitionsstau sowie Umstellung des Vergütungssystems auf DRGs andererseits zusammengefasst werden soll. Die Änderung von Träger- oder Rechtsform stellt eine Möglichkeit für die Krankenhäuser dar, dem Druck nach mehr Wirtschaftlichkeit standzuhalten. Zentrale Fragen dabei sind, wie die Entscheidungsstrukturen gestaltet werden sollen und woher Investitionsmittel beschafft werden können.

---

24 Statistisches Bundesamt (2009): *Gesundheit. Grunddaten der Krankenhäuser 2008*, Fachserie 12, Reihe 6.1.1, Statistisches Bundesamt, Wiesbaden.

25 Vgl. dazu den Beitrag von Rainer Sibbel in diesem Band.

26 Vgl. dazu die Beiträge von Horst Imdahl und Rainer Sibbel in diesem Band.

| Jahr | Insgesamt | Davon | | | | | | |
|---|---|---|---|---|---|---|---|---|
| | | Öffentliche Einrichtungen | Davon | | | | Freigemeinnützige Einrichtung | Private Einrichtungen |
| | | | privatrechtlicher Form | In öffentlich-rechtlicher Form | Davon | | | |
| | | | | | Rechtlich unselbständig | Rechtlich selbständig | | |
| | Anzahl | | | | | | | |
| **Einrichtungen insgesamt** | | | | | | | | |
| 2002 | 2 221 | 817 | 231 | 586 | 465 | 121 | 877 | 527 |
| 2003 | 2 197 | 796 | 245 | 551 | 431 | 120 | 856 | 545 |
| 2004 | 2 166 | 780 | 287 | 493 | 371 | 122 | 831 | 555 |
| 2005 | 2 139 | 751 | 332 | 419 | 279 | 140 | 818 | 570 |
| 2006 | 2 104 | 717 | 367 | 350 | 220 | 130 | 803 | 584 |
| 2007 | 2 087 | 677 | 380 | 297 | 161 | 136 | 790 | 620 |
| 2008 | 2 083 | 665 | 384 | 281 | 137 | 144 | 781 | 637 |
| **Aufgestellte Betten insgesamt** | | | | | | | | |
| 2002 | 547 284 | 298 034 | 80 646 | 217 388 | 159 791 | 57 597 | 200 635 | 48 615 |
| 2003 | 541 901 | 290 625 | 86 741 | 203 884 | 144 516 | 59 368 | 197 343 | 53 933 |
| 2004 | 531 333 | 280 717 | 99 639 | 181 078 | 120 220 | 60 858 | 189 334 | 61 282 |
| 2005 | 523 824 | 273 721 | 116 475 | 157 246 | 90 344 | 66 902 | 184 752 | 65 351 |
| 2006 | 510 767 | 260 993 | 130 666 | 130 327 | 68 939 | 61 388 | 180 200 | 69 574 |
| 2007 | 506 954 | 250 345 | 133 957 | 116 388 | 54 319 | 62 069 | 177 632 | 78 977 |
| 2008 | 503 360 | 246 423 | 134 610 | 111 813 | 47 669 | 64 144 | 177 085 | 79 852 |
| **Betten je Einrichtung** | | | | | | | | |
| 2002 | 246 | 365 | 349 | 371 | 344 | 476 | 229 | 92 |
| 2003 | 247 | 365 | 354 | 370 | 335 | 495 | 231 | 99 |
| 2004 | 245 | 360 | 347 | 367 | 324 | 499 | 228 | 110 |
| 2005 | 245 | 364 | 351 | 375 | 324 | 478 | 226 | 115 |
| 2006 | 243 | 364 | 356 | 372 | 313 | 472 | 224 | 119 |
| 2007 | 243 | 370 | 353 | 392 | 337 | 456 | 225 | 127 |
| 2008 | 242 | 371 | 351 | 398 | 348 | 445 | 227 | 125 |

*Tabelle 3: Träger und Rechtsformen der Krankenhäuser 2002–2008 (Stat. Bundesamt 2009)*

## 4. Alternativen zur materiellen Privatisierung

Als wesentliche Vorteile der privaten gegenüber den öffentlichen Krankenhäusern werden ein erfolgsorientiertes Management, eine stärkere Autonomie des Unternehmens gegenüber der Kommunalpolitik, eine größere Investitionsautonomie[27] und infolge dessen eine höhere Wirtschaftlichkeit, ablesbar an geringeren Sach- und Personalkosten, angeführt. Geringere Sachkosten werden damit begründet, dass private Kliniken als Teil größerer Konzerne bessere Preise aushandeln können, geringere Personalkosten mit dem Abschluss von Haustarifverträgen, Outsourcing und besserer Organisation von Arbeitsabläufen[28]. Die Strategien, die öffentliche und freigemeinnützige Träger anwenden, um wirtschaftlich erfolgreich bestehen zu können, können zum Teil als Versuch verstanden werden, an diese Vorteile anzuknüpfen. Ihr Ziel allerdings ist ein anderes: das Krankenhaus in seiner gegenwärtigen Trägerschaft zu halten, also eine Alternative zur Privatisierung zu schaffen bzw. zu behaupten. Folgende die Organisationsform des Krankenhauses betreffende Strategien spielen dabei eine Rolle:

- *Outsourcing*, d. h. die Vergabe von Krankenhausdienstleistungen an Drittunternehmen; unterschieden werden »externes« (Vergabe an private Fremdfirmen) und »internes« (Vergabe an rechtlich eigenständige Tochterunternehmen) Outsourcing. Davon waren in den Jahren 2004 bis 2007 besonders häufig die Bereiche Reinigung (53,1% der Krankenhäuser gliederten diesen aus) und Küche (bei 40,4% der Krankenhäuser) betroffen[29]. Die Folgen sind Reorganisation und Personalabbau und damit einhergehend Kosteneinsparungen. Outsourcing wird auch als »funktionale Privatisierung«[30] oder »Durchführungsprivatisie-

27 Der Wettbewerbsvorteil, den öffentliche Häuser durch den Ausgleich ihrer Defizite aus öffentlicher Hand hatten, hat sich in Zeiten knapper Kassen in einen Wettbewerbsnachteil gewandelt; dadurch, dass öffentliche Krankenhausträger dem Vergaberecht unterworfen sind und weniger Möglichkeiten der Kapitalbeschaffung haben als private, ergeben sich weitere Wettbewerbsnachteile.

28 Augurzky, Boris/Beivers, Andreas/Neubauer, Günter/Schwierz, Christoph (2009): *Bedeutung der Krankenhäuser in privater Trägerschaft.* In: RWI: Materialien, Heft 52, S. 12f..

29 Schulten, Thorsten/Böhlke, Nils (2009): *Privatisierung von Krankenhäusern in Deutschland.* In: Böhlke, Nils/Gerlinger, Thomas/Mosebacher, Kai/Schmucker, Rolf/Schulten, Thorsten (Hrsg.): Privatisierung von Krankenhäusern. Erfahrung und Perspektiven aus Sicht der Beschäftigten. Hamburg (VSA), S. 97–123, S. 102.

30 Schulten/Böhlke 2009, S. 101.

rung«[31] bezeichnet und damit als dritte, schwächste Form in eine Reihe mit materieller und formeller Privatisierung gestellt.

- *Public Private Partnerships (PPP)*: Diese sind definiert als »langfristige, vertraglich geregelte Zusammenarbeit zwischen öffentlicher Hand und Privatwirtschaft (...). Der Private übernimmt umfassende Verantwortlichkeiten im Rahmen der Planung, Erstellung und Finanzierung sowie dem Betrieb und gegebenenfalls der Verwertung von bislang staatlich erbrachten öffentlichen Leistungen«[32]. Dabei existieren unterschiedliche vertragliche und organisatorische Modelle[33]. Im Krankenhausbereich wird in den meisten Fällen das PPP-Inhabermodell bevorzugt: Planung, Bau, Finanzierung, Betrieb und Instandhaltung einer neu zu errichtenden oder zu sanierenden Immobilie wird vom privaten Auftragnehmer übernommen, das rechtliche und wirtschaftliche Eigentum an Grund und Boden sowie Gebäuden verbleibt beim öffentlichen Krankenhaus. Dieses zahlt ein regelmäßiges Entgelt an den privaten Auftragnehmer, durch das die Kosten für Planung, Bau, Finanzierung und Betrieb sowie Wagnis und Gewinn abgedeckt sind. Die Laufzeit eines solchen PPP-Vertrages beträgt in der Regel 20 bis 30 Jahre[34]. Als Hauptrisiken für das Krankenhaus werden angeführt, dass die Funktion von Anlagen und Medienzulieferung (z.B. Strom, Heizung, technische Gase), die Einhaltung der Vorschriften und Erfordernissen zu Hygiene und Sterilisation und die Verfügbarkeit der Räumlichkeiten durch den privaten Investor nicht gewährleistet werden[35]. Für den privaten Investor muss das Risiko der Insolvenz des Krankenhauses abgesichert werden; hier wird als

---

31 Strehl, Rüdiger (2002): *Privatisierungswelle im deutschen Krankenhauswesen?* In: Arnold, Michael/Klauber, Jürgen/Schellschmidt, Henner (Hrsg.): Krankenhaus-Report 2002. Schwerpunkt: Krankenhaus im Wettbewerb. Stuttgart (Schattauer) 2003, S. 120.

32 Bundesministerium für Verkehr, Bau und Stadtentwicklung (Hrsg.), Beratergruppe (2003): *PPP im öffentlichen Hochbau*, Band II: Rechtliche Rahmenbedingungen, Teilband 1: Zusammenfassung, Vertragsrechtliche Grundlagen, Bundes- und Landeshaushaltsrecht, Kommunalrecht, S. 1; http://www.bmvbs.de/Anlage/original_1045951/Gutachten-PPP-im-oeffentlichen-Hochbau-Band-2-Teilband-1.pdf; Zugriff am 24. 2. 2010.

33 Ebd., S. 3ff.. Es werden sechs Vertragsmodelle unterschieden: PPP-Erwerbermodell, PPP-FMLeasingmodell, PPP-Vermietungsmodell, PPP-Inhabermodell, PPP-Contractingmodell, PPP-Konzessionsmodell.

34 Bundesministerium für Verkehr, Bau und Stadtentwicklung (Hrsg.), Jacob, Dieter/Hilbig, Corinna/Stuhr, Constanze (2009): *Umstrukturierung und Erweiterung bestehender Krankenhausstandorte mit Hilfe von Public Private Partnership*, Leitfaden, S. 18; http://www.bmvbs.de/Anlage/original_1077376/Leitfaden-Umstrukturierung-und-Erweiterung-bestehender-Krankenhausstandorte-mit-Hilfe-von-PPP.pdf; Zugriff am 23. 2. 2010.

35 Jakob et al. 2009, S. 6

Voraussetzung für die PPP-Finanzierung eine Garantie- bzw. Patronatserklärung des öffentlichen Trägers verlangt[36].

- *Formelle Privatisierung*: Die potentiellen Vorteile einer formellen Privatisierung für die wirtschaftliche Situation eines Krankenhauses wurden bereits dargestellt. Dies schließt auch die Gründung von Tochtergesellschaften oder den Erwerb anderer Krankenhäuser ein. So gehören zum Berliner Klinikunternehmen Vivantes Netzwerk für Gesundheit, das 2001 als Zusammenschluss der kommunalen Krankenhäuser Berlins in der Rechtsform einer GmbH entstand, sechs Tochterunternehmen: drei aus dem Dienstleistungsbereich und je eines für den Betrieb von zwölf Pflegeeinrichtungen für Senioren, einer Rehabilitationseinrichtung und elf Medizinischen Versorgungszentren[37]. Die Universitätsklinik Greifswald kaufte im Jahr 2005 das defizitäre kommunale Krankenhaus Wolgast, das zu diesem Zweck in eine gemeinnützige GmbH umgewandelt worden war; dieser Kauf wurde durch das Kartellamt untersagt und kam erst 2008 durch Gerichtsentscheid und kurz danach erteilte Ministererlaubnis zustande[38].
- *Teilprivatisierung*: Hier handelt es sich zwar um eine materielle Privatisierung, allerdings erwirbt der private Investor nur einen Teil des Krankenhauses. Streng genommen, sind viele materielle Privatisierungen Teilprivatisierungen, weil häufig 5% der Anteile beim kommunalen Träger verbleiben; es lohnt sich jedoch im Allgemeinen für Private nicht, Minderheitenanteile zu erwerben. Dies geschah z.B. beim Erwerb des LBK Hamburg durch Asklepios; der Konzern übernahm 2005 zunächst das Management und 49,5% der Anteile, zwei Jahre später dann weitere 25%[39].
- *Zusammenschluss zu Ketten bzw. Krankenhausverbünden*: Diese wird auch als horizontale Kooperation bezeichnet und hat den Vorteil der Ausnutzung von Synergieeffekten. So können besondere technische Kapazitäten und hochqualifiziertes Personal von mehreren Einrichtungen genutzt werden, Reserven zentralisiert und Spezialisierungsvorteile durch Arbeitsteilung erzielt werden. Andere Vorteile liegen in einem breiteren Informations- und Erfahrungsaustausch,

36 Jakob et al. 2009, S. 19.

37 http://www.vivantes.de/web/konzern.htm; Zugriff am 28. 2. 2010.

38 Jachertz, Norbert (2008): *Privatisierung auf Pommersch*, Deutsches Ärzteblatt, 105. Jg., H. 34/35, S. A 1762–A 1763.

39 Ries-Heidtke, Katharina/Böhlke, Nils (2009): *Vom LBK Hamburg zur Asklepios Kliniken Hamburg GmbH*. In: Böhlke, Nils/Gerlinger, Thomas/Mosebacher, Kai/Schmucker, Rolf/Schulten, Thorsten (Hrsg.): Privatisierung von Krankenhäusern. Erfahrung und Perspektiven aus Sicht der Beschäftigten. Hamburg (VSA), S. 127–140, S. 132f.

ggf. auch einem gruppeninternen Benchmarking, und in der Möglichkeit, durch zentralisierten Einkauf Kosten zu sparen[40]. Beispiel für einen Zusammenschluss freigemeinnütziger Kliniken ist die 2002 gegründete Agaplesion gAG, ein Verbund von 10 Krankenhäusern und 18 Altenpflegeeinrichtungen, dessen Aktionäre vor allem Verbände und Stiftungen evangelischer Kirchen sind (Mehrheitsaktionär mit ca. 60% ist das Diakoniewerk Bethanien e.V.), und der als Ziel u.a. den »Erhalt und die Stärkung von diakonischen und sozialen Einrichtungen in einer zunehmend angespannten Wirtschafts- und Wettbewerbssituation« nennt[41].

- *Fördervereine* stellen finanzielle Unterstützung für bedürftige gemeinnützige Einrichtungen zur Verfügung und sind damit auch für Krankenhäuser in öffentlicher und freigemeinnütziger Trägerschaft (außer in privater, nicht gemeinnütziger Rechtsform) eine Möglichkeit, zusätzliche Mittel zu akquirieren. Fördervereine für Krankenhäuser sind keine neue Errungenschaft[42], es finden sich aber in den Beschreibungen der Vereinsziele häufig Verweise auf die knappen finanziellen Mittel der öffentlichen Hand und das Bestreben, den Erhalt des Krankenhauses zu unterstützen[43]. Über diese Aufgaben hinausgehend besitzt der Förderverein des Krankenhauses Spremberg 51% der Gesellschafteranteile an der Spremberger Krankenhausgesellschaft und ist damit Hauptträger des Krankenhauses. 90% der Mitglieder des Fördervereins sind Mitarbeiter des

40 Hajen, Leonhard/Paetow, Holger/Schumacher, Harald (2008): *Gesundheitsökonomie. Strukturen – Methoden – Praxis*. Stuttgart (Kohlhammer) 4. Aufl., S. 201f..

41 http://www.agaplesion.de/unternehmen/unternehmen.html; Zugriff am 28. 2. 2010.

42 So wurde der Förderverein des Krankenhauses Porz am Rhein 1959 gegründet (http://www.khporz.de/modules.php?op=modload&name=News&file=article&sid=198&mode=thread&order=0&thold=0).

43 »Medizinische Hilfe ist eine Voraussetzung zur Heilung. Aber zum Gesundwerden gehört mehr (…). Solche Gedanken treten in der derzeitigen Diskussion um Ressourcen und die Verteilung im Gesundheitswesen immer weiter in den Hintergrund. Wir möchten mit den Aktivitäten unseres Fördervereins einen Gegenpol schaffen und Dinge fördern, die von staatlichen Stellen oder von Krankenkassen finanziell nicht getragen werden«; (http://www.barmherzige-regensburg.de/foerderverein.html). »Auch im Bobinger Krankenhaus werden die öffentlichen Mittel gekürzt. Sie werden in Zukunft nur noch ausreichen, um den medizinischen Grundbedarf zu sichern. Schon jetzt ist absehbar, dass dies zu empfindlichen Einschnitten führen wird, wenn wir nicht reagieren. Deshalb haben wir am 16.08.2004 zusammen mit einigen engagierten Bürgern den Förderverein Krankenhaus Bobingen gegründet«; http://www.foerderverein-krankenhaus-bobingen.de/.
»Es liegt uns am Herzen, dass unserer Stadt das Städtische Krankenhaus Stockach erhalten bleibt. Denn nur so kann eine zeitgemäße und bürgernahe stationäre und ambulante Krankenversorgung für Stadt und Raumschaft sichergestellt werden.« (http://www.kh-stockach.de/stockach/foerderverein.html; Zugriff jeweils am 28. 2. 2010.

Krankenhauses[44]. Fördervereine sind meistens als eingetragene Vereine, manche auch als Stiftungen organisiert. Ungewöhnlich ist die Gründung einer gemeinnützigen AG mit der Funktion eines Fördervereins: die gAG Havelhöhe unterstützt das Berliner Gemeinschaftskrankenhaus Havelhöhe z.B. durch Kauf von Gebäuden und Grundstücken[45].

Die Maßnahmen, die die öffentlichen und freigemeinnützigen Krankenhausträger ergreifen, um Effizienzreserven zu mobilisieren – und zwar sowohl, was den Organisationsrahmen, als auch, was Strategien im Einzelnen betrifft – , bringen es mit sich, dass sie sich immer mehr den privaten Trägern angleichen[46]. Wie weit diese Angleichung tatsächlich vorangeschritten ist und welche Unterschiede (noch) zwischen den Trägern bestehen, soll im folgenden Abschnitt dargestellt werden.

## 5. Vergleich der Trägerformen

Ein Vergleich der drei Formen von Krankenhausträgerschaft muss sich daran orientieren, ob bzw. inwieweit die gesetzlich definierten und unternehmerisch festgestellten Aufgaben des Krankenhauses von ihnen erfüllt werden; Vergleichskriterien sind damit die Berücksichtigung der Interessen und Bedürfnisse der im Gesetz genannten Akteure (der Patienten, aber auch der im Krankenhaus Beschäftigten) und die ökonomische Effizienz. Zu empirisch gestützten Aussagen darüber zu gelangen, ist für Deutschland allerdings schwierig; im Gegensatz zu den USA sind die Unterschiede zwischen den Krankenhausträgern noch weitgehend unerforscht. In seiner Übersicht über die Literatur zu Trägerunterschieden in Deutschland aus dem Jahr 2008[47] findet Wörz 18 Studien aus den Jahren 1974 bis 2007 (dabei werden Wiederholungen von Studien wie die Krankenhaus-Ratings einfach gezählt). Davon betreffen 14 die Effizienz von Krankenhäusern. Allerdings lassen sich diese auf-

44 http://www.krankenhaus-spremberg.de/index.php?f_action_id=11000&f_navigation_label=F%C3%B6rderverein; Zugriff am 28. 2. 2010.

45 http://www.gag-havelhoehe.de/; Zugriff am 28. 2. 2010

46 »Nicht die Methoden und Strategien sind letztlich in öffentlichen und privaten Krankenhäusern unterschiedlich, die sind in letzter Konsequenz erzwungen durch das marktwirtschaftliche Steuerungssystem, das über die Preise eingeführt wurde«; Böhm, Thomas (2009): *Rationalisierungsstrategien in öffentlichen Krankenhäusern.* In: Böhlke, Nils/Gerlinger, Thomas/Mosebacher, Kai/Schmucker, Rolf/Schulten, Thorsten (Hrsg.): Privatisierung von Krankenhäusern. Erfahrung und Perspektiven aus Sicht der Beschäftigten. Hamburg (VSA), S. 167–181, S. 180.

47 Wörz, Markus (2008): *Erlöse – Kosten – Qualität: Macht die Krankenhausträgerschaft einen Unterschied?* Wiesbaden (VS Verlag für Sozialwissenschaften), S. 157–172.

grund der Verschiedenheit der Datenquellen, Methoden und Operationalisierungen schwer miteinander vergleichen und kommen außerdem zu unterschiedlichen Ergebnissen: Der Überblick ergibt, »dass jede Trägerform mindestens einmal das beste Kostengünstigkeitsverhältnis aufweist bzw. als am effizientesten gewertet wird (wenn auch in der Tendenz die privaten und freigemeinnützigen Träger am häufigsten als am effizientesten gewertet werden)«[48]. Grundlage für den folgenden – ansatzweisen – Vergleich sind außer den Untersuchungen von Wörz die aktuellen Daten des Statistischen Bundesamts und einige neuere Studien zu Trägerunterschieden. Im Einzelnen lassen sich die Krankenhausträger anhand folgender Indikatoren vergleichen:

- *Patientenversorgung*[49]: Die Qualität der Patientenversorgung lässt sich von einer subjektiven und einer objektiven Seite her beurteilen. Die subjektive Wahrnehmung der Versorgungsqualität entspricht der Patientenzufriedenheit bzw. der Beurteilung des Behandlungserfolgs durch die Patienten. Objektiv kann Qualität über eine Reihe von Qualitätsindikatoren beschrieben werden, von denen der wichtigste die Mortalität ist. Andere sind z.B. Wiederaufnahmen aufgrund von Komplikationen nach Entlassung oder das Auftreten von nosokomialen Infektionen. Zur Patientensicht der Versorgungsqualität gibt es eine Patientenbefragung, die im Auftrag der Gmünder Ersatzkasse in den Jahren 2002 und 2005 durchgeführt wurde. Die Patienten wurden nach verschiedenen die Prozess- und Ergebnisqualität betreffenden Indikatoren (z.B. der persönlichen Betreuung, der Rolle von Geld und Kosten oder dem Behandlungserfolg) befragt; dabei wurden die Antworten auch nach dem Trägerstatus der Krankenhäuser ausgewertet[50]. Im Ergebnis ging die Zufriedenheit mit der Versorgung in privaten Krankenhäusern zurück, die besten Werte wurden von den

48 Wörz 2008, S. 167.

49 Vgl. auch die Aufstellung der Funktionen von Krankenhäusern bei Tiemann, Oliver/Schreyögg, Jonas/Wörz, Markus/Busse, Reinhard (2010): *Leistungsmanagement in Krankenhäusern.* In: Busse, Reinhard/Schreyögg, Jonas/Tiemann, Oliver (Hrsg.): Management im Gesundheitswesen. Heidelberg (Springer ) 2010, S. 47–76, S. 48. Die Autoren führen als gesetzlich mögliche Versorgungsleistungen von Krankenhäusern an: voll- und teilstationäre Versorgung ggf. ergänzt durch vor- und nachstationäre Versorgung, Notfallversorgung, Rehabilitation bzw. Überleitung in Rehabilitationseinrichtungen, Überleitung in ambulante oder stationäre pflegerische Versorgung, Hospizversorgung, Teilbereiche der ambulanten ärztlichen Versorgung, ambulante Versorgung im Rahmen von strukturierten Behandlungsprogrammen, ambulante Erbringung hochspezialisierter Leistungen sowie Behandlung seltener Erkrankungen und von Erkrankungen mit besonderen Krankheitsverläufen.

50 Braun, Bernard/Müller, Rolf (2006): *Versorgungsqualität im Krankenhaus aus der Perspektive der Patienten, Ergebnisse einer wiederholten Patientenbefragung und einer Längsschnittanalyse von GEK-Routinedaten*, Schwäbisch Gmünd; https://www.gek.de/x-medien/dateien/magazine/BARMERGEK-Studie-Versorgungsqualitaet-Krankenhaus.pdf; Zugriff am 14. 2. 2010.

freigemeinnützigen Häusern erreicht, und für verschiedene Diagnosen wurde kein eindeutiger Zusammenhang zwischen Bewertung des Behandlungserfolgs und Trägerschaft gefunden. Zur objektiven Versorgungsqualität existieren zwar eine Vielzahl von Qualitätsindikatoren, die auch teilweise öffentlich zugänglich sind[51], es liegt aber für Deutschland noch kein Vergleich dieser Indikatoren nach Krankenhausträgerschaft vor. Für die USA zeigt die Meta-Analyse von Deveraux et al., dass in privaten gewinnorientierten Krankenhäusern ein signifikant höheres Mortalitätsrisiko als in privaten nicht-gewinnorientierten Häusern besteht[52]. Eine neuere Studie zur Patientenzufriedenheit von Jha et al. ergibt, dass private Krankenhäuser in den USA bei Patientenbefragungen schlechter abschneiden als öffentliche und freigemeinnützige Häuser; auch korreliert die Zufriedenheit mit der Anzahl der Pflegekräfte[53].

- *Situation der Beschäftigten*: Diese kann über die Personalbelastung (Zahl der zu versorgenden Betten bzw. der zu versorgenden Fälle im Jahr) und durch die Bezahlung des Personals bzw. die Personalkosten beschrieben werden. Es ist festzustellen, dass im Jahr 2008 die Personalbelastung in den freigemeinnützigen und privaten Krankenhäusern am höchsten war, vor allem im Pflegedienst (Tabelle 4). Von den öffentlichen Krankenhäusern wiesen die in privatrechtlicher Form organisierten die höchsten Belastungszahlen auf; die niedrigsten Belastungszahlen fanden sich interessanterweise bei den Häusern in öffentlich-rechtlicher Form mit rechtlicher Selbständigkeit[54]. Bezüglich der Anwendung von Tarifen weisen Schulten und Böhlke auf die Unklarheit der Situation in vielen privaten Krankenhäusern hin: 24% der Beschäftigten hatten im Jahr 2007 keinen Tarifvertrag, im Unterschied zu 0,5% der Beschäftigten an öffentlichen und 1,0% der Beschäftigten an freigemeinnützigen Krankenhäusern[55]. Die Personalkosten pro Vollkraft lagen in den privaten Kliniken um 4% unter-

51 Qualitätssicherung nach § 137 Abs. 1 Nr. 6 SGB V.

52 Deveraux, Philip J. et al. (2002): *A systematic review and metaanalysis of studies comparing mortality rates of private for-profit and not-for-profit hospitals.* In: Canadian Medical Association Journal (CMAJ) May 28, 166 (11), S. 1399–1406.

53 Jha, Ashish K./Orav, E. John/Zheng, Jie/Epstein, Arnold M. (2008): *Patients' perception of hospital care in the United States.* In: N Engl J Med, Vol. 359 (18), S. 1921–1931.

54 Statistisches Bundesamt (2009): *Gesundheit. Grunddaten der Krankenhäuser 2008*, Fachserie 12, Reihe 6.1.1, Statistisches Bundesamt, Wiesbaden.

55 Schulten, Thomas/Böhlke, Nils (2009): *Privatisierung von Krankenhäusern in Deutschland.* In: Böhlke, Nils/Gerlinger, Thomas/Mosebacher, Kai/Schmucker, Rolf/Schulten, Thorsten (Hrsg.): Privatisierung von Krankenhäusern. Erfahrung und Perspektiven aus Sicht der Beschäftigten. Hamburg (VSA), S. 97–123, S. 109f..

halb denen der öffentlichen Häusern, einhergehend mit einer höheren Lohnspreizung, d.h., dass die Ärzte in privaten Häusern im Durchschnitt etwas mehr verdienten als in öffentlichen (pro Vollzeitkraft 101% der Personalkosten der öffentlichen Häuser), die Pflegekräfte dagegen weniger (91%)[56].

| | KH insgesamt | Personalbelastungszahl je Vollkraft | | | | | | | |
|---|---|---|---|---|---|---|---|---|---|
| | | Anzahl der durchschnittlich pro Vollkraft im Berichtsjahr zu versorgenden Betten vom | | | | Anzahl der durchschnittlich pro Vollkraft im Berichtsjahr zu versorgenden Fälle vom | | | |
| | | Personal insgesamt | darunter vom | | | Personal insgesamt | darunter vom | | |
| | | | Ärztlichen Dienst | Pflegedienst | med.-techn. Dienst | | Ärztlichen Dienst | Pflegedienst | med.-techn. Dienst |
| **KH insgesamt** | **2083** | **178** | **1113** | **474** | **1136** | **22** | **137** | **58** | **140** |
| **öffentliche KH** | **665** | **160** | **982** | **449** | **919** | **20** | **121** | **55** | **113** |
| • in privatrechtlicher Form | 384 | 185 | 1158 | 473 | 1352 | 24 | 150 | 61 | 175 |
| • in öffentlich-rechtlicher Form | 281 | 138 | 835 | 425 | 671 | 16 | 97 | 49 | 78 |
| • rechtlich unselbständig | 137 | 156 | 963 | 449 | 865 | 18 | 109 | 51 | 98 |
| • rechtlich selbständig | 144 | 128 | 761 | 409 | 577 | 15 | 90 | 48 | 68 |
| **freigemeinnützige KH** | **781** | **202** | **1295** | **499** | **1511** | **25** | **163** | **63** | **190** |
| **private KH** | **637** | **203** | **1258** | **511** | **1439** | **24** | **146** | **59** | **167** |

*Tabelle 4: Krankenhäuser 2008, Personalbelastungszahlen nach Krankenhausträgern (Statistisches Bundesamt 2009)*

56 Schulten/Böhlke 2009, S. 111.

- *Ausbildung, Forschung und Lehre*: Auch die Aus-, Fort- und Weiterbildung vor allem der Ärzte und der Pflegepersonals gehört zu den Aufgaben der Krankenhäuser[57]. Die Krankenhausstatistik gibt Auskunft über die Zahl der Krankenhäuser mit Ausbildungsstätten, und es ist zu sehen, dass sich im Jahr 2008 die meisten an öffentlichen und freigemeinnützigen Krankenhäusern befanden (Tabelle 5). Wie aussagekräftig die prozentualen Anteile sind, kann anhand der vorliegenden Zahlen nicht entschieden werden, da das Vorhandensein von Ausbildungsstätten auch von der Größe der Krankenhäuser abhängt. Eine Differenzierung nach Krankenhausgröße für das Jahr 2004 findet sich bei Wörz: In der Kategorie 500 und mehr Betten hatten 61,1% der privaten Krankenhäuser Ausbildungsstätten gegenüber 91,8% der öffentlichen und 95,7% der freigemeinnützigen Häuser[58]. Um die Wahrnehmung der Aufgaben in der ärztlichen Ausbildung zu untersuchen, könnte man den Anteil an Fachärzten oder in operativen Fächern die Schnitt-Naht-Zeiten heranziehen. Zu Forschung und Lehre könnte die Situation am Universitätsklinikum Gießen und Marburg vor und nach der Privatisierung untersucht werden, wobei sich jedoch die Schwierigkeit ergibt, die Folgen der Zusammenlegung und der Einführung des DRG-Systems von denen der Privatisierung zu trennen[59].

57 Vgl. § 2 Abs. 1a KHG: »mit den Krankenhäusern notwendigerweise verbundene Ausbildungsstätten [sind] staatlich anerkannte Einrichtungen an Krankenhäusern zur Ausbildung für die Berufe«.

58 Wörz 2008, S. 180

59 Vgl. Wörz, Markus (2006): *Machbarkeitsstudie zu den Folgen der Privatisierung von zwei Universitätsklinika (Gießen/Marburg) auf die Krankenversorgung (ambulante, Anschlussbehandlung und stationäre Versorgung) der Bevölkerung.* http://www.bundesaerztekammer.de/downloads/VFAusschrMachbarkeitsstudie.pdf; Zugriff am 30. 11. 2009.

| | Krankenhäuser | | Ausbildungsplätze insgesamt (pro Krankenhaus) |
|---|---|---|---|
| | insgesamt | darunter mit Ausbildungsstätten (in %) | |
| **Krankenhäuser insgesamt** | **2083** | **1000 (49,0%)** | **96 399 (96)** |
| **öffentliche KH** | **665** | **426 (64,0%)** | **53 740 (126)** |
| • in privatrechtlicher Form | 384 | 255 (66,4%) | 26 070 (102) |
| • in öffentlich-rechtlicher Form | 281 | 171 (60,9%) | 27 670 (162) |
| • rechtlich unselbständig | 137 | 82 (59,9%) | 9 567 (117) |
| • rechtlich selbständig | 144 | 89 (61,8%) | 18 103 (203) |
| **freigemeinnützige KH** | **781** | **462 (59,2%)** | **32 938 (71)** |
| **private KH** | **637** | **112 (17,6%)** | **9 721 (87)** |

*Tabelle 5: Krankenhäuser 2008, Ausbildungsstätten nach Krankenhausträgern (Statistisches Bundesamt 2009, eigene Berechnungen)*

- *Wirtschaftlichkeit*: Hier ist zunächst die bereits genannte Literaturübersicht von Wörz anzuführen, die keine eindeutige Aussage zur Abhängigkeit der Effizienz vom Trägerstatus ergibt. Im Anschluss an diesen Überblick beschreibt Wörz Unterschiede zwischen den Trägern unter Verwendung der Indikatoren Kosten pro Bett, Fall und Pflegetag, Verweildauern und Ausbildungsaktivität, wobei er auf die Daten des Statistischen Bundesamts aus den Jahren 1992 bis 2004 zurückgreift[60]. Er untersucht dann mittels Regressionsanalyse die Frage, »ob sich die Trägergruppen systematisch in Bezug auf das verhandelte Erlösbudget

60 Wörz 2008, S. 173–180.

unterscheiden«[61]. Bei der Analyse der Kosten kommt er zu dem Ergebnis, dass die öffentlichen Krankenhäuser durchweg die teuersten sind, wenn nicht nach Bettengrößenklassen differenziert wird; dann aber sind die öffentlichen Krankenhäuser nur in den größten Kategorien (500 und mehr bzw. 1000 und mehr Betten) am teuersten (außer im Jahr 1992), während die privaten Krankenhäuser in den mittleren (100 bis unter 200 und 200 bis unter 500 Betten) Kategorien am teuersten und in der unteren am günstigsten sind (Bezug: Kosten pro Fall, ähnliche Unterschiede ergeben sich für die anderen Indikatoren)[62]. Die Untersuchung der Erlöse »deutet darauf hin, dass hierzulande private Krankenhäuser, die zu Verbünden gehören, ceteris paribus höhere Erlöse erzielen, als alle anderen Krankenhäuser«[63]. Das bedeutet, dass nicht »der private Trägerstatus als solcher (…) die höheren Erlöse verursacht, sondern die Kombination von privatem Trägerstatus und Verbundzugehörigkeit«[64]. Eine neuere Untersuchung zur Effizienz von Krankenhäusern unterschiedlicher Trägerschaft ist die von Tiemann und Schreyögg, die anhand von Daten von 1046 Krankenhäusern aus den Jahren 2002 bis 2006 mittels einer Kombination aus Data Envelopment Analysis und linearer Regressionsanalyse schließen, dass öffentliche Krankenhausträgerschaft mit einer signifikant höheren Effizienz assoziiert ist, private Trägerschaft dagegen mit niedrigerer Effizienz[65]. Zu einem ähnlichen Ergebnis kommt Herr in ihrer Studie aus dem Jahr 2008, in der sie mehr als 1500 Krankenhäuser (Daten von 2001 bis 2003) mit der Methode der Stochastic Frontier Analysis untersucht[66]. Nicht ohne weiteres mit diesen Ergebnissen in Einklang zu bringen sind die Untersuchungen von Augurzky et al., die für Stichproben von Krankenhäusern unter Verwendung der Jahresabschlussdaten ein Rating erstellen und deren Insolvenzwahrscheinlichkeit berechnen (im Rating 2008 sind dies 471 Jahresabschlüsse von 701 Krankenhäusern, Daten von 2005/2006). Für freigemeinnützige und private Krankenhäuser ergab sich dabei ein besseres Rating: 16,6% der freigemeinnützigen und 13,5% der privaten Krankenhäuser lagen im roten Bereich der Am-

61 Ebd., S. 181.

62 Ebd., S. 174f..

63 Ebd., S. 202.

64 Ebd., S. 202

65 Tiemann, Oliver/Schreyögg, Jonas (2009): *Effects of Ownership on Hospital Efficiency in Germany.* In: BuR – Business Research, Vol. 2, Issue 2, S. 115–145.

66 Herr, Annika (2008): *Cost and Technical Efficiency of German Hospitals: Does Ownership Matter?* In: Health Economy, Nr. 17, S. 1057–1071.

pelklassifikation, bei den öffentlichen Häusern waren es 22,0%. Der Anteil der öffentlichen Häuser mit Defiziten im Jahresabschluss 2005/2006 lag bei fast 30%, während der der freigemeinnützigen bei 22% und der der privaten bei 12% lag[67].

| **Vergleichs-kriterien** | **Indikatoren** | **Daten/Studien zum Vergleich der Krankenhausträger** |
|---|---|---|
| Patientenversorgung | • Patientenzufriedenheit<br>• Versorgungsqualität (hier: Mortalität) | *Braun und Müller (2006)*:<br>• Rückgang der Zufriedenheit mit der Versorgung in privaten Krankenhäusern 2005 im Vergleich zu 2002; in fast allen abgefragten Punkten beste Werte für freigemeinnützige Häuser.<br>• Bezogen auf verschiedene Diagnosen keine eindeutige Korrelation zwischen Bewertung der Behandlungsergebnisse und Trägerschaft.<br><br>*Jha et al. (2008)*, USA:<br>Bei Patientenbefragungen schlechtere Werte für private als für öffentliche und freigemeinnützige Krankenhäuser; Zufriedenheit korreliert mit Anzahl der Pflegekräfte.<br><br>*Deveraux et al. (2002)*, USA:<br>In privaten gewinnorientierten Krankenhäusern signifikant höheres Mortalitätsrisiko als in privaten nicht-gewinnorientierten Häusern. |

67 Augurzky, Boris/Budde, Rüdiger/Krolop, Sebastian/Schmidt, Christoph M./Schmidt, Hartmut/Schmitz, Hendryk/Schwierz, Christoph/Terkatz, Stefan (2008): *Krankenhaus Rating Report 2008, Qualität und Wirtschaftlichkeit*. In: RWI: Materialien, Heft 41, S. 100f.. Zur Qualität stellen die Autoren fest, dass Krankenhäuser mit qualitativen Auffälligkeiten beim Rating schlechter abschneiden; der Unterschied ist aber statistisch nicht signifikant. Sie ziehen den Schluss, dass Krankenhäuser mit einer besseren Wirtschaftlichkeit keine schlechtere Qualität, sondern tendenziell eher eine bessere aufweisen würden (S. 108).

| | | |
|---|---|---|
| Situation der Beschäftigten | • Personalbelastung<br>• Tarifsituation<br>• Personalkosten | *Statistisches Bundesamt (2009)*:<br>Personalbelastung in öffentlichen KH am geringsten, in freigemeinnützigen KH am höchsten, dabei nur geringe Unterschiede zu privaten KH; öffentliche KH: privatrechtliche Rechtsformen mit höherer Personalbelastung als öffentlich-rechtliche Rechtsformen<br><br>*Schulten und Böhlke (2009)*:<br>• 2007 in öffentlichen KH für nicht-ärztliches Personal überwiegend Bezahlung nach TVöD/TV L (85,7%), in freigemeinnützigen KH vor allem Sonderregelungen für kirchliche KH (73,6%), in privaten KH häufig unklare Tarifsituation (24% ohne Tarifvertrag).<br>• Die Personalkosten der privaten Häuser betrugen 2007 96% der Personalkosten der öffentlichen Häuser; Unterschiede zwischen ärztlichem Dienst (101%), Verwaltung (100%) und Pflegedienst (91%). |
| Ausbildung, Forschung und Lehre | • Zahl und Anteil der Ausbildungsstätten | *Statistisches Bundesamt (2009)*:<br>Die meisten Ausbildungsstätten für Krankenpflege und medizinische Fachberufe befinden sich an öffentlichen und freigemeinnützigen KH. |

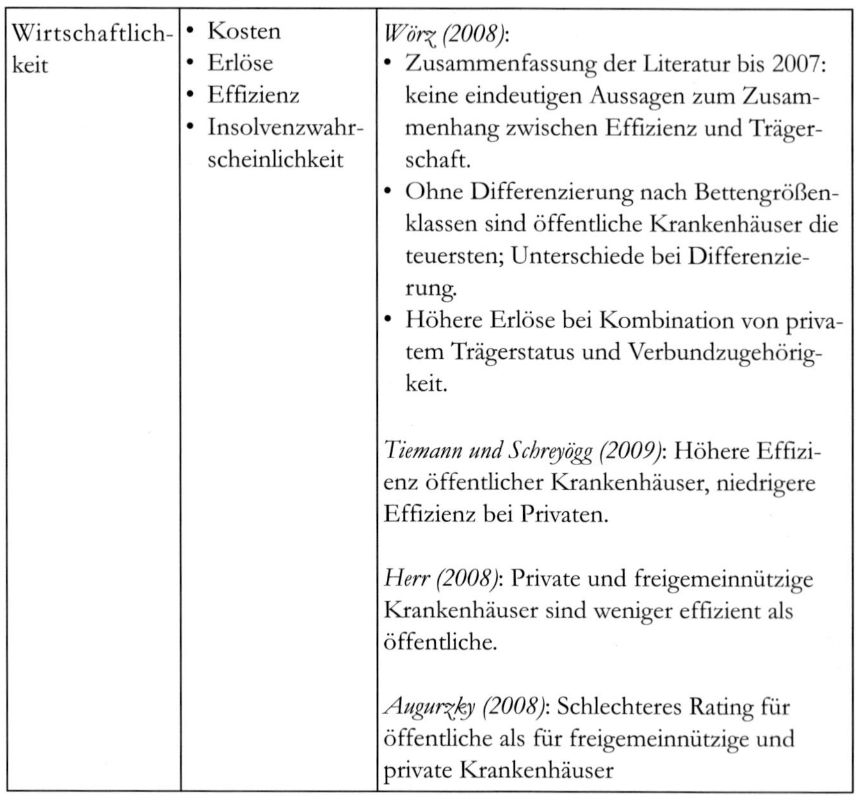

| Wirtschaftlichkeit | • Kosten<br>• Erlöse<br>• Effizienz<br>• Insolvenzwahrscheinlichkeit | *Wörz (2008)*:<br>• Zusammenfassung der Literatur bis 2007: keine eindeutigen Aussagen zum Zusammenhang zwischen Effizienz und Trägerschaft.<br>• Ohne Differenzierung nach Bettengrößenklassen sind öffentliche Krankenhäuser die teuersten; Unterschiede bei Differenzierung.<br>• Höhere Erlöse bei Kombination von privatem Trägerstatus und Verbundzugehörigkeit.<br><br>*Tiemann und Schreyögg (2009)*: Höhere Effizienz öffentlicher Krankenhäuser, niedrigere Effizienz bei Privaten.<br><br>*Herr (2008)*: Private und freigemeinnützige Krankenhäuser sind weniger effizient als öffentliche.<br><br>*Augurzky (2008)*: Schlechteres Rating für öffentliche als für freigemeinnützige und private Krankenhäuser |
|---|---|---|

*Tabelle 6: Daten und empirische Untersuchungen zum Vergleich von Krankenhausträgern*

Diese Zusammenstellung mag wegen der Begrenztheit der Literatur nicht ganz vollständig sein, die Ergebnisse der einzelnen Untersuchungen können aufgrund der Kürze der Form nicht in allen Facetten dargestellt werden, auch eine Methodenkritik würde den Rahmen dieses Beitrags sprengen: daher ist das Bild, das sich ergibt, nur ein sehr unscharfes. Es lässt sich vor allem ableiten, dass Forschungsbedarf besteht, besonders auf dem Gebiet der Versorgungsqualität, um die Frage zu klären, ob eher – wie es den Anschein hat – von einem Trade-off zwischen Qualität und Wirtschaftlichkeit auszugehen ist oder ob beides miteinander einhergeht. Bezüglich der Wirtschaftlichkeit wird die Hypothese, dass der private Trägerstatus mit einer höheren Effizienz verbunden ist, zunehmend in Frage gestellt.

Sinnvoll könnte es sein, die Heterogenität der Träger vor allem bei privaten Krankenhäusern[68] in Untersuchungen zu berücksichtigen. Auch zu den Unterschieden der Rechtsformen ist noch wenig bekannt. Ein großes Problem der Trägervergleiche scheint allerdings zu sein, geeignete Daten zu erheben, die in Deutschland anders als in den USA nicht so einfach zur Verfügung stehen. So haben die Daten der Statistischen Ämter des Bundes und der Länder den Nachteil, dass sie den Casemix nicht erfassen, der als erklärende Größe von Bedeutung sein kann[69].

## 6. Ausblick

In diesem Beitrag sollten die unterschiedlichen Träger- und Rechtsformen von Krankenhäusern dargestellt werden sowie die Möglichkeiten der öffentlichen Krankenhäuser auf der Ebene der Organisationsformen, dem zunehmenden wirtschaftlichen Druck standzuhalten. Auch wurde versucht, Kriterien für einen Vergleich der Träger- und Rechtsformen zu entwickeln und das vorhandene neuere Daten- und Studienmaterial nach diesen Kriterien zu ordnen. Eine aus wirtschaftlichen und Versorgungsgesichtspunkten optimale Träger- und Rechtsform lässt sich daraus nicht ableiten. Eher ergeben sich Hinweise, dass eine gute Patientenversorgung und wirtschaftlicher Erfolg nicht ohne weiteres miteinander in Einklang zu bringen sind. Es mag ein positiver Effekt der Privatisierungen gewesen sein, Krankenhäuser *auch* als Unternehmen zu betrachten, da eine wirtschaftliche Gesundheitsversorgung im Interesse der Solidargemeinschaft ist; sollte sich die Sichtweise durchsetzen, Krankenhäuser *nur* als Unternehmen zu betrachten, würde die Patientenversorgung jedoch den wirtschaftlichen Zielen des Unternehmens untergeordnet, was weitreichende negative Folgen hätte[70]. Hier Grenzen zu setzen, ist aus meiner Sicht die Herausforderung für öffentliche und freigemeinnützige Krankenhausträger. Wie sich die Krankenhausträger- und Rechtsformen unter den sich wandelnden politischen und wirtschaftlichen Bedingungen weiterentwickeln, wird zu untersuchen sein.

68 Wörz 2008, S. 185f..

69 Ebd., S. 203.

70 Dazu bzw. zur Ökonomisierung im Gesundheitswesen siehe die Beiträge von Arne Manzeschke und Friedrich Heubel in diesem Band.

# Krankenhäuser als Wirtschaftseinheiten – ökonomische Aspekte und Herausforderungen

*Rainer Sibbel*

## 1. Strukturwandel im Gesundheitswesen

Die Zahl der Krankenhäuser in privater Trägerschaft hat in den letzten 15 Jahren in keinem anderen Land Europas derart stark zugenommen wie in Deutschland[1]. Dieser Trend zur Privatisierung ging nahezu ausschließlich zu Lasten von Krankenhäusern in öffentlicher Trägerschaft. Während die Gesamtzahl der Krankenhäuser von 1991 bis 2007 um 13 % von 2411 auf 2087 zurückgegangen ist[2], stieg der Anteil von Krankenhäusern in privater Trägerschaft im gleichen Zeitraum von 15 % auf 30 %[3]. Gerade dieses enorme Wachstum gewinnorientierter Krankenhausbetreiber wirft Fragen danach auf, warum es privaten Krankenhausträgern offensichtlich gelingt, Krankenhäuser wirtschaftlich besser zu führen, welche Konsequenzen sich daraus für das Versorgungsniveau der Bevölkerung ergeben und wie weit der Primat der Wirtschaftlichkeit auch im Gesundheitswesen Platz greifen sollte bzw. darf[4].

Das von Privatisierungsgegnern immer wieder angeführte ›Zerrbild‹ privater Krankenhausträger basiert auf der Kernthese, dass diese nur durch gezielte profitorientierte Akquise von Krankenhäusern und Selektion von Patienten – sogenanntes Rosinenpicken –, durch eine geringere Qualität in der Leistungserstellung und durch eine massive Verdichtung der Arbeit und einer entsprechend hohen Belastung des Personals bei eher geringeren Entgelten erfolgreich sind und Gewinn erwirtschaf-

---

1 Vgl. Böhlke, Nils/Schulten, Thorsten (2008): *Unter Privatisierungsdruck*, http://www.boeckler.de/pdf/magmb_2008_06_boehlke_schulten.pdf; Zugriff am 30. 11. 2009.

2 Vgl. Statistisches Bundesamt (2009): http://www.destatis.de/jetspeed/portal/cms /Sites/destatis/Internet/DE/Content/Statistiken/Gesundheit/Krankenhaeuser/Tabellen/ Content100 /KrankenhaeuserJahre,templateId=renderPrint.psml#Fussnote1; Zugriff am 30. 11. 2009.

3 Vgl. Statistisches Bundesamt (2008): *Grunddaten der Krankenhäuser*, Fachserie 12 Reihe 6.1.1, 1991–2007, Wiesbaden.

4 Vgl. Augurzky, Boris/Beivers, Andreas/Neubauer, Günter/Schwierz, Christoph (2009): *Bedeutung der Krankenhäuser in privater Trägerschaft*. Essen: RWI-Materialien Heft 52, S. 7–8.

ten können[5]. Letztlich bedarf die Diskussion der Bedeutung und des Wachstums privater Krankenhäuser im deutschen Krankenhausmarkt einer deutlich differenzierteren Analyse, die insbesondere die gesundheitsökonomischen Rahmenbedingungen und den zu verzeichnenden Strukturwandel im Gesundheitswesen mit einbeziehen muss.

Einerseits steigen die Ausgaben für das Gesundheitswesen in Deutschland wie auch weltweit kontinuierlich an. Nicht erst seit der Finanzkrise wird diesem – ökonomisch gesprochen – Wachstumsmarkt zentrale Bedeutung für die zukünftige nationale wie auch internationale gesamtwirtschaftliche Entwicklung zugesprochen[6]. Bereits aktuell stellt das Gesundheitswesen in Deutschland mit einem Volumen von ca. 260 Milliarden Euro einen der größten Wirtschaftssektoren dar, in dem mehr als 4 Millionen Beschäftigte tätig sind und der sich als vergleichsweise robust im Sinne der Leistungsnachfrage, des Ausgabevolumens, der Beschäftigtenzahl und des Investitionsverhaltens gegenüber konjunkturellen Einflüssen erweist[7]. Prognosen gehen davon aus, dass allein in Deutschland dieser Markt bis 2020 auf mehr als 450 Milliarden Euro anwachsen wird[8]. Andererseits wird das Problem der nachhaltigen Finanzierung des Gesundheitssystems immer drängender und schwieriger, was sich in den ständigen Gesundheitsreformen und deren Schwerpunkten widerspiegelt[9]. Als maßgebliche Treiber für die stetig steigende Entwicklung des Finanzierungsbedarfs im Gesundheitswesen und des Strukturwandels erweisen sich – wie in Abbildung 1 dargestellt – vor allem die demographische Entwicklung in Deutschland sowie der medizinische und medizin-technische Fortschritt[10]. Das Krankheitsspektrum verschiebt sich zunehmend in Richtung chronischer Erkrankungen und Multimorbidität.

---

5 Vgl. Neubauer, Günter/Beivers, Andreas/Deutsch, Harald/Ralfs, Dirk/Knopp, Ulrich (2006): *Gemeinnutzanalyse deutscher Kliniken: Public Service Value im Gesundheitswesen: Wer bietet wirklich Bürgernutzen?* Accenture Marktstudie, Kronberg.

6 Vgl. Wandschneider, Ulrich/Rösener, Carin (2003): *Entwicklungen des Gesundheitswesens in der Zukunft*, Hamburg: Deloitte Business Consulting GmbH, S. 3–5.

7 Vgl. Kartte, Joachim (2004): *Innovation und Wachstum im Gesundheitswesen.* Roland Berger View, S. 8.

8 Vgl. Statistisches Bundesamt (2008): *Grunddaten der Krankenhäuser*, Fachserie 12 Reihe 6.1.1, 1991–2007, Wiesbaden, S. 9.

9 Vgl. Hermann, Christoph (2007): *Die Privatisierung von Gesundheit in Europa*, FORBA-Schriftenreihe 2/2007. In: Ivansits, Helmut/Filipcic, Ursula (Hrsg.): Privatisierung von Gesundheit – Blick über die Grenzen, Sozialpolitik. In: diskussion Nr. 5, November 2007, Wien (Kammer für Arbeiter und Angestellte), S. 4.

10 Vgl. Sibbel, Rainer (2004): *Produktion integrativer Dienstleistungen*, Wiesbaden (Deutscher Universitätsverlag), S. 91.

Als eine Konsequenz daraus zielt der Gesetzgeber auf Seiten der Versorgungsanbieter darauf ab, durch Einführung bzw. kontinuierliche Erhöhung des Kosten- und Wettbewerbsdrucks, die Wirtschaftlichkeit der Leistungserstellung in den Versorgungseinrichtungen zu verbessern, sektorübergreifende integrierte Leistungsstrukturen zu fördern und gleichzeitig die Leistungsqualität transparenter zu machen[11].

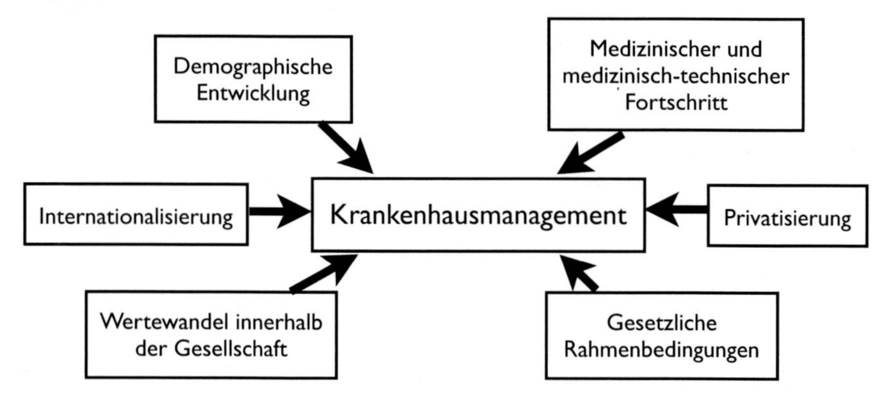


*Abbildung 1: Treiber des Strukturwandels im Gesundheitswesen*[12]

Spätestens mit der Einführung des DRG-Systems, d. h. diagnoseabhängige Fallpauschalen zur Vergütung von Krankenhausleistungen, gerieten viele Krankenhäuser unter enormen ökonomischen Druck bzw. in finanzielle Schieflage, die insbesondere aus Sicht der öffentlichen Träger aber immer schlechter auszugleichen und deshalb häufig Anlass für den Verkauf von Krankenhäusern war bzw. ist[13]. Mit dieser Form der materiellen Privatisierung von Krankenhäusern zieht sich der öffentliche Träger aus der Verantwortlichkeit für die Leistungserstellung zurück, letztlich weil alle anderen Handlungsoptionen – wie beispielsweise eine formelle Privatisierung, d.h. die Umwandlung von öffentlichen Betrieben in Kapitalgesellschaften – als weniger zielführend bzw. erfolgversprechend erscheinen bzw. sich als solches erwiesen haben.

---

11 Vgl. Sibbel, Rainer (2004): *Sanierungspotenziale im Gesundheitswesen aus betriebswirtschaftlicher Sicht.* In: trend – Zeitschrift für Soziale Marktwirtschaft, Nr. 101, S. 41.

12 In Anlehnung an Sibbel, Rainer (2004): *Produktion integrativer Dienstleistungen*, Wiesbaden (Deutscher Universitätsverlag), S. 90.

13 Vgl. Böhlke, Nils/Schulten, Thorsten (2008): *Unter Privatisierungsdruck*, http://www.boeckler.de/pdf/magmb_2008_06_boehlke_schulten.pdf; Zugriff am 30. 11. 2009.

## 2. Motive der Privatisierung öffentlicher Güter und Leistungen

Aus Sicht des Staates als übergeordnete und zentrale regulatorische Instanz im Gesundheitssystem erweist sich die Ausgestaltung des Gesundheitssystems als kontinuierliche Herausforderung und kreist um die Kernfrage, wie der Gesundheitsstatus der Bevölkerung auf möglichst wirtschaftliche Weise gehalten bzw. verbessert werden kann[14]. Gerade die Entwicklung in den Industrieländern zeigt, dass mit steigendem Versorgungsniveau der Bevölkerung immer mehr die Qualität und Effizienz des Gesundheitssystems in den Vordergrund der Betrachtung rückt, um sowohl die Effektivität wie auch die Finanzierbarkeit des Gesundheitssystems dauerhaft zu gewährleisten[15]. Dabei erweisen sich stark regulatorische Ansätze und öffentlich geprägte Strukturen häufig als (zu) schwierig bzw. zu beharrlich, um Qualitäts- und Effizienzpotentiale in ausreichendem Maße und zeitgerecht zu realisieren, weshalb viele Staaten mit Hilfe von Deregulierung durch Einführung von Markt- und Wettbewerbsprinzipien auf eine schnellere und bessere Anpassung des Gesundheitssystems hoffen. Als Ansätze werden dazu immer wieder fallpauschalierte Entgeltsysteme wie das DRG-System eingeführt, werden Leistungsbewertungen und Vergleiche durchgeführt und wird der Wettbewerb insbesondere durch Privatisierung angeheizt.

Ein weiteres wesentliches Ziel neben der höheren Effizienz der Leistungserstellung und/oder einer besseren Leistungsqualität, das der Staat als Regulator mit einer Privatisierung öffentlicher Güter und Dienstleistungen regelmäßig verfolgt, liegt in der Entlastung der öffentlichen Haushalte[16]. Des Weiteren werden die notwendigen Investitionen zum Erhalt der Versorgungseinrichtungen sowie zur Teilhabe am medizinischen wie technischen Fortschritt bei privaten Betreibern tendenziell eher und umfassender getätigt, Innovationen werden frühzeitiger umgesetzt und greifen besser[17]. Und auch die Aus- bzw. Fortbildung des Personals und dessen

---

14 Vgl. Bundesministerium für Gesundheit (2009): *5. Nationale Branchenkonferenz in Rostock »Erfolgreich altern – der demografische Wandel als Herausforderung für die Gesundheitswirtschaft«*, Berlin, Pressemitteilung Nr.38, http://www.bmg.bund.de/cln_160/SharedDocs/Downloads/DE/Presse/Presse-2009/Presse-2009/pdfpm __08__05__09,templateId=raw,property=publicationFile.pdf/pdf_pm_08_05_09.pdf; Zugriff: 3. 12. 2009.

15 Vgl. Busse, Reinhard (2006): *Europäische Gesundheitssysteme – Grundfragen und Vergleich.* In: Die Volkswirtschaft, Nr. 12, S. 12 f..

16 Vgl. Böhlke/Schulten 2008.

17 Vgl. Mühlnikel, Ingrid (2008): *Der Lack ist ab.* In: kma-Gesundheitswirtschaftsmagazin, H. 141, S. 24.

differenzierte Fortentwicklung wird teilweise systematischer und anwendungsnäher betrieben, wie beispielsweise die Diskussion um neue Berufsbilder oder die Ausgestaltung der ärztlichen wie pflegerischen Kernaufgaben zeigt[18]. Diesen Zielen und Erwartungen liegen die Erfahrungen zugrunde, dass eine Leistungserstellung in öffentlichen Strukturen und Betrieben sich vielfach als qualitativ schwankend, ineffizient und wenig kundenorientiert erweist[19].

Als wesentliche Ursachen für diese Defizite werden unter anderem unprofessionelle Managementstrukturen und -kompetenzen angeführt[20]. Die häufig starke Einflussnahme politischer Entscheidungsträger und Anspruchsgruppen und deren mangelnde Qualifikation wird als ebenso nachteilig angesehen, wie die damit oftmals einhergehende lange Dauer und die zu wenig am tatsächlichen Bedarf und den strategischen Herausforderungen ausgerichtete Qualität der Entscheidungsprozesse[21]. Beklagt werden zudem ein (zu) hohes Maß bürokratischer Vorgaben und Regelungen gerade im Hinblick auf Investitionen, die es zu beachten gilt. Ferner trägt das am Sachziel Versorgungsbedarfsdeckung orientierte und durch die öffentliche Trägerschaft geprägte Selbstverständnis dazu bei, dass die Organisationsstrukturen, wie beispielsweise die dreigliedrige Führungsspitze bestehend aus ärztlichem, pflegerischem und kaufmännischem Direktor als sehr traditionell, hierarchisch und starr erlebt und kritisiert werden und dass eine mangelnde Kooperationsbereitschaft zwischen den Berufsgruppen existiert[22]. Die Personalkosten sind vergleichsweise hoch bei zu wenig leistungsbezogenen Anreizstrukturen[23]. Des Weiteren wird durch die mangelnde Prozessorientierung und Standardisierung sowie eine häufig

---

18 Vgl. Bundesärztekammer (2007): *Zunehmende Privatisierung von Krankenhäusern in Deutschland.* Auszug Kapitel 16/17, S. 1 f..

19 Vgl. Manzeschke, Arne (2008): *Wirtschaftsethik im Gesundheitswesen – Ethische Probleme bei der Privatisierung von Krankenhäusern.* http://www.ethik.uni-bayreuth.de/downloads/WiG_08_ Privatisierung.pdf, S. 10; Zugriff am 2. 12. 2009.

20 Vgl. Ditzel, Hans (2007): *Prozessoptimierung und Servicefreundlichkeit: Was können Krankenhäuser von der Wirtschaft lernen?* In: Hessisches Ärzteblatt, 2/2007, S. 77. Der Ansatz des New Public Management versucht dem zu begegnen, indem privatwirtschaftliche Managementstrukturen auf öffentliche Unternehmen übertragen werden. Siehe dazu bspw. Schedler, Kuno/Proeller, Isabella (2006): *New Public Management.*, Stuttgart (UTB) 3. Aufl..

21 Vgl. Bundesärztekammer (2007): *Zunehmende Privatisierung von Krankenhäusern in Deutschland*, Auszug Kapitel 16/17, S. 5.

22 Vgl. Flocke, Sarah-Janine (2006): *Private Kliniken investieren mehr – Das Kapital macht den Unterschied.* http://www.wdr.de/themen/wirtschaft/3/private_kliniken/index.jhtml?rubrikenstyle=wirtschaft; Zugriff am 1. 12. 2009.

23 Vgl. Augurzky, Boris/Beivers, Andreas/Neubauer, Günter/Schwierz, Christoph (2009b): *Bedeutung der Krankenhäuser in privater Trägerschaft.* Essen: RWI-Materialien Heft 52, S. 13.

ineffiziente veraltete Infrastruktur die Selbstfinanzierungskraft des Krankenhauses durch eigen erwirtschaftete Überschüsse insgesamt stark geschwächt bzw. kann nicht in ausreichendem Maße erschlossen werden[24].

Als Lösungsansatz im Sinne der Privatisierung bieten sich neben der materiellen Voll- oder Teilprivatisierung, die formelle Privatisierung durch Änderung der Rechtsform in eine eigenständige Kapitalgesellschaft, beispielsweise eine gGmbH, an. Dabei bleiben die Eigentümerstrukturen zwar unverändert, der gesamte Rechtsrahmen legt aber deutlich klarere Strukturen, weshalb viele der angeführten Defizite dadurch als vermeidbar bzw. eher lösbar erscheinen. Alternativ sind auch anderweitige kooperative Zusammenarbeitsformen zwischen öffentlichen und privaten Trägern bzw. Unternehmen beispielsweise im Rahmen von Public-Private-Partnership-Modellen denkbar, sind aber in Deutschland bislang eher selten vorzufinden[25]. Letztlich erweisen sich die Defizite öffentlicher Strukturen aber häufig als zu groß, weshalb trotz der durchaus hohen Zahl formeller Privatisierungen letztlich oft doch der Verkauf des Krankenhauses an einen privaten Träger die Ultima Ratio darstellt und erfolgt[26]. Wie stark das Ausmaß der Krankenhausprivatisierung aktuell ist und wodurch sich private Krankenhausbetreiber auszeichnen, zeigen die Ausführungen in den beiden nachfolgenden Abschnitten.

## 3. Stand der Privatisierung von Krankenhäusern in Deutschland

Vor dem Hintergrund des Strukturwandels und den Herausforderungen im Gesundheitswesen besteht die Kernherausforderung für jedes Krankenhaus unabhängig von der Trägerschaft darin, eine möglichst hohe Leistungsqualität zu möglichst geringen Kosten bei möglichst geringen Verweildauern zu gewährleisten, um die eigene Existenz dauerhaft zu sichern und weiterhin zur Versorgung der Bevölke-

24 Vgl. Sachverständigenrat für die Konzentrierte Aktion im Gesundheitswesen (2002): *Bedarfsgerechtigkeit und Wirtschaftlichkeit*, Gutachten 2000/2001, Band III: Über-, Unter- und Fehlversorgung, III.1: Grundlagen, Übersichten, Versorgung chronisch Kranker. Baden-Baden (Nomos), S. 97–156.

25 Vgl. Ennemann, Ursula (2003): *Wirtschaftliche Führung öffentlicher Krankenhäuser – eine kritische Betrachtung der Public Private Partnership im deutschen Krankenhauswesen aus institutionenökonomischer Sicht.* Saarbrücken (Südwestdeutscher Verlag für Hochschulschriften), S. 34–44. Vgl. auch den Beitrag von Franziska Prütz in diesem Band,

26 Vgl. Buscher, Frederik (2007): *Länderbericht zur Situation der Krankenhäuser; 3. Bericht zur Lage der Krankenhäuser bei Einführung der DRGs.* In: das Krankenhaus, Ausgabe 1/2007, S. 20. In 2004–2006 waren 350 Rechtsformänderungen im Sinne einer formellen Privatisierung zu verzeichnen.

rung beitragen zu können[27]. Damit rückt aber die Ausgestaltung des Zielsystems[28] eines Krankenhauses in den Mittelpunkt, zumal gerade daran ein maßgeblicher Unterschied zwischen privaten einerseits und öffentlichen bzw. frei-gemeinnützigen Krankenhausträgern andererseits festgemacht werden kann.

Das Oberziel eines Krankenhauses besteht gemäß § 1 Abs. 1 KHG in der bedarfsgerechten Versorgung der Bevölkerung mit Gesundheitsleistungen. Diese gesetzliche Vorgabe allein reicht aber nicht aus, um die komplexe Zielproblematik in einem Krankenhaus umfassend beschreiben zu können. Aus betriebswirtschaftlicher Sicht ist es das generische Oberziel jeder Organisation, langfristig die eigene Existenz zu sichern. Ausgehend davon, dass grundsätzlich auch für ein Krankenhaus als Unternehmen die langfristige Existenzsicherung als universelle oberste Zielsetzung anzusehen ist, lässt sich das Zielsystem – wie in Abbildung 2 dargestellt – weiter in die beiden Dimensionen Sach- und Formalziele aufschlüsseln, d.h. einerseits leistungs- und ggf. werteorientierte Ziele, wie sie sich beispielsweise aus dem Versorgungsauftrag oder dem Leitbild des Trägers ergeben, und andererseits finanzorientierte Liquiditäts- und Erfolgsziele, die beispielsweise zur Auswahl der besten Alternative aus einem Bündel sachzielgerechter Handlungsoptionen herangezogen werden können[29].

Traditionell wird diese Diskussion um Zielsysteme in Krankenhäusern mit der Unterscheidung in Trägerformen verknüpft, wobei folgender Zusammenhang aufgemacht wird: Öffentliche und freigemeinnützige Träger unterliegen der sogenannten Sachzieldominanz, d.h. für sie stehen Sachziele eindeutig im Vordergrund. Im Gegensatz dazu wird für private Träger unterstellt, dass das Formalziel der Gewinnmaximierung primäres Oberziel ist. Private Klinikbetreiber werden somit »normalen« Unternehmen der Privatwirtschaft gleichgestellt. Diese Dichotomie zwischen gewinnmaximierenden privaten und sachzieldominierten öffentlichen und freigemeinnützigen Trägern erscheint aber heute als zu pauschal und sollte differenzierter betrachtet werden[30].

---

27 Vgl. Prill, Marc-Andreas (2006): *Balanced-Scorecard-Gestaltung für Krankenhäuser.* In: Schlüchtermann, Jörg/Sibbel, Rainer (Hrsg.): Balanced-Scorecard-Gestaltung für Krankenhäuser. Melsungen (Bibliomed ), S. 68–71, bes. S. 70 f..

28 Ziele allgemein sind Aussagen über angestrebte bzw. erwünschte Sollzustände, die als maßgeblicher Bewertungsansatz für Entscheidungen und Handlungen dienen.; vgl. Wöhe, Günter/Döring, Ulrich (2002): *Einführung in die allgemeine Betriebswirtschaftslehre.* 21. Aufl., München (Vahlen), S. 96 ff..

29 Vgl. Prill (2006). Zur Diskussion des Zielsystems von Krankenhäusern vgl. z. B. Eichhorn, Peter/ Seelos, Hans-Jürgen/Graf von der Schulenburg, J.-Matthias (Hrsg.) (2000): *Krankenhausmanagement.* München/Jena (Urban & Fischer).

30 Vgl. Prill (2006), S. 70.

Zunächst muss festgehalten werden, dass heute die Grenzen zwischen privatwirtschaftlichem und marktlichem Wettbewerb einerseits und geregelten bzw. regulierten Wirtschaftsräumen andererseits mehr und mehr verschwimmen. Bei hoher Wettbewerbsintensität unter privatwirtschaftlichen Unternehmen bleiben nur diejenigen wettbewerbsfähig, die erfolgreich den Bedarf ihrer Kunden und damit Sachziele erfüllen. Im nicht dem Preismechanismus unterworfenen Sektor der öffentlichen und gemeinwirtschaftlichen Unternehmen scheint zwar die Sachzielebene zu dominieren. Je knapper aber die Ressourcenverfügbarkeit der öffentlichen Hand ist, desto strenger müssen sich auch Non-Profit-Unternehmen am Postulat der Wirtschaftlichkeit orientieren, um ihre langfristige Existenzsicherung nicht zu gefährden.

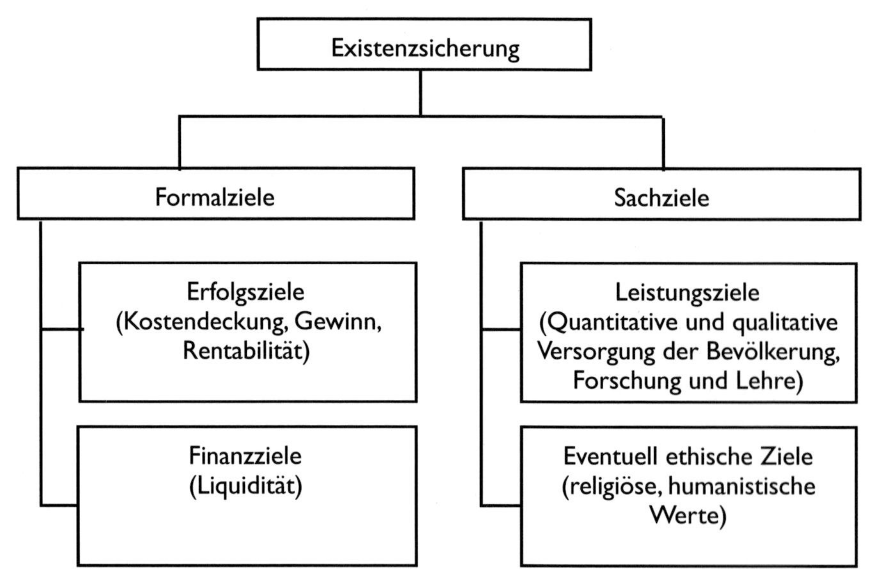


*Abbildung 2: Generisches Krankenhauszielsystem*[31]

Nicht zuletzt mit Blick auf das Oberziel wird somit deutlich, dass unter den sich verändernden Rahmenbedingungen Krankenhäuser in einem immer komplexeren Umfeld agieren und daher stets beide Zieldimensionen berücksichtigen müssen. Die alleinige Fokussierung auf Formal- oder Sachziele stellt ein existenzgefährdendes Risiko dar, da die gesetzlichen wie ökonomischen Rahmenbedingungen einer

[31] In Anlehnung an Gorschlüter, Petra (2001): *Das Krankenhaus der Zukunft: Integriertes Qualitätsmanagement zur Verbesserung von Effektivität und Effizienz*. Stuttgart (Kohlhammer) 2. überarb. Aufl., S. 77–79.

derart einseitigen Orientierung langfristig entgegenstehen[32]. Zudem sind die beiden Zielebenen sicherlich nicht als konfliktfrei anzusehen, aber beide Seiten bedingen sich. Ohne entsprechende Sachziele werden die Positionierung im Krankenhausmarkt und die Akquise von Patienten nahezu unmöglich und entsprechende Erfolgsziele lassen sich kaum erreichen. Umgekehrt setzt die Erfüllung der Sachziele voraus, dass gewisse Erfolgs- und Finanzziele beachtet werden. So kann und darf es letztlich vor dem Hintergrund des skizzierten Strukturwandels im Gesundheitswesen und der insgesamt knappen finanziellen Ressourcen im System für ein Krankenhaus jeglicher Trägerschaft keine Frage mehr sein, ob es profitabel sein muss, um langfristig weiterexistieren zu können. Die zentrale Frage ist vielmehr, welcher Anteil des erwirtschafteten Überschusses zur Zukunftssicherung in das Krankenhaus reinvestiert werden kann bzw. darf.

Für den Krankenhaussektor muss daher heute konstatiert werden, dass der Zusammenhang zwischen Formalzielen und Sachzielen wesentlich enger geworden ist als er früher war. Kein Krankenhaus wird langfristig überleben können, das lediglich eine von beiden Seiten als Ziel verfolgt und Defizite auf der anderen Seite in Kauf zu nehmen bereit ist. Es verbleiben lediglich leichte Gewichtungsunterschiede im Zielsystem unterschiedlicher Träger[33]. Für öffentliche und freigemeinnützige Krankenhäuser ist finanzieller Erfolg Grundlage, um auch in Zukunft leistungsfähig im Sinne der Sachziele zu sein. Private Träger hingegen haben eher die Möglichkeit, die Sachziele so auszurichten, dass eine hohe Zielerreichung bei den Formalzielen daraus resultiert. Beiden muss aber bewusst sein, dass nur ein »Spielen auf beiden Manualen« langfristig die Existenz sichert.

Insgesamt ergibt sich damit ein mehrdimensionales Zielsystem für Krankenhäuser, in dem die Gewichtungen der einzelnen Komponenten von Einrichtung zu Einrichtung unterschiedlich sein können. Entscheidende Voraussetzung für ein funktionierendes Krankenhausmanagement ist aber, dass überhaupt ein transparenter und nachvollziehbarer Zielbildungsprozess stattfindet. Diesbezüglich gibt es aber bis heute in vielen deutschen Krankenhäusern einen erheblichen Nachholbedarf. Qualität und Wirtschaftlichkeit im Krankenhaus bedingen einander, bilden die Grundlage von Profitabilität und damit der langfristigen Existenzsicherung. Der Unterschied der Ausgestaltung des Zielsystems zwischen den verschiedenen Trägern spiegelt sich somit nicht in der einseitigen Dominanz von Formal- oder Sachzielen wider, sondern in deren Gewichtung zueinander. Die Trägerschaft wird letzt-

32 Vgl Greiling, Dorothea (2000): *Rahmenbedingungen krankenhausbezogenen Unternehmensmanagements.* In: Eichhorn, Peter/Seelos, Hans-Jürgen/Graf von der Schulenburg, J.-Matthias (Hrsg.): Krankenhausmanagement. München/Jena (Urban & Fischer), S. 91 f..

33 Vgl. Greiling 2000, S. 90f..

lich bei der Entscheidung über die Gewinn- bzw. Überschussverwendung relevant, da bei privaten Krankenhäusern davon ausgegangen werden kann, dass zumindest ein gewisser Anteil an die Anteilseigner beispielsweise als Renditen ausgeschüttet wird bzw. werden muss. Nicht zuletzt aufgrund dieses Aspekts stellt sich die Frage, warum sich die Trägerstruktur im Krankenhaussektor in Deutschland derart verschoben hat.

Gemessen an der Zahl der Krankenhäuser in Deutschland ist der Anteil privater Einrichtungen bis 2008 auf knapp 30% angestiegen, während der Anteil der Häuser in freigemeinnütziger Trägerschaft nahezu konstant bei ca. 35% geblieben ist. Die damit einhergehende Gesamtbettenzahl in privater Trägerschaft macht knapp 20% der insgesamt verfügbaren Betten in Deutschland aus[34]. Daran wird bereits deutlich, dass die Krankenhäuser in privater Trägerschaft im Durchschnitt deutlich kleiner sind als die in öffentlicher oder freigemeinnütziger Trägerschaft. 2006 war die durchschnittliche Bettenzahl in öffentlichen Krankenhäusern ungefähr dreimal so hoch wie in privaten Einrichtungen, die der freigemeinnützigen Häuser war knapp doppelt so hoch[35]. Das Wachstum der privaten Klinikketten bzw. die zunehmende Privatisierung bezieht sich somit vornehmlich auf kleinere Krankenhäuser in öffentlicher Trägerschaft, deren wirtschaftliche Existenz bzw. finanzielle Schieflage am ehesten gefährdet ist. Auch aktuell leiden ca. 20% aller Krankenhäuser an mangelnder Wirtschaftlichkeit und sind deshalb von Insolvenz bzw. in ihrer Existenz bedroht[36]. Der Trend und insbesondere das Bemühen der privaten Träger geht aber dazu, dass insbesondere die großen privaten Klinikketten zunehmend auch Häuser der Maximalversorgung akquirieren und mit dem Universitätsklinikum Giessen-Marburg auch der erste Fall einer Privatisierung eines Universitätsklinikums zu verzeichnen ist.

Im Gegensatz zur insgesamt stetig rückläufigen Gesamtzahl von Krankenhausbetten in Deutschland ist die Zahl der stationären Fälle weitgehend konstant bzw. leicht ansteigend. Die Zahl der in privaten Krankenhäusern erbrachten Fälle hat sich in den letzten gut zehn Jahren allerdings mehr als verdoppelt. Nicht zuletzt daran wird deutlich, dass nahezu alle Krankenhäuser in privater Trägerschaft in die

---

34 Vgl. GBE (2009): http://www.gbe-bund.de/gbe10/abrechnung.prc_abr_test_logon?p_uid=gast&p_aid=16919798&p_knoten=VR&p_sprache=D&p_suchstring=Krankenhausträger; Zugriff: 2. 12. 2009.

35 Vgl. GBE 2009.

36 Vgl. KPMG (2009): *Zukunft deutscher Krankenhäuser*, http://www.kpmg.de/docs/20090701_Summary_Zukunft_deutsches_Krankenhaus.ppd; Zugriff am 2. 12. 2009. Vgl. auch Augurzky, Boris/Beivers, Andreas/Neubauer, Günter/Schwierz, Christoph (2009b): *Bedeutung der Krankenhäuser in privater Trägerschaft.* Essen: RWI-Materialien Heft 52, S. 7.

flächendeckende Versorgung der Gesamtbevölkerung eingebunden sind, der länderabhängigen Krankenhausplanung unterliegen und sich nicht ausschließlich auf Privatpatienten oder Selbstzahler fokussieren.

Vergleicht man die Krankenhäuser in Deutschland in Abhängigkeit ihrer Trägerschaft anhand einiger ausgewählter klassischer Leistungskennzahlen, wie sie in Abbildung 3 angeführt sind, so werden zum einen Indizien für die Unterschiede zwischen den privaten und öffentlichen Krankenhäusern deutlich, zum anderen deuten diese Kennzahlen aber eben auch an, warum die Krankenhäuser in freigemeinnütziger Trägerschaft sich als so stabil erweisen und sich auf einem vollends mit den privaten Einrichtungen vergleichbaren Leistungsniveau bewegen.

| | **Krankenhausträger** | | |
|---|---|---|---|
| **Kriterien** | **Freigemeinnützige** | **Öffentliche** | **Private** |
| Verweildauer (Tage)[1] | 7,6 | 7,6 | 7,8 |
| Auslastung % | 74,3 | 77,9 | 74,2 |
| Baserate €[2] | 2 658 | 2 852 | 2 769 |
| Betten pro Arzt | 1 329 | 999 | 1 283 |
| Betten pro Pflegekraft | 503 | 454 | 518 |
| Pflegetage pro Bett | 271,3 | 284,2 | 270,7 |
| Fälle pro Pflegekraft | 62 | 55 | 59 |
| Fälle pro Arzt | 162 | 121 | 147 |

*Quellen: DKG (2009), eigene Berechnung, [2]McKinsey (2006), [1]Daten 2008*

*Abbildung 3: Trägerabhängige Leistungsindikatoren (2007)*

Während bei nahezu gleichen Verweildauern die durchschnittliche Auslastung in den öffentlichen Krankenhäusern tendenziell am höchsten ist, zeigen gerade die personalbezogenen Leistungsindikatoren, dass die freigemeinnützigen und privaten Krankenhäuser sich durch einen erheblich geringeren Ressourceneinsatz je Fall und Bett, insbesondere bei den Ärzten, auszeichnen. Diese Kennzahlen machen zweifelsohne deutlich, dass die im Kontext der Einführung des DRG-Systems in den Krankenhäusern zu verzeichnende Leistungsverdichtung in den Krankenhäusern in nicht öffentlicher Trägerschaft noch sehr viel konsequenter vorangetrieben worden ist, als es auch in den verbliebenen öffentlichen Krankenhäusern stattgefunden hat. Anhand dieser Kennzahlen wird demnach deutlich, dass offenkundig nicht nur die privaten Träger, sondern auch die Krankenhäuser in freigemeinnütziger Trägerschaft es geschafft haben, ein höheres Effizienzniveau in ihrer Leistungserstellung zu erreichen. Dieser Kennzahlenvergleich wirft somit die Frage danach auf, auf welche Faktoren der Erfolg insbesondere der privaten Träger – aber offenkundig in Abgrenzung zu den öffentlichen eben auch der freigemeinnützigen Krankenhäuser – zurückzuführen ist.

## 4 Erfolgsfaktoren privater Klinikbetreiber

Zwar lässt sich letztlich kaum allgemein und vollends evidenzbasiert nachweisen, was die Erfolgsfaktoren privater Klinikbetreiber sind[37], nichtsdestotrotz ergeben sich aus der dargestellten Diskussion zu den Schwächen, die Institutionen allgemein und Krankenhäusern in öffentlicher Trägerschaft im Besonderen zugeschrieben werden, klare Ansatzpunkte im Unterschied zu privaten Einrichtungen, worauf der Erfolg der Krankenhäuser und Klinikketten in privater Trägerschaft im Wesentlichen zurückgeführt werden kann. Als marktbezogene Erfolgsfaktoren wird privaten Krankenhäusern und Trägern eine deutlich klarere und systematische Patienten-, Markt- und Wettbewerbsorientierung zugesprochen, die bei einer Vielzahl von Fragen des strategischen Managements ansetzen[38].

Auch das Thema Patientensicherheit und Qualitätsmanagement werden ggf. deutlich strukturierter und systematischer angegangen und sowohl in Richtung Patienten bzw. Öffentlichkeit wie auch Mitarbeiter aktiv kommuniziert und aufgearbeitet. Zudem sind die privaten Krankenhäuser und Klinikketten Vorreiter eines professionellen Einweisermanagements, um die einweisenden niedergelassenen Ärzte von ihrer Versorgungsqualität zu überzeugen. Im Zentrum einer solchen Beziehungspflege stehen in der Regel die fallabhängige Abstimmung des Kommunikations- und Informationsflusses, des Einweisungs- und Versorgungsprozesses, der Rücküberweisung sowie Fragen der Fort- und Weiterbildung oder auch der Geräte- bzw. Infrastrukturnutzung[39]. Insgesamt erweisen sich private Träger bzw. Krankenhäuser häufig als flexibler und zukunftsorientierter im Hinblick auf die Entwicklungen im Gesundheitssystem und dessen Rahmenbedingungen, wie beispielsweise die Entwicklung und Diskussion rund um medizinische Versorgungszentren zeigt.

37 Vgl. Lang, Herbert (1997): *Erfolgsfaktoren privater Krankenanstalten. Theoretische Formulierung und kausalanalytische Überprüfung eines marktorientierten Erfolgsfaktorenmodells.* Lohmar (Josef Eul), S. 75, S. 158.

38 Vgl. Schlüchtermann, Jörg/Albrecht, Monika (2003): *Erfolgsfaktoren der privaten Klinikketten. Markt-, Ressourcen-, Produktions- und Kostenorientierung.* In: führen & wirtschaften, H. 2, S. 122 ff..

39 Vgl. Mühlnikel, Ingrid (2008): *Der Lack ist ab.* In: kma-Gesundheitswirtschaftsmagazin, H. 141, S. 24.

Sie passen ihre Geschäftsmodelle schneller an und erweisen sich auch im Sinne vertraglicher Regelungen und Bindungen ggf. als anpassungsfähiger für die Belange der unterschiedlichen Beteiligten wie niedergelassene Ärzte und Krankenkassen.

Als maßgebliche Erfolgsfaktoren aus produktions- und kostenorientierter Perspektive ist die konsequente Nutzung von Synergien und Vorteilen zu nennen, die sich einerseits aus Marktmacht und Unternehmensgröße, beispielsweise in der Beschaffung, erschließen lassen und die andererseits auf Spezialisierungs- und Erfahrungskurveneffekten basieren. Dazu zählen gerade auch Ansätze zur Standardisierung der Leistungsprozesse beispielsweise mit Hilfe von Clinical Pathways oder Checklisten sowie eine an den Prozessen ausgerichtete Organisations- und insbesondere auch Infrastruktur[40]. Dies geht häufig einher mit gezielten Strategien zur Personalakquisition wie zur Fort- und Weiterbildung[41]. Entscheidend dafür, die angeführten Erfolgspotentiale umsetzen und ausnutzen zu können, ist die gerade auf Seiten privater Träger oftmals vorhandene hohe Finanzkraft und Investitionsfähigkeit gepaart mit klareren Entscheidungs- und Rechtsstrukturen, die es erlaubt, zielsetzungsgerechter und schneller auf veränderte Anforderungen und Potentiale reagieren zu können. Grundpfeiler insbesondere des wirtschaftlichen Erfolgs gerade der privaten Krankenhausbetreiber in einem DRG-System, das heißt bei pauschalierten Leistungsentgelten, ist die Effizienz der Leistungserstellung.

Natürlich lassen sich die Nachteile und Risiken, die mit diesen Faktoren und Ansätzen zur Umsetzung des Effizienzprinzips einhergehen können, ebenso nicht von der Hand weisen und sind in Einzelfällen ja auch real Gegenstand intensiver Diskussionen und Aktionen z.B. im Rahmen von Tarifkonflikten oder Ärzte- und Klinikverbänden bzw. -gruppen[42]. Gerade die Herausforderung, qualifiziertes Personal möglichst effizient einzusetzen, geht in der Regel mit Stellenabbau oder Stellenumschichtung einher. Das Outsourcing von Leistungen wie Catering oder Reinigung birgt unter Umständen Qualitätsrisiken ebenso wie veränderte Führungsstrukturen, Leistungs- und Zielvereinbarungen usw., die wohlmöglich die gesamte Organisationskultur verändern. Und nicht nur auf Ebene des einzelnen Krankenhauses, sondern auch aus gesundheitsökonomischer Sicht ergeben sich Fragen z.B. danach, wie der Wettbewerb weiter gestärkt und mit den häufig vorzufindenden regionalen

40 Vgl. Sibbel, Rainer (2004): *Produktion integrativer Dienstleistungen*, Wiesbaden (Deutscher Universitätsverlag), S.144 f..

41 Vgl. Schlüchtermann/Albrecht 2003, S. 121 f..

42 Vgl. Böhlke, Nils/Schulten, Thorsten (2008): *Unter Privatisierungsdruck*. http://www.boeckler.de/pdf/magmb_2008_06_boehlke_schulten.pdf; Zugriff am 30. 11. 2009.

Monopolen gerade in ländlichen Gebieten umzugehen ist[43]. Wie kann die Transparenz insbesondere der Leistungsqualität weiter erhöht werden? Wie lässt sich die Balance zwischen den Dimensionen der Sach- und Formalziele noch besser absichern bzw. der Bezug zur Sachzielebene noch fester verankern?

Wie sehr auch immer diese verschiedenen Faktoren im einzelnen oder in ihrer Wechselwirkung den Erfolg von Krankenhäusern und Klinikketten in privater Trägerschaft ausmachen, letztlich erscheint keiner der genannten Faktoren so zwingend und nachhaltig, dass Krankenhäuser in öffentlichen Strukturen unter professioneller Führung und mit entsprechend motiviertem Personal diese nicht auch anstreben und realisieren könnten, wie letztlich einige Beispiele öffentlicher Krankenhäuser und Krankenhausverbände auch zeigen. Der Erfolg der privaten Einrichtungen ist somit weitgehend eher den Schwächen und dem Beharrungsvermögen öffentlicher Strukturen und Krankenhäuser zuzuschreiben, als nachhaltigen Leistungs- und Wettbewerbsvorteilen, aus der sich eine fundamentale dauerhafte Abgrenzung zwischen den Krankenhäusern unterschiedlicher Trägerschaft ableiten ließe.

## 5. Perspektiven der Privatisierung von Krankenhäusern

Nachdem die Privatisierungswelle in Deutschland in den letzten beiden Jahren und insbesondere 2009 abgeebbt ist, wird in einer Vielzahl Prognosen und von vielen Experten nahezu einhellig die Meinung vertreten, dass ab 2010 nicht zuletzt aufgrund der Folgewirkungen der Krise im Finanz- und Bankensektor für die öffentlichen Haushalte die Zahl der Krankenhausverkäufe wieder zunehmen wird[44]. Langfristig wird sich die bisherige Entwicklung weiter fortsetzen und ein weiteres Anwachsen des Anteils privater Krankenhäuser in Deutschland auf über 40 % bis 2020 für durchaus möglich erachtet[45]. Zudem wird auch das Interesse ausländischer Krankenhausträger und Investoren am deutschen Gesundheitsmarkt weiter wachsen, wie es das Beispiel der Übernahme der Deutschen Kliniken Gruppe durch die

43 Vgl. Schalast, Christoph/Sibbel, Rainer (2008): *Zusammenschlusskontrolle als Wettbewerbshindernis auf den regulierten Infrastrukturmärkten?* In: Wirtschaft und Wettbewerb, Nr. 58, S. 567.

44 Vgl. Schmidt, Hartmut (2009): *Gesundheitsreport. Spannendes 2010.* HPS Research, S. 256f.

45 Vgl. Schmidt, Christian/Hesslau, Uwe/Gabbert, Thomas (2004): *Krankenhauslandschaft in Deutschland. Ein Markt im Umbruch.* In: Deutsche Medizinische Wochenzeitschrift, Nr. 129, S. 1212.

Capio AG zeigt[46]. Das Gesundheitswesen wird sich weiter als Wachstumsmarkt weltweit entwickeln, wobei gerade in Industrieländern wie Deutschland die nachhaltige Finanzierung der Gesundheitssysteme die zentrale Herausforderung darstellt.

Die Knappheit insbesondere der finanziellen wie aber auch zunehmend der personellen Ressourcen erfordert aus ökonomischer Sicht einen möglichst zielgerichteten Mitteleinsatz[47]. Die Privatisierung von Krankenhäusern dient in diesem Kontext dazu, den notwendigen Wettbewerb um Qualität und Effizienz bzw. Wirtschaftlichkeit im Gesundheits- bzw. Versorgungssystem zu stärken[48]. Die Profitabilität von Krankenhäusern wird zu einer notwendigen Voraussetzung dafür, ihre Existenz langfristig sichern zu können. Auch aus ethischer Sicht ergibt sich vor dem Hintergrund des aufgezeigten ökonomischen Spannungsfeldes zumindest die Schlussfolgerung, dass jede Art von ineffektiver oder ineffizienter Leistungserstellung in Krankenhäusern als fragwürdig bzw. inakzeptabel zu werten ist[49]. Ob Rationalisierung und Wirtschaftlichkeit die Notwendigkeit einer Rationierung im Gesundheitswesen vermeiden können, ist letztlich nicht wirklich objektiv zu beantworten, aber ohne das Streben danach wird Rationierung wohl unvermeidbar sein[50].

Der wirtschaftliche Erfolg der Krankenhäuser in privater Trägerschaft bzw. privater Klinikketten basiert maßgeblich auf den Schwächen der öffentlichen Einrichtungen und Träger. Investitionsfähigkeit, Entscheidungsstrukturen und konsequente Markt- sowie Prozessorientierung sind wesentliche Faktoren, die den Erfolg der privaten Betreiber bislang ausmacht. Gerade die Krankenhäuser und Krankenhausgruppen in freigemeinnütziger Trägerschaft zeigen aber, dass diese Erfolgspotentiale letztlich nicht einzig den privaten Betreibern vorbehalten sind und ebenso in anderen Trägerstrukturen umsetzbar sind. Aus Sicht des Staates bestätigen sich auch im deutschen Gesundheitswesen die mit Privatisierung als Ansatz in verschie-

---

46 Vgl. Hesslau, Uwe/Schmidt, Christian (2006): *Der Krankenhausmarkt im Umbruch. M&A-Strategien privater Investoren im Markt.* In: Keuper, Frank/Häfner, Michael/Glahn, Carsten von (Hrsg.): Der M&A-Prozess. Konzepte, Ansätze und Strategien für die Pre- und Post-Phase. Wiesbaden (Gabler), S. 73.

47 Vgl. Sachverständigenrat (2007): *Gutachten 2007 des Sachverständigenrates zur Begutachtung der Entwicklung im Gesundheitswesen: Kooperation und Verantwortung – Voraussetzungen einer zielorientierten Gesundheitsversorgung.* Baden-Baden (Nomos), 2007, S. 108.

48 Vgl. Augurzky, Boris/Beivers, Andreas/Neubauer, Günter/Schwierz, Christoph (2009): *Bedeutung der Krankenhäuser in privater Trägerschaft.* Essen: RWI-Materialien Heft 52, S. 36, S. 39.

49 Vgl. Ludewig-Thaut, Dorothea (2009): *Unökonomisch ist unethisch.* In: Lohmann, Heinz/Preusker, Uwe K. (Hrsg.): Geschäftsmodell Systempartnerschaften. Die Digitale Industrialisierung der Medizin. Landsberg (Economica), S. 139.

50 Vgl. Jachertz, Norbert/Rieser, Sabine (2007): *Rationierung im Gesundheitswesen: Grenzen für den Fortschritt.* In: Deutsches Ärzteblatt, 104. Jg., H. 1/2, S. A 21–A 25, S. A 22ff..

densten Bereichen öffentlicher Güter und Dienstleistungen weltweit gemachten Erfahrungen, dass erfolgreiche Privatisierung nicht einen schwachen Staat und ein hohes Maß an Deregulierung bedingt, sondern gute Regulierung maßgeblich dazu beiträgt, dass Privatisierung wirtschaftlich wie gesellschaftlich zur positiven Fortentwicklung beiträgt[51]. Mit einer weiteren Entwicklung des Gesundheitssystems stärker hin zu einem wertschöpfungsorientierten Wettbewerb, d.h. einer stärker auf das Verhältnis von angestrebtem Versorgungsergebnis zu Mitteleinsatz fokussierten Betrachtung, ergäbe sich die Chance, dass alle Beteiligten im Gesundheitssystem und ihre Anforderungen gleichermaßen besser berücksichtigt werden[52]. Dies würde auch eine werteorientierte Diskussion umfassen, die der gesamtgesellschaftlichen Bedeutung des Themas Gesundheitsversorgung Rechnung tragen muss, aber auch nicht ohne Berücksichtigung der wirtschaftlichen Aspekte geführt werden kann.

---

51 Vgl. von Weizäcker, Ernst U./Young, Oran R./Finger, Matthias (Hrsg.) (2006): *Grenzen der Privatisierung, Bericht an den Club of Rome.* Stuttgart (Hirzel), S. 330 f.

52 Vgl. Porter, Michael E./Teisberg, Elizabeth (2005): *Redefining Health Care. Creating Value-Based Competition on Results.* Boston (HBS), S. 98 ff..

# Krankenhausprivatisierung: Auch unter DRG-Bedingungen ein Erfolgsmodell?

*Horst Imdahl*

## 1. Einleitung

Als die Stadt Hürth im Jahre 1983 den Beschluss fasste, ihr 140-Betten-Krankenhaus nach 70-jährigem Bestehen als kommunale Einrichtung an einen privaten Träger abzugeben, war die Belegung des Hauses auf unter 75 Prozent gesunken, das Defizit hatte sich bei rund 700 000 DM jährlich eingependelt, und für die Verantwortlichen war absehbar, dass die Summe der jährlichen Defizite in den kommenden fünf Jahren mindestens 3,5 Mio. DM ausmachen würde. Zuzüglich der zur Aufrechterhaltung des Betriebes dringend notwendigen Investitionen, die die Stadt auf 5 Mio. DM schätzte, machte dies 8,5 Mio. DM aus, also eine Mehrbelastung des städtischen Etats um über 2 Mio. DM jährlich. Vor diesem Hintergrund fiel es der Gemeinde leicht, das Haus gegen eine 20-jährige Betriebsverpflichtung an einen privaten Träger abzugeben und sich an den zu erwartenden Verlusten und den notwendigen Investitionen mit insgesamt 6 Mio. DM zu beteiligen[1].

25 Jahre später hat sich der Krankenhausmarkt deutlich verändert. Private Krankenhausketten sind entstanden, die wesentlich dazu beigetragen haben, dass der Anteil öffentlicher Einrichtungen seit 1991[2] kontinuierlich von rund 46 % auf rund 32 % zurückging, während sich der Anteil privater Kliniken im gleichen Zeitraum von knapp 15 % auf rund 30% verdoppelte[3]. Der Käufermarkt der 1980-er Jahre, bei dem der private Träger angesichts nahezu vollständig fehlender Mitbe-

---

1 Vgl. Imdahl, Horst (1993): *Privatisierung von Krankenhäusern.* In: das Krankenhaus, H. 12, S. 561.

2 Für die neuen Bundesländer liegen die Zahlen erst seit 1991 vor. Vergleiche mit früheren Zeiträumen sind deshalb nicht aussagefähig.

3 Statistisches Bundesamt (2008): *Grunddaten der Krankenhäuser*, Fachserie 12/Reihe 6.1.1, Wiesbaden.

werber die Kaufbedingungen diktierte, hatte sich zum Verkäufermarkt[4], bei dem die abgebenden Kommunen für ihre Krankenhäuser Höchstpreise erzielen, gewandelt.

Als die Stadt Krefeld kürzlich ihr Klinikum zum Verkauf anbot, konnte sie nicht nur zwischen über zehn Interessenten auswählen, sondern auch ein großes Transaktionsvolumen realisieren: Der private Träger erhielt das Städtische Klinikum für eine Transfersumme von rd. 300 Mio. EUR. In dieser Summe sind Investitionszusagen des neuen Trägers in Höhe von rd. 180 Mio. EUR, der Kaufpreis und die Schuldenübernahme enthalten[5].

Im Folgenden soll zuerst der typische Prozess einer Privatisierung von der Grundsatzentscheidung bis zum Verkauf an einen gewinnorientierten Träger dargestellt werden. Die Auswirkungen einer Privatisierung insbesondere auf die Beschäftigten und auf die wirtschaftliche Lage werden dann anhand von Beispielen dargestellt. Als Quellen müssen überwiegend Berichte der jeweiligen lokalen Presse herangezogen werden, da es bis heute an einer wissenschaftlichen Aufarbeitung der Folgen einer Privatisierung nahezu vollständig fehlt[6]. Soweit der privatisierte Krankenhausbetrieb der Veröffentlichungspflicht von Jahresabschlüssen[7] unterliegt, sind dadurch nicht nur die wirtschaftlichen Ergebnisse transparent, sondern auch die Maßnahmen zur Ergebnisverbesserung. Es ist zu vermuten, dass die Umstellung der Finanzierung der Krankenhausleistungen auf kostenbasierte und landesweit einheitliche Preise (DRG) die wirtschaftliche Sanierung eines kommunalen Krankenhauses deutlich erschwert und renditeverpflichtete Träger zu in der Vergangenheit nicht notwendigen, unüblichen und unpopulären Handlungen und Methoden

---

4 Ein Käufermarkt ist u.a. durch sinkende Preise, konstantes Angebot und Nachfragedefizit, ein Verkäufermarkt durch steigende Preise bei steigender Nachfrage und konstantem Angebot gekennzeichnet.

5 Vgl. Guede, Kirsten (2008): *Der lange Weg zum Erfolg*. In: kma-Gesundheitswirtschaftsmagazin, H. 11, S. 58.

6 Lediglich die Bundesärztekammer hat sich im Rahmen einer Arbeitsgruppe mit den Folgen der Privatisierung für die ärztliche Tätigkeit beschäftigt und dazu einen Bericht veröffentlicht: Bundesärztekammer (2007) (Hrsg.): *Zunehmende Privatisierung von Krankenhäusern in Deutschland-Folgen für die ärztliche Tätigkeit, Voraussetzungen, Wirkungen, Konsequenzen und Potentiale aus ärztlicher Sicht*, Berlin.

7 Die Offenlegung der Jahresabschlüsse ist in den §§ 325ff HGB geregelt. Veröffentlichen müssen alle Kapitalgesellschaften (inkl. aller GmbHs), eingetragene Genossenschaften, Personenhandelsgesellschaften ohne eine natürliche Person als persönlich haftenden Gesellschafter, außerdem nach dem Publizitätsgesetz (PublG) alle Unternehmen, auf die in drei aufeinanderfolgenden Geschäftsjahren mindestens zwei dieser Merkmale zutreffen: Bilanzsumme über 65 Mio. EUR, Umsatzerlöse über 130 Mio. EUR, durchschnittlich über 5000 Mitarbeiter. Die Jahresabschlüsse stehen jedem auf der vom Bundesministerium der Justiz bereitgestellten Plattform (www.ebundesanzeiger.de) 24 Stunden online zur Verfügung.

zwingt. Wenn dem so sein sollte, wird der Privatisierungsprozess viel der Dynamik der letzten Jahre verlieren.

## 2. Vom Grundsatzbeschluss zum Privatisierungsbeschluss – dargestellt am Beispiel eines städtischen Trägers

Zu Beginn des Privatisierungsverfahrens steht ein Ratsbeschluss mit dem Auftrag an die Verwaltung, Verhandlungen zum Verkauf von Gesellschaftsanteilen an der Städtische Krankenhaus GmbH meist unter Beteiligung eines Transaktionsberaters, z.B. einer Investmentbank oder einer Wirtschaftsprüfungsgesellschaft, aufzunehmen. Um die Auswahl der Transaktionsberater rechtssicher zu gestalten, wird dieser oft durch ein europaweites Ausschreibungsverfahren nach VOF[8] gesucht. Zu den Leistungen der Transaktionsberater gehören nicht nur die klassischen ökonomischen Fragestellungen wie z.B. die Unternehmensbewertung, sondern auch die rechtliche Beratung wie die Beantwortung der steuer-, verfahrens-, personal- und gesellschaftsrechtlichen Fragen, die Erstellung der Verträge sowie die Begleitung der Transaktion.

In einem ersten Schritt werden mit dem Transaktionsberater die Transaktionsziele festgelegt. Hierzu können die jeweilige Erfüllung des gesetzlichen Sicherstellungsauftrags, die langfristige Sicherung und Weiterentwicklung des medizinischen Angebots, die Wahrung der Interessen der Arbeitnehmer wie Aufrechterhaltung der Tarifbindung und Sicherung der vorhandenen Arbeitsplätze, die Erzielung eines angemessenen Kaufpreises, die Beibehaltung eines Minderheitenanteils, die Mitbestimmung im Aufsichtsrat, die Durchführung von Investitionen und die Fortführung von Schulen zählen. In Abhängigkeit von der Interessenlage der Kommune sind weitere Transaktionsziele denkbar.

Danach wird ein Projektmanagement in Form einer Lenkungsgruppe (auch Lenkungsausschuss) eingerichtet. In dieser Lenkungsgruppe sind üblicherweise der Transaktionsberater, die Beteiligungsverwaltung (Kämmerei), die Geschäftsführung der Gesellschaft, der Betriebs- und soweit vorhanden der Aufsichtsrat vertreten, aber des Öfteren auch Vertreter der im Rat vertretenen Parteien.

Nach einer Bestandsaufnahme des Leistungsspektrums, der wertbeeinflussenden Faktoren wie Bausubstanz und Investitionsnotwendigkeiten und einer ersten

8 Bei Vergabe freiberuflicher Leistungen ist die Anwendung der *Verdingungsordnung für freiberufliche Leistungen* (VOF) vom 16. März 2006 für den öffentlichen Auftraggeber verbindlich vorgeschrieben, wenn eine Leistung durch Freiberufler erbracht wird und die in der VOF festgelegten Schwellenwerte erreicht oder überschritten werden. Die Schwellenwerte hat die EU-Kommission mit Geltung vom 1. 8. 2008 von 211 000 EUR auf 206 000 EUR gesenkt.

Analyse der Finanzsituation wird ein Informationsmemorandum erarbeitet. Das Informationsmemorandum soll die Informationsbedürfnisse möglicher Interessenten befriedigen und den Empfängern eine Entscheidung hinsichtlich der Beteiligung am weiteren Verfahren ermöglichen. Alle Informationen werden in der Regel vom Krankenhaus zur Verfügung gestellt und beinhalten Aussagen über die Wettbewerbssituation, also die Marktpositionierung im wettbewerbsrelevanten Umfeld, das Leistungsspektrum, das Personal nach Qualität und Quantität, die Immobilien sowie betriebswirtschaftliche Auswertungen zur wirtschaftlichen Lage. Abschließend findet oft auch eine Bewertung der Unternehmensstrategie durch den Transaktionsberater statt. Ein solches Memorandum erreicht nicht selten einen Umfang von über 130 Seiten.

Mit einer EU-weiten Bekanntmachung werden potentielle Bieter zur Abgabe einer Interessensbekundung aufgefordert. Die sich am Interessenbekundungsverfahren beteiligenden Bieter werden sodann unter Übersendung des Informationsmemorandums zur Abgabe eines indikativen Angebotes aufgefordert. Die Angebote enthalten die Vorstellung des Bieters zu dem von ihm verfolgten medizinischen Konzept, zur baulichen Weiterentwicklung auch durch Investitionszusagen sowie weitere monetäre Aspekte wie Schuldenübernahme und Kaufpreis. Letztlich sind noch die vom Träger geforderten, meist das Personal betreffenden Verkaufsbedingungen (z. B. der befristete Verzicht auf betriebsbedingte Kündigungen) zu erfüllen. Die vorgelegten Angebote werden von dem Transaktionsberater gesichtet und bewertet. Die Bieter, deren Angebot nicht wettbewerbsfähig ist, werden vom weiteren Verfahren ausgeschlossen (erste Vorauswahl).

Nach dieser Vorauswahl wird den verbleibenden Bietern die Durchführung einer *Due Dilligence*[9] ermöglicht. Hierzu wird Ihnen nach Abgabe einer Vertraulichkeitserklärung die Möglichkeit eingeräumt, in einem meist virtuellen Datenraum, der über das Internet zugänglich ist, für einen bestimmten Zeitraum Einsicht in die zur Beurteilung der Gesellschaft bedeutenden Dokumente, Verträge, Prüfberichte und Protokolle zu nehmen[10] sowie Betriebsbesichtigungen durchzuführen. Die Ergebnisse der *Due Dilligence* sind die Basis für die Abgabe verbindlicher Angebote, die von dem Transaktionsberater evaluiert und zusammengefasst werden. Am Ende steht eine weitere Vorauswahl (zweite Vorauswahl).

9 Unter *Due Dilligence* (Sorgfältigkeitsprüfung) versteht man die sorgfältige, systematische und detaillierte Analyse, Prüfung und Bewertung von Daten bei einer geplanten Unternehmenstransaktion. Ziel ist es dabei, Chancen und Risiken des Unternehmens zu ermitteln, um den Wert des Unternehmens aufgrund detaillierter Informationen bestimmen zu können.

10 Das Anfertigen von Kopien ist in der Regel nicht zulässig.

Mit den dann verbleibenden Bietern (in der Regel zwei bis drei) werden abschließende Verhandlungen geführt, die in der Beurkundung des Vertragswerkes münden. Der Rat erhält sodann eine Übersicht über die wichtigsten Elemente der beurkundeten Verträge mit einer Empfehlung (dritte Vorauswahl) und entscheidet dann über den Verkauf.

## 3. Was kommt nach dem Trägerwechsel?

Im Rahmen der *Due Dilligence* hat sich der neue Träger ein umfassendes Bild vom Zustand des Krankenhauses und seines Umfeldes gemacht und seine Vision für die Zukunft dieses Hauses entwickelt. Die Vision findet bei professionellem Vorgehen ihren Niederschlag in einem Businessplan, der alle Ziele und Strategien des Unternehmens mit den grundsätzlichen Voraussetzungen, Vorhaben und Maßnahmen für einen bestimmten Zeitrahmen beinhaltet. Der Businessplan legt das Gerüst für die Führung des Unternehmens fest. Die darin enthaltenen Maßnahmen zur Realisierung der Vision sind zwar nicht in jeder Situation und bei jedem Träger identisch, da aber im Vordergrund die Erfüllung der Renditeerwartung steht, sind die folgenden Maßnahmen bzw. Entscheidungen regelmäßig nach einem Trägerwechsel anzutreffen.

### *3.1. Veränderungen in der Geschäftsführung*

In einer ersten Phase nach der erfolgten Privatisierung sichert sich der neue Träger seinen Einfluss durch die Bestellung eines von ihm gestellten Geschäftsführers oft auch zusätzlich zur bereits vorhandenen Geschäftsführung. Nicht selten verlässt die alte Geschäftsführung nach einiger Zeit die Gesellschaft, da die Unternehmensphilosophie eines erwerbswirtschaftlich orientierten Trägers nicht immer mit der vormals praktizierten und eher mitarbeiterorientierten Unternehmenskultur verträglich ist.

So finden z. B. nach den Privatisierungsbeschlüssen in Düsseldorf, Duisburg und Krefeld in engem zeitlichen Zusammenhang mit dem Trägerwechsel Veränderungen in der Geschäftsführung statt. Geschäftsführerwechsel können auch später erfolgen und haben dann ihre Ursache oft in wirtschaftlich unbefriedigenden Ergebnissen. So heißt es im Lagebericht 2006 der Sana-Klinikum Remscheid GmbH:

»Das Jahr 2006 war für das Sana-Klinikum Remscheid trotz einer Reihe positiver Entwicklungen ein wirtschaftlich sehr schwieriges Jahr. Die Sana Kliniken GmbH & Co. KGaA hat die Sana-Klinikum Remscheid GmbH im Geschäftsjahr 2006 durch einen Forderungsverzicht in Höhe von 3 279 TEUR und einen Darlehensverzicht in Höhe von 6 286 TEUR unterstützt. Zum 31. März 2006 wurden der langjährige Geschäftsführer (...) sowie der seit dem 1. Dezember 2005 wirkende Interimsgeschäftsführer (...) als Geschäftsführer abberufen. (...) Die neue Geschäftsführung hat eine umfassende Restrukturierung eingeleitet« [11].

### *3.2. Maßnahmen zur Reduzierung der Personalkosten*

Zu den vordringlichsten Zielen eines neuen Trägers gehören Maßnahmen zur Senkung der Personalaufwandsquote. Die Personalaufwandsquote gibt das Verhältnis des Personalaufwandes zur Betriebsleistung wieder und beträgt bei öffentlichen Häusern durchschnittlich 62,57 %, bei freigemeinnützigen 58,3 % und bei privaten 50,18 %[12].

In diesen Zahlen spiegelt sich einerseits die bessere Personalausstattung vor allem bei Ärzten und Pflegekräften, aber auch die bessere Vergütung des Personals wider. So lagen die Personalkosten im Jahr 2004 pro Vollzeitkraft bei den öffentlichen-rechtlichen Krankenhäusern bei 51 534 Euro, bei den privaten bei 47 981 Euro. Allein für die Altersversorgung gaben die Öffentlichen in 2004 pro Vollzeitkraft fast sechsmal so viel aus wie die Privaten, nämlich 3 316 Euro zu 561 Euro oder bezogen auf den Umsatz 4,4 % zu 1,5 %[13].

Bei dem Vergleich der Personalaufwandsquoten wird allerdings oft vergessen, dass aus der Betriebsleistung der erwerbswirtschaftlich orientierten Träger Gewinn, Steuern, Fremdkapitalzinsen und eigenkapitalfinanzierte Abschreibungen, diese vor allem dann, wenn erhebliche Investitionen realisiert worden sind, getragen werden müssen. Bei kommunalen und freigemeinnützigen Trägern sind aber die anfallenden Gewinne zeitnah satzungsgemäß zu verwenden, um die Gemeinnützigkeit nicht zu gefährden: Jeder als Gewinn ausgewiesene Euro muss wieder ausgegeben werden, wird also in den folgenden Jahren zu ergebnisbelastenden Aufwendungen. So kann eine Ursache für die erhöhte Personalaufwandsquote der kommunalen und freigemeinnützigen Häuser auch in der aus (vermiedenen und/oder tatsächlichen) Gewinnen finanzierten besseren Personalausstattung liegen.

---

11 Sana-Klinikum Remscheid GmbH, Remscheid, Jahresabschluss zum 31. 12. 2006, Lagebericht 2006, Geschäfts- und Rahmenbedingungen, http.//www.ebundesanzeiger.de; Zugriff am 8. 1. 2010.

12 Vgl. KPMG (2004) (Hrsg.): *Gesundheitsbarometer*, Ausgabe 4. Die Autoren geben leider keine Jahreszahl an, auf die sich der Vergleich bezieht.

13 Vgl. Krolop, Sebastian (2007): *Zukunft kommunaler Krankenhäuser*. Vortrag beim Deutschen Städtetag, Karlsruhe, am 8. 11. 2007.

Die niedrigere Quote der privaten Träger wird auch auf die Ausgründung von Betriebsteilen in eigenständige Firmen mit niedrigeren Tarifen oder ohne Tarifbindung sowie auf die Gründung von eigenen Leiharbeitsfirmen, die reguläre Arbeit dauerhaft durch Leiharbeit ersetzen, zurückgeführt, da diese Aufwendungen nicht als (eigene) Personalkosten, sondern als Sachkosten (Kosten für bezogene Leistungen) ausgewiesen werden (müssen).

Die ohnehin schon knappe Personalbesetzung wird in der Regel weiter reduziert. In der Frankfurter Allgemeinen Zeitung[14] erklärt der Leiter der Klinikkette Helios, Francesco de Meo, auf die Frage »Wer wird zuerst entlassen?«: »Meist Menschen in Küche, Lager, Wäscherei und Fahrdienst.« Sicher sind es auch solche Äußerungen, die den Bundesärztekammerpräsidenten Prof. Jörg-Dietrich Hoppe veranlasst haben, seinen Kommentar in der Frankfurter Rundschau zur Privatisierung von Krankenhäusern unter das Thema »Der Mensch als Verlierer« zu setzen[15].

In Berlin-Buch[16] gelingt es dem privaten Träger nach der Übernahme, durch Zusammenführung von Betriebsstätten, Ausgliederungen und mehrfache Abfindungsangebote (sogenannte Prämien- oder Sprintprämienaktionen) zur Beendigung von Arbeitsverhältnissen unter gezielter Ansprache vermeintlich Leistungsschwächerer, zunehmende Leistungsverdichtung, Ausgliederung der EDV, der Logistik, der Labore, der Technik, der Poliklinik, durch teilkollektive, prämienbegünstigte Arbeitszeitreduktion (ca. 250 Arbeitnehmer, vor allem aus der Pflege, meist von 1,0 auf 0,75 VK), Ausgliederung von Küche, Kantinen, Catering, Service, Stationshilfen, administrativer Patientenaufnahme und internem Patiententransport in ein neu gegründetes, regional agierendes Unternehmen den Mitarbeiterbestand von ehemals über 3 100 auf unter 2 000 zu reduzieren.

In Krefeld richtet der neue Träger nach der Übernahme einen Sozialfond in Höhe von 20 Mio. EUR ein, um die Mitarbeiter durch finanzielle Anreize zu bewegen, das Klinikum zu verlassen und so die Mitarbeiterzahl von rd. 2 000 auf bis zu 1 600 zu verringern. Hierzu erklärt der Geschäftsführer: »Der Sozialplan ist die

---

14 Vgl. Nienhaus, Lisa (2008): *Unsere Patienten haben eine Minibar. Der Leiter der Klinikkette Helios, Francesco de Meo, über Zwei-Klassen-Medizin, Krankenhäuser und seine Kaufpläne.* In: Frankfurter Allgemeine Zeitung vom 14. 9. 2008.

15 Vgl. Hoppe, Jörg-Dietrich (2005): *Der Mensch als Verlierer.* In: Frankfurter Rundschau vom 25. 5. 2005.

16 Vgl. dazu und im Folgenden: Stein, Rainer (2009): *Privatisierung des Krankenhauses Berlin-Buch.* In: Böhlke, Nils/Gerlinger, Thomas/Mosebacher, Kai/Schmucker, Rolf/Schulten, Thorsten (Hrsg.): Privatisierung von Krankenhäusern. Erfahrung und Perspektiven aus Sicht der Beschäftigten. Hamburg (VSA), S. 153–163.

Grundlage für die unmittelbar notwendige wirtschaftliche Konsolidierung der Klinik«[17].

In Remscheid baut der private Träger fünf Jahre nach der Übernahme angesichts eines 5,5 Mio. EUR-Defizits 125 Stellen durch Ausgliederung und betriebsbedingte Kündigungen ab[18].

### *3.3. Maßnahmen zur Reduzierung der Sachkosten*

Zuerst werden die bestehenden Verträge, insbesondere die Dienstleistungsverträge überprüft und gekündigt mit dem Ziel, durch Neuverhandlung bzw. Neuausschreibung günstigere Konditionen zu bekommen. So kündigt in Duisburg der neue Träger den Reinigungsvertrag und erklärt, solche Kündigungen seien »nicht unüblich«[19]. Durch Einführung einer konzernweit gültigen Standardisierung wird sowohl die Zahl der eingesetzten Produkte als auch eine Reduktion der Kosten beabsichtigt. Helios geht davon aus, innerhalb eines Jahres die Sachkosten um 10 bis 20 % senken zu können. Dazu tragen Neuausschreibungen von gekündigten Verträgen ebenso bei wie der Ersatz von Beraterverträgen durch Konzern-Know-How. »Damit verbessern wir das Ergebnis um 2 bis 3 %«[20]. Sana gibt an, dass die für die Jahre 2009 und 2010 zentral verhandelten orthopädischen Implantate den beteiligten Häusern Einsparungen in Millionenhöhe bringen[21].

### *3.4. Durchführung von Investitionen aus Eigenmitteln*

Seit einigen Jahren verstärkt sich die Tendenz übernahmewilliger privater Träger, im Zusammenhang mit der Privatisierung erhebliche Investitionszusagen zu machen.

---

17 *Helios-Klinikum: 400 Mitarbeiter weniger.* In: Rheinische Post vom 25. 4. 2008; www.rp-online.de/niederrheinsued/krefeld/nachrichten/krefeld/Helios-Klinikum-400-Mitarbeiter-weniger_aid_560316.html; Zugriff: 11. 1. 2010.

18 *Sana: Jede 10. Stelle abbauen.* In: Rheinische Post vom 24.11.2006; www.rp-online.de/bergischesland/remscheid/nachrichten/remscheid/Sana-Jede-10-Stelle-abbauen_aid_379605.html; Zugriff: 11. 1. 2010.

19 *Klinikum schickt Kündigung an SDR.* In: Rheinische Post vom 23.08.2007; www.rp-online.de/niederrheinnord/duisburg/nachrichten/duisburg/Klinikum-schickt-Kuendigung-an-DRD_aid_471691.html; Zugriff: 11. 1. 2010.

20 Nienhaus 2008.

21 Vgl. Sana Kliniken AG (2009) (Hrsg.): *profile.* Ausgabe 1, S. 17.

So verpflichtete sich Helios bei der Übernahme von Berlin-Buch zu Errichtung eines 1000-Betten-Klinikneubaus aus Eigenmitteln (ca. 200 Mio. EUR)[22]. In Krefeld gibt Helios bei dem Kauf des Städtischen Klinikums Investitionszusagen von rund 180 Mio. EUR[23]. Nach der Übernahme des Universitätsklinikums Gießen Marburg will der börsennotierte Klinikbetreiber Rhön 367 Mio. EUR in die Sanierung und Modernisierung beider Häuser investieren[24]. Sana sagt bei der Übernahme der städtischen Kliniken und Seniorenzentren Düsseldorf Investitionen in Höhe von 60 Mio. EUR zu[25].

Die Investitionen dienen in erster Linie der in einem Neubau möglichen Optimierung von Prozessen. Die damit erzielbaren Produktivitätssteigerungen sollen die Wirtschaftlichkeit des Hauses verbessern und damit die Refinanzierung des Investments ermöglichen. Ob diese Rechnung unter DRG-Bedingungen aufgeht, ist fraglich, da in die Kalkulation der Entgelte nicht nur die Daten von vergleichsweise unwirtschaftlichen Krankenhäusern eingegangen sind, sondern auch jene von prozessoptimierten Kliniken.

### *3.5. Ausgründung von Privatkliniken zur Verbesserung der Ertragslage*

Insbesondere Helios und Asklepios errichten an ihren Standorten Privatkliniken. »Privatkliniken müssen nicht, im Gegensatz zu Privatstationen in Plankrankenhäusern, nach gesetzlichen Vorgaben abrechnen: Dieses Konstrukt dient dazu, zusätzliche Gewinne aus Privatpatienten zu ziehen«[26]. Während die Plankrankenhäuser ihre Ein- und Zweibettzimmerzuschläge aufgrund einer nach rechtlichen Vorgaben entstandenen gemeinsamen Empfehlung[27] der Deutschen Krankenhausgesellschaft (DKG) und des Verbandes der privaten Krankenversicherung (PKV) abrechnen,

---

22 Stein, Rainer (2009): *Privatisierung des Krankenhauses Berlin-Buch.* In: Böhlke, Nils/Gerlinger, Thomas/Mosebacher, Kai/Schmucker, Rolf/Schulten, Thorsten (Hrsg.): Privatisierung von Krankenhäusern. Erfahrung und Perspektiven aus Sicht der Beschäftigten. Hamburg (VSA), S. 153–163, S. 154.

23 Vgl. Guede, Kirsten (2008): *Der lange Weg zum Erfolg.* In: kma-Gesundheitswirtschaftsmagazin, H. 11, S. 58.

24 Vgl. Flintrop, Jens (2005): *Universitätsklinikum Gießen/Marburg: Zuschlag für Rhön.* In: Deutsches Ärzteblatt, 102. Jg., H. 51/52, S. A 3549.

25 Vgl. *Kliniken gehen an Sana.* In: Rheinische Post vom 04.05.2007; www.rp-online.de/duesseldorf/duesseldorf-stadt/nachrichten/Kliniken-gehen-an-Sana_aid_434996.html; Zugriff: 11. 1. 2010.

26 Papst, Inga (2009): *Leer gemolken.* In: kma-Gesundheitswirtschaftsmagazin, H. 6, S. 18.

27 Vgl. *Gemeinsame Empfehlung gemäß § 22 Abs. 1 BPflV/§ 17 Abs. 1 KHEntgG zur Bemessung der Entgelte für eine Wahlleistung »Unterkunft«.* In: das Krankenhaus 9/2002, S. 728 ff..

gilt dies nicht für Privatkliniken: sie sind im wesentlichen in ihrer Preisgestaltung frei. Dies betrifft auch die Abrechnung ihrer stationären Leistungen. Während Plankrankenhäuser auf der Basis eines landesweit gültigen und von der zuständigen Länderbehörde genehmigten Basisfallwertes abrechnen, setzt die Privatklinik diesen nach eigener Kalkulation fest. So gibt Asklepios für ihre Privatklinik Hamburg-Harburg einen Basisfallwert von 4 100 Euro an, während der durchschnittliche Basisfallwert eines Plankrankenhauses in Hamburg im gleichen Jahr bei 2 600 Euro lag[28].

Diese Privatkliniken verfügen in der Regel über keine eigene medizinische Infrastruktur, sondern kaufen ihre Leistungen gegen Kostenerstattung im Plankrankenhaus ein. »Hätten wir diese Erlöse nicht, müssten wir überlegen, ob und wie wir in den Plankrankenhäusern die Kosten weiter reduzieren«, sagt der Helios-Chef Francesco de Meo[29]. »Kliniken im Mehrerlösbereich ist es durch Ausgründung einer Privatklinik möglich, die Erlöse aus Behandlungsfällen der Privatpatienten und Selbstzahler aus dem Krankenhausbudget zu isolieren und diese zu 100% zu vereinnahmen«[30].

## 4. Erwerbswirtschaftliche Zielsetzungen unter DRG-Bedingungen

Seit der Einführung des DRG-Systems im Jahre 2003 werden Krankenhausleistungen anstelle des Nebeneinanders von tagesgleichen Pflegesätzen sowie einer begrenzten Zahl von Fallpauschalen und Sonderentgelten weit überwiegend mit Fallpauschalen vergütet. Man kann getrost behaupten, dass damit ein Paradigmenwechsel in der Krankenhausfinanzierung erfolgt ist. Während bis zum Umstellungszeitpunkt in der Regel auf der Basis von Selbstkosten ermittelte und dann fortgeschriebene Budgets Grundlage für die Finanzierung der Krankenhausleistungen waren, wurden diese jetzt durch kostenkalkulierte Pauschalen ersetzt. Nach einer sogenannten Konvergenzphase erhält landesweit jedes Krankenhaus für die gleiche Leistung den gleichen Preis. Krankenhäusern, die im Verhältnis zur erbrachten Leistung in der Vergangenheit zu viel Geld bekommen hatten, erhalten in der Konvergenzphase schrittweise weniger, während die Häuser, deren Leistungsfähigkeit finanziell nicht ausreichend berücksichtigt wurde, sukzessive entsprechend mehr

28 Vgl. Asklepios Kliniken (o.J.): *Das Beste für Körper und Seele. Die Privatklinik der Asklepios Klinik Harburg*, S. 14.

29 Vgl. Telgenbüscher, Joachim (2009): *Versicherer werfen Helios-Kliniken »Abzocke« vor.* In: Tagesspiegel vom 4. 4. 2009.

30 Baum, Sebastian (2009): *Versorgung außer Plan.* In: KU Gesundheitsmanagement, H. 5, S. 38.

Geld bekommen, bis ab dem Jahre 2011 landesweit jedes Krankenhaus für die gleiche Leistung den gleichen Preis erhält. Da gleichwohl an der dualen Finanzierung – die Betriebskosten werden von den Nutzern getragen, während die Finanzierung der Investitionen Aufgabe der öffentlichen Hand ist – grundsätzlich festgehalten wurde, sind in den Fallpauschalen auch keine Anteile für Zinsen, auch nicht für das eingesetzte Kapital, oder Abschreibungen enthalten.

Wenn der private Träger also investiert, muss er kostengünstiger ›produzieren‹, um aus den DRG-Erlösen Gewinn, Zinsen und Abschreibungen bezahlen zu können. Wer also 15 % Umsatzrendite anstrebt (um z.B. Zinsen, Abschreibungen und Steuern zu verdienen), muss ca. 15 % unter den jeweiligen kalkulierten Kosten der DRG bleiben.

Die nachfolgenden Ausführungen sollen beispielhaft deutlich machen, dass der schnelle wirtschaftliche Erfolg privater Träger bei der Sanierung übernommener oder beim Management fremder Krankenhäuser auch von den in der Vergangenheit jeweils gültigen Finanzierungsbedingungen abhing und unter DRG-Verhältnissen deutlich schwerer fällt, machmal sogar unmöglich wird. Die Abrechnung nach dem DRG-System war für die Krankenhäuser ab 1. 1. 2003 auf freiwilliger Basis möglich, ab 1. 1. 2004 verpflichtend.

### *4.1. Beispiel 1: Helios Klinikum Wuppertal GmbH*

Ausweislich der veröffentlichten Gewinn- und Verlustrechnung[31] betrug das Ergebnis der gewöhnlichen Geschäftstätigkeit der Gesellschaft im Jahre 2006 rund 21,5 Mio. EUR. Im gleichen Jahr betrug die nordrhein-westfälische Baserate 2 687,23 EUR, während die hausindividuelle Baserate der Helios Klinikum Wuppertal GmbH 3 190,18 EUR, also 502,95 EUR mehr betrug[32]. Rein rechnerisch ergibt sich ceteris paribus (c.p.)[33] auf der Basis der angegebenen 44 099 381 Kos-

31 Helios Klinikum Wuppertal GmbH, Wuppertal Jahresabschluss zum Geschäftsjahr 1. 1. 2006 bis zum 31. 12. 2006, http://ebundesanzeiger.de; Zugriff am 11. 1. 2010.

32 Becker et al. haben bereits 2007 gezeigt, dass von 22 Akutkrankenhäusern der Helios Kliniken ein Haus den Landesbasisfallwert exakt trifft, ein Haus darunter liegt und die verbleibenden Häuser zum Teil ganz erheblich über dem Landesbasisfallwert liegen. Die Autoren haben nur solche Helios-Krankenhäuser einbezogen, die vor 2006 von Helios übernommen wurden, deren Basisfallwert also repräsentativ für die neue Leitung war. Vgl. hierzu Becker, Andreas/Beck, Udo/Pfeuffer, Bianca (2007): *Sind die Privaten wirklich besser?* In: das Krankenhaus, H. 6, S. 539–543.

33 Die Annahme »unter sonst gleichen Bedingungen« bedeutet hier, dass *nur* die Wirkung der Veränderung des Basisfallwertes auf das Ergebnis untersucht wird. Alle anderen Einflussfaktoren wie z.B. die Relativgewichte, die Summe der Relativgewichte oder die Fallzahl werden konstant gehalten.

tengewichte ein zu erwartender Konvergenzverlust von rund 22,18 Mio. EUR, der das Jahresergebnis 2006 in der Konvergenzphase vollständig aufzehren würde.

Diese Beispiel macht auch deutlich, wie leicht dem neuen Träger die Sanierung des unter Städtischer Trägerschaft langjährig defizitären Krankenhauses gefallen sein muss: Das Haus hatte ein im Verhältnis zu den erbrachten Leistungen viel zu hohes Budget von den Kostenträgern zugestanden bekommen. Die Frage, warum die Einrichtung unter städtischer Trägerschaft mit dem Geld nicht ausgekommen ist, bleibt allerdings unbeantwortet.

### *4.2. Beispiel 2: Sana Klinikum Remscheid GmbH*

Die Sana Klinikum Remscheid GmbH, die zum 1. 1. 2001 das bis dahin Städtische Krankenhaus übernommen hatte, gibt das Ergebnis der gewöhnlichen Geschäftstätigkeit 2006[34] mit einem Verlust in Höhe von 11 859 722 EUR an. Bei einer hausindividuellen Baserate in Höhe von 2 982,85 EUR und einem Landesbasisfallwert in Höhe von 2 687,23 EUR gehört auch dieses Haus zu den Konvergenzverlierern und muss angesichts der angegebenen 18 756 CM-Punkten c.p. mit einer weiteren Ergebnisverschlechterung in Höhe von 5,5 Mio. EUR rechnen, so dass c.p. bis zum Ende der Konvergenzphase der Gesamtverlust auf rund 15,5 Mio. EUR steigen würde.

### *4.3. Beispiel 3: Helios Klinikum Krefeld GmbH*

Helios strebt nach eigenen Angaben eine Umsatzrendite vor Zinsen, Abschreibungen und Steuern in Höhe von 15 %[35] an. Unter Berücksichtigung der Umsatzerlöse in Höhe von 168 Mio. EUR bedeutet dies einen Zielwert (EBITDA) in Höhe von rund 25 Mio. EUR. 2007 weist die Gewinn- und Verlustrechnung der Gesellschaft[36]

34 Sana-Klinikum Remscheid GmbH, Remscheid, Jahresabschluss zum Geschäftsjahr 1. 1. 2006 bis zum 31. 12. 2006, http://ebundesanzeiger.de; Zugriff: 11. 1. 2010.

35 Das Ergebnis vor Zinsen, Abschreibungen und Steuern hat als betriebswirtschaftliche Kennzahl besondere Bedeutung und wird auch als EBITDA (Abkürzung für *earnings before interest, taxes, depriciation and amortization*) bezeichnet. Die Kennzahl soll eine Aussage über die operative Ertragskraft ermöglichen.

36 Helios Kliniken Krefeld GmbH, Krefeld, Jahresabschluss zum Geschäftsjahr vom 1. 1. 2007 bis zum 31. 12. 2007, Lagebericht für das Geschäftsjahr 2007. http://ebundesanzeiger.de; Zugriff: 11. 1. 2010.

als Ergebnis der gewöhnlichen Geschäftstätigkeit[37] einen Verlust in Höhe von rund 15,8 Mio. EUR aus, in dem Zinsaufwendungen in Höhe von rund 3,6 Mio. EUR und ergebniswirksame Abschreibungen in Höhe von rund 4,6 Mio. EUR enthalten sind, so dass das Ist-EBITDA 2007 rund 7,6 Mio. EUR minus beträgt. Unter Zugrundelegung des Zielwertes von 25 Mio. EUR bedeutet dies eine notwendige EBITDA-Verbesserung in Höhe von rund 32,6 Mio. EUR.

Auch hier ist ein negativer Konvergenzeffekt zu erwarten, den die Gesellschaft selbst mit über 7 Mio. EUR beziffert. Unterstellt man, dass die zugesicherten Neubauten in Höhe von 180 Mio. EUR fremdfinanziert werden müssen, ist zukünftig mit Zinsbelastungen von bis zu 9 Mio. EUR zu rechnen. Nach der Fertigstellung werden unter Berücksichtigung einer Nutzungszeit von 30 Jahren jährlich rund 6 Mio. EUR Abschreibungen anfallen, so dass sich der Jahresfehlbetrag ausgehend vom Ergebnis 2007 c.p. auf bis zu 55 Mio. EUR erhöhen wird. Der angestrebte Zielwert wird unter diesen Umständen nicht ausreichen, um einen Jahresüberschuss zu erzielen.

### *4.4. Beispiel 4: Stadtkrankenhaus Herbolzheim*

Im Jahre 2002 privatisierte die Stadt Herbolzheim ihr traditionsreiches Krankenhaus, in dem sie 74 % der Gesellschaftsanteile der Klinik GmbH kostenlos der Wittgensteiner Kliniken AG übertrug[38]. Knapp 5 Mio. EUR gab die Kommune quasi als Starthilfe oben drauf: 2,5 Mio. EUR zum Schuldenabbau und 2,4 Mio. EUR für anstehende Sanierungsarbeiten. Und zusätzliche 0,5 Mio. EUR hat die Stadt später als weitere Hilfe gewährt. Insgesamt 4 Mio. EUR wurden in die Klinik investiert. 2005 übernahm dann die Helios Kliniken AG die Leitung des Stadtkrankenhauses Herbolzheim von der WKA, weil es der gemeinsame Mutterkonzern der beiden Klinikketten, Fresenius, so wollte.

Nach 6-monatiger Prüfung kamen die Helios-Manager zu dem Ergebnis, dass das Krankenhaus trotz intensivster Bemühungen nicht dauerhaft zu sichern sei. Es wären weitere Investitions- und Sanierungsmaßnahmen in Höhe von rund 20 Mio. EUR notwendig, für die das Land kein Geld bereitstellte. »Helios sah sich gezwun-

37 Das Ergebnis der gewöhnlichen Geschäftstätigkeit wird hier als Vergleichsmaßstab genommen, da insbesondere bei der erstmaligen Bilanzierung durch den neuen Träger außerordentliche (einmalige) Aufwendungen und Erträge anfallen, die das Jahresergebnis in der Zeitreihe nicht vergleichbar machen. Das Jahresergebnis unterscheidet sich vom Ergebnis der gewöhnlichen Geschäftstätigkeit durch das außerordentliche Ergebnis und die Steuern.

38 Vgl. Geschonneck, Tina (2007): *Der Erfolg bröckelt – Das Retter-Image der privaten Klinik-Ketten ist angekratzt.* In: GesundheitsNachrichten, Zeitung für das deutsche Gesundheitswesen, 1. Jg., März 2007.

gen, die Klinik aufzugeben.« Damit ist die Helios als erster privater Klinikbetreiber mit der Sanierung eines Krankenhauses gescheitert.

Im Stuttgarter Sozialministerium wird die DRG-bedingte rückläufige Bettenauslastung, die in Herbolzheim zum Schluss rund 50 % betrug, für die Pleite verantwortlich gemacht[39]. Warum die WKA-Klinikmanager noch 2002 die Übernahme der städtischen Klinik als lukrativ eingeschätzt haben, konnte sich knapp fünf Jahre später niemand mehr erklären.

### *4.5. Beispiel 5: Klinikum Stuttgart*

Als im Jahre 1991 in Stuttgart zwischen der Stadt und den Sana-Kliniken der erste Management-Vertrag[40] für ein Krankenhaus abgeschlossen wurde, galt dieser als beispielhaft und wurde als »Stuttgarter Modell« gefeiert. 12 Jahre später wird der Vertrag nach heftigen Streitigkeiten »im gegenseitigen Einvernehmen« aufgelöst. Die Sana habe das Klinikum betriebswirtschaftlich nicht ordnungsgemäß geführt, hieß es aus dem Rathaus. Als Begründung diente ein Gutachten des damaligen Geschäftsführers des Universitätsklinikums Mannheim, Wolfgang Pföhler. Dieser prognostiziert für das Klinikum Stuttgart ein Defizit von etwa 238 Mio. EUR bis zum Jahr 2007. Pföhler kreidete dem Klinikum-Management an, zahlreiche Angebotsüberschneidungen im medizinischen Bereich nicht abgebaut, das Kostenproblem nicht in den Griff bekommen und zu wenig strukturelle Maßnahmen ergriffen zu haben[41]. Die Sana habe die Häuser für die Zukunft nicht positioniert[42]. Die Städtischen Krankenhäuser hatten Kosten pro Patient in Höhe von 5 851 EUR. Während der Gutachter für seine Fallpauschalenrechnung einen Basisfallwert von 2 552 EUR zugrunde legte, erwartete Sana für 2005 in Baden-Württemberg einen Basisfallwert von 3 000 EUR und errechnete damit ein tatsächliches Defizitrisiko

---

39 Vgl. Nurmann, Inga (2007): *Kapitulation in Herbolzeim.* In: kma-Gesundheitswirtschaftsmagazin, H. 1, S. 53

40 Bei einem Management-Vertrag wird vom Krankenhausträger die Führung des Krankenhauses auf einen Dritten gegen Honorar übertragen.

41 Nauke, Jörg/Fallin; Thomas (2005): *Stadt und Sana finden keine gemeinsame Basis.* In: Stuttgarter Zeitung vom 20. 11. 2005.

42 Vgl. Fallin, Thomas/Durchdenwald, Thomas (2003): *Krise im Klinikum: die Sana hat in Stuttgart jeglichen Rückhalt verloren.* In: Stuttgarter Zeitung vom 18. 11. 2003.

von 134 Mio. EUR[43]. Ursächlich für das drohende Defizit war die Einführung der DRG.

### *4.6. Beispiel 6: Paracelsus-Klinik Glückstadt*

Die im Jahre 1927 von einem Arzt gegründete Klinik wurde am 1. 1. 1962 in ein Städtisches Krankenhaus umgewandelt. Zum 1. 4. 1988 ging die Trägerschaft auf die Paracelsus-Kliniken, Osnabrück, über. Zum 1. 3. 2007 wurde die Klinik dem Klinikum Itzehoe übereignet. In einer Pressemitteilung geben die Parcelsus-Kliniken die Entwicklung im Vergütungssystem der Krankenhausleistungen (DRG) und den dadurch ausgelösten Zwang zur Kosteneinsparung und Effizienzsteigerung als Grund für den Verkauf an[44]. »Mit dem Verkauf der Paracelsus-Klinik in Glückstadt an das Städtische Klinikum Itzehoe wurde der bisherige Trend, wonach sich die Privaten zu Rettern aufschwingen, zum zweiten Mal innerhalb kurzer Zeit auf den Kopf gestellt«[45].

Die wenigen Beispiele machen deutlich, dass gewinnorientierte Krankenhausträger unter DRG-Bedingungen deutlich schlechtere Perspektiven besitzen als zuvor. Sie müssen deshalb zum Erreichen ihrer wirtschaftlichen Ziele zu erheblich drastischeren Kostensenkungsmaßnahmen greifen als früher.

Wie bereits dargelegt, wird in Remscheid im November 2006 über einen geplanten Stellenabbau von 125 Stellen im dortigen Sana-Klinikum berichtet, was durch 43 auszulagernde Stellen und 82 betriebsbedingte Kündigungen erreicht werden soll.

Auch auf den im April 2008 verkündeten Abbau von 400 Stellen bei der Helios Klinik Krefeld ist bereits hingewiesen. Später verärgert der private Träger einen großen Teil des Aufsichtsrats durch einen mit dem Mitgesellschafter, der Stadt Krefeld, nicht abgestimmten Ausstieg aus dem Arbeitgeberverband. »Das ist ein eklatanter Verstoß gegen die vertraglichen Bestimmungen«, zitiert die RP am 21. 11. 2008 einen Ratsherrn und Aufsichtsratsmitglied. Mit der fristlosen Kündigung einer Reinigungskraft wegen hoher Fehlzeiten scheitert Helios vor dem Arbeitsgericht angesichts einer 36-jährigen Betriebszugehörigkeit.

---

43 Vgl. Eichmüller, Klaus (2003): *Sana: »Gutachter Pföhler hat falsch gerechnet«.* In: Stuttgarter Nachrichten vom 19. 11. 2003, S. 18.

44 Pressemitteilung der Paracelsus Kliniken Deutschland GmbH vom 18. 1. 2007; www.paracelsus-kliniken.de/deutsch/Presse/pressemitteilungen/page.html?newsNr=1169136111002; Zugriff: 11. 1. 2010.

45 Geschonneck 2007.

Auch Asklepios scheut vor unpopulären Maßnahmen nicht zurück:

- Die Asklepios-Harzkliniken kündigten zum 31. 12. 2008 ihre Beteiligung an der Zusatzversorgung für die betriebliche Altersrente bei der Versorgungskasse Bund-Länder an[46].
- Die Asklepios-Kliniken Schwalm-Eder kündigten Mitte 2008 die Entlassung aller in den Bereichen Labor, Küche und Reinigungsdienst beschäftigten Mitarbeiterinnen und Mitarbeiter (131 Stellen) an[47].
- Im Landkreis Stormarn kündigte Asklepios den sieben Jahre zuvor abgeschlossenen Personalüberleitungsvertrag[48], wurde aber in 1. Instanz vom Arbeitsgericht verurteilt, sich vertragskonform zu verhalten[49].
- Auch in Bad Tölz kündigte Asklepios den Personalüberleitungsvertrag[50].

Im September 2008 forderte der Helios-Konzernvorstand für das Helios-Klinikum Siegburg den Verzicht auf die tarifvertraglich vereinbarte Gehaltserhöhung für die Jahre 2008 und 2009 und begründet dies u.a. mit dem Kaufpreis des Klinikums und den geplanten Baumaßnahmen[51]. Vor dem Arbeitsgericht klagen Beschäftigte erfolgreich; Helios muss nach Tarifvertrag zahlen[52].

Auch die Patienten scheinen mit den geänderten Strategien der Privaten ihre Erfahrungen zu machen, wie eine Arbeit im Auftrage der Gmünder Ersatzkasse zeigt.[53] Die Veränderungen der Erfahrungen von Patienten bei den Kriterien »vorbildliches Personal«, »entscheidende Rolle Geld/Kosten«, »rücksichtsvolle Behandlung«, »unpersönliche Behandlung« sowie »persönliche Behandlung durch Technik

46 Verdi (2008) (Hrsg.): *infodienst Krankenhäuser*, Nr. 43, Dezember, S. 53.

47 Ebd., S. 56.

48 Ein Personalüberleitungs(tarif)vertrag wird im Rahmen eines Betriebsübergangs (Verkauf der Klinik) geschlossen, da die gesetzlichen Regelungen des § 613 a unzureichend sind. In einem Personalüberleitungs(tarif)vertrag können z. B. die zeitlich unbefristete Besitzstandswahrung, das Übergangsmandat des Personalrates, die Beibehaltung des Tarifwerks des öffentlichen Dienstes, die Aufrechterhaltung der Versicherung aller Arbeitnehmer in der Zusatzversorgungskasse, die Rücknahmeverpflichtung für rückkehrwillige Mitarbeiter, die Übernahme bestehender Dienstvereinbarungen und die Beschäftigungssicherung geregelt werden.

49 Verdi (2008) (Hrsg.): *infodienst Krankenhäuser*, Nr. 42, Oktober, S. 21.

50 Ebd.

51 Ebd., S. 20.

52 General-Anzeiger Bonn vom 12. 2. 2009, http://www.general-anzeiger-bonn.de/index.php?k=loka&itemid=10001&detailid=555754; Zugriff am 11. 1. 2010.

53 Vgl. Gmünder Ersatzkasse (2006) (Hrsg.): *Versorgungsqualität im Krankenhaus aus der Perspektive der Patienten*. St. Augustin (Asgard).

ersetzt« fielen bei den privaten Häusern am deutlichsten und durchweg negativ auf«[54]. Die Patienten in privaten Krankenhäusern berichten 2005 dort, wo es um positive Bedingungen geht, z. B. um die vorbildlichen Bemühungen des Personals und den rücksichtsvollen Umgang mit ihnen, über Verschlechterungen gegenüber 2002. Mit den negativen Charakteristika (z. B. Ökonomisierung der Behandlungssituation) machen sie dagegen durchweg häufiger Erfahrung als 2002. Ob es sich dabei um Auswirkungen von Personalabbau oder andere Eigenarten der privatwirtschaftlichen Orientierung handelt, müssen andere und weitere Untersuchungen zeigen.«[55]

Solche Untersuchungen liegen aus Amerika vor. Dort kommt ein Forscherteam[56] nach Auswertung der Daten von 38 Mio. stationär behandelten Männern und Frauen zu dem Ergebnis, dass auf Gewinn ausgerichtete Kliniken ihre Patienten weniger gut versorgen als solche, die keine Aktionäre oder Investoren zufrieden stellen müssen. Insbesondere die Sterblichkeit der an Profit orientierten Hospitälern behandelten Kranken war vergleichsweise höher, was in Deutschland zu der Schlagzeile führte: »Wenn Gewinnstreben die Sterberate erhöht«[57]. Die Autoren der Studie begründen dies unter anderem mit dem Einsatz von weniger gut ausgebildetem Personal.

## 5. Zusammenfassung und Ausblick

Als vor über 25 Jahren zum ersten Mal ein kommunales Krankenhaus in private Trägerschaft überführt wurde, bekam der neue Träger nicht nur eine finanzielle Mitgift, sondern erreichte auch schnell angesichts der pflegesatzrechtlichen Rahmenbedingungen, die vor allem durch das Selbstkostendeckungsprinzip geprägt waren und Mehrerlöse aufgrund steigender Belegung vollständig dem Träger beließen, und der überwiegend noch in unwirtschaftlichen kommunalen Strukturen als Eigen- oder Regiebetrieb geführten Kliniken schnell schwarze Zahlen.

Heute werden auch kommunale Kliniken in der Rechtsform der GmbH betrieben und von einem betriebswirtschaftlich orientiertem und außertariflich be-

54 Gmünder Ersatzkasse 2006, S. 39 f..

55 Ebd., S. 40.

56 Deveraux, Philip J. et al. (2002): *A systematic review and metaanalysis of studies comparing mortality rates of private for-profit and not-for-profit hospitals.* In: Canadian Medical Association Journal (CMAJ) May 28, 166 (11), S. 1399–1406.

57 Lutterotti, Nicola von (2003): *Patienten in der Profitfalle? Amerikas Klinik-Eklat: Wenn Gewinnstreben die Sterberate erhöht.* In: Frankfurter Allgemeine Zeitung vom 10. 4. 2003.

zahlten Management geführt. Mit der Einkaufsgemeinschaft Kommunaler Krankenhäuser eG (EKKeG) verfügen die mittlerweile über 60 Mitglieder über ein professionelles Beschaffungsmanagement mit einem Einkaufsvolumen von mehr als 450 Mio. Euro und damit einer Nachfragemacht, die der der Mehrheit der privaten Träger sogar überlegen ist. Erste kommunale Klinikketten und -verbünde wie Vivantes in Berlin, die Städtischen Kliniken München GmbH oder die Gesundheit Hessen GmbH, um nur einige zu nennen, entstehen. Patientenferne Dienste wie Reinigung oder Küche werden im Rahmen einer umsatzsteuerlichen Organschaft in selbständige Gesellschaften mit marktfähigen Tarifen ausgegliedert. Kostenkalkulierte Preise in Form von Fallpauschalen für eindeutig definierte Leistungen haben das Selbstkostendeckungsprinzip abgelöst und sichern dem wirtschaftlich arbeitendem Krankenhaus ein ausgeglichenes Ergebnis. Wer zusätzlich Gewinne erwirtschaften will, muss entsprechend preiswerter ›produzieren‹. Damit diese Gewinne ausreichen, um Neubauten refinanzieren, Abschreibungen verdienen und Zinsen auf Kaufpreise, die sich derzeit bei dem 1,2-fachen des Jahresumsatzes des zum Kauf anstehenden Krankenhauses bewegen, bezahlen zu können, müssen die privaten Träger zu Maßnahmen greifen, die früher denkunmöglich gewesen sind. Ihr Dilemma macht der Umstand, dass sie sich in diesen Situationen auch nicht an bewährte und selbstverständliche Grundsätze wie »pacta sunt servanda« halten, besonders deutlich.

In den USA stagniert der Anteil Privater seit der Umstellung auf DRGs in der ersten Hälfte der 1980-er Jahre bei nicht einmal 20%. Erste Anzeichen deuten darauf hin, dass durch die Einführung der DRGs auch in Deutschland die Privatisierungswelle abebben wird.

Dies ist auch aus der Sicht der Patienten wünschenswert. Denn: »Was bedeutet der Hang zur weiteren Privatisierung, wenn die privaten Krankenhäuser als diejenigen erscheinen, in denen sich die Versorgungsqualität in der Wahrnehmung der Patienten seit der DRG-Einführung im Vergleich zu den anderen Krankenhäusern verschlechtert hat?«[58]

58 Gmünder Ersatzkasse 2006, S. 4.

# DDR-Polikliniken und Medizinische Versorgungszentren – ein Vergleich zweier umfassender Versorgungsformen[1]

*Viola Schubert-Lehnhardt*

Mit den seit 2002 und 2004 erweiterten gesetzlichen Möglichkeiten für einen neuen Leistungserbringer-Typ – dem medizinischen Versorgungszentren (MVZ) – wird dieses Angebot der Patientenversorgung sowohl als Möglichkeit für die Umsetzung der integrierten Versorgung, als auch zunehmend unter Gewinnerzielungsabsichten interessant.

Ein MVZ ist »eine zugelassene fachübergreifende ärztlich geleitete Einrichtung als neuer Leistungserbringer-Typ im Sozialgesetzbuch. In ihr können neben angestellten Ärzten auch freiberufliche Vertragsärzte tätig sein (…). Fachübergreifende Tätigkeit bedeutet mindestens zwei ärztliche Fachrichtungen«[2]. Medizinische Versorgungszentren werden inzwischen von Kliniken u.a. deshalb gegründet, um darüber Patientenströme in die eigenen Häuser lenken zu können[3]. Zunehmend übernehmen Kapitalgesellschaften die Leitung von MVZs, so dass es sinnvoll erscheint, diese »Versorgungsform der Zukunft« (so die häufigste Etikettierung durch ihre Befürworter) in die Betrachtungen über Privatisierung von Krankenhäusern mit aufzunehmen.

Die Geschichte dieses Versorgungsmodells ist relativ jung und wird häufig als Neuauflage des poliklinischen Modells der DDR missverstanden bzw. zum Teil mit dem Vorwurf »Neuauflage sozialistischer Utopien«, Fortschreibung staatlicher Planwirtschaft« etc. von vornherein abgelehnt. Die bloße Etikettierung als »sozialistisch« verkennt die Problematik. Interessanter ist die Frage, ob es auch andere

---

1 Ich danke meiner Freundin und Kollegin Dr. Anne Urschll für zahlreiche Anregungen, Literaturhinweise und kritische Nachfragen.

2 Kassenärztliche Vereinigung Thüringens (2009): *Handreichung Medizinisches Versorgungszentrum.* Weimar, S. 2.

3 MVZs werben teilweise direkt mit Aussagen wie «bei Bedarf nahtlose Integration des Patienten in den stationären Betrieb«. Momentan fehlen dazu noch gezielte wissenschaftliche Erhebungen. Wie die später im Beitrag zitierten Antworten verschiedenster Landtage bzw. des deutschen Bundestages auf diesbezügliche Anfragen zeigen, wird dieser Effekt seitens der Legislative momentan unterschätzt bzw. bewusst (?) »übersehen«.

(ethische) Gründe, für die negative Beurteilung dieses Versorgungsmodells bzw. die Formen seiner Realisierung gibt. Dazu wird in drei Schritten vorgegangen: Zunächst sollen das poliklinische Modell der DDR und dessen Stärken und Schwächen erläutert (1), dann die Unterschiede zwischen den Angebotsformen Poliklinik und MVZ dargestellt (2) und abschließend auf die Entstehungsgeschichte und Entwicklungsformen von MVZs und deren Vernetzungen mit privatem Kapital eingegangen werden. MVZs stellen gegenüber Krankenhäusern zwar eine andere Form der Versorgung dar, das Kernproblem dieses Buches »ethische Bewertung von Gewinnerzielung durch gesundheitliche Dienstleistungen« ist davon jedoch unberührt.

## 1. Der Begriff Poliklinik

In historischen Betrachtungen zur Geschichte des poliklinischen Modells wird meist darauf verwiesen, dass bereits während des Ärztestreiks 1926/1927 in Deutschland durch die gesetzlichen Krankenkassen Ambulatorien gegründet wurden, in denen sie Ärzte einstellten, um den Streik zu brechen[4]. Thomas Gerst datiert diese Idee historisch früher und verweist darauf, dass Begriff und Institution auf Christoph Wilhelm Hufeland zurückgingen, der 1793 in Jena die erste Poliklinik gegründet habe, in der Ärzte gemeinsam mittellose Kranke behandelt hätten[5]. Eine Art von Interdisziplinarität und universaler Zugang wurden also – zumindest von einigen – als Aufgabe angesehen. Dieter Schwartze setzt den Begriff noch früher an und bestimmt die Anfänge dieser Idee mit Johann Juncker (1679– 759), der 1717 von August Herrmann Francke nach Halle gerufen und mit der Leitung des »Clinicum auf dem Waisenhause« beauftragt wurde. Dort habe er nicht nur die Kranken des Waisenhauses der Franckeschen Stiftungen betreut, sondern auch als Armenarzt und Stadtphysikus der Stadt Halle gewirkt[6]. Da Stadtphysici im öffentlichen Auftrag tätig waren, wurde hier offenbar auch die Verbindung zur öffentlichen Verantwortung gesehen.

Als der Idee nach universales medizinisches Versorgungsmodell wurde dieser Grundgedanke zunächst im ersten sozialistischen Land – der Sowjetunion – wieder aufgegriffen und umgesetzt. Nach Beendigung des zweiten Weltkrieges gab es nicht

4 S. dazu u.a. Grotjahn, Alfred (1925): *Jahrbuch der Ambulatorien des Verbandes der Krankenkassen*. Berlin.

5 Gerst, Thomas (2006): *Medizinische Versorgungszentren: Weitere Entwicklung noch ungewiss*. In: Deutsches Ärzteblatt, 103. Jg., H. 45, S. A 2988, B 2602, C 2502.

6 Schwartze, Dieter (2007): *Versorgungszentren: Vor einigen Jahrzehnten*. In: Deutsches Ärzteblatt, 104. Jg., H. 5, A 254, B 225, C 221.

nur in der sowjetischen Besatzungszone eine Rückbesinnung auf die Traditionslinie solcher sozialhygienisch orientierten Ärzte wie Grotjahn, Chafes, Gottstein u.a. So wurden auch in Riedstadt und Gropiusstadt Gesundheitszentren gegründet, in Berlin-Wedding ein Ambulatorium und zahlreiche weitere Praxisgemeinschaften, Diagnosezentren und medizinisch-technische Zentren[7]. In der sowjetischen Besatzungszone bzw. DDR sollte durch die Einführung dieses Versorgungsmodells der historische Widerspruch zwischen der öffentlich stationären und der privaten ambulanten Versorgung überwunden und ein entscheidender Beitrag zur Demokratisierung des Gesundheitswesens (im Sinne der allmählichen Aufhebung einer Unterscheidung in Kassen- und Privatpatienten) geleistet werden. Dabei waren den Polikliniken und Ambulatorien Aufgaben auf verschiedensten Ebenen zugedacht:

1. »Aufgaben gesellschaftlicher Art
   a) Der Gesundheitsschutz wird als gesellschaftliche Verpflichtung durchgeführt;
   b) alle daraus resultierenden Maßnahmen sind unentgeltlich und damit unabhängig von der sozialen Lage des einzelnen;
   c) Polikliniken und Ambulatorien nehmen an der Steigerung des Lebensstandards und der Entfaltung der Kultur teil;
   d) sie befreien den Arzt von der Belastung, gewerblich tätig zu sein;
   e) sie geben damit dem Arzt bei materieller Sicherheit die Möglichkeit einer ungehinderten Entwicklung und Anwendung seiner Fähigkeiten.
2. Aufgaben fachlicher Art
   a) Die Zersplitterung wird überwunden und die Anwendung der Technik gesichert;
   b) die Schaffung von Kollektiven der verschiedensten Spezialisten sichert die Verbindung von Theorie und Praxis;
   c) die Zusammenarbeit zwischen stationärer und ambulanter Behandlung wird sichergestellt;
   d) die ambulante Praxis wird der wissenschaftlichen Arbeit erschlossen. Die Anleitung der unteren Einheiten und damit die laufende Fortbildung ist sichergestellt;

7 Zur Entwicklung dieses Modells nach dem zweiten Weltkrieg in der alten Bundesrepublik s. Hansen Eckhard/Heisig, Michael/Leibried, Stephan/Tennstedt, Florian (1981): *Seit über einem Jahrhundert … Verschüttete Alternativen in der Sozialpolitik. WSI-Studie zur Wirtschafts- und Sozialforschung. Köln* (Bund), 1981; und Kosanke, Bodo/Troschke, Jürgen von (1979) (Hrsg.): *Die ärztliche Gruppenpraxis in der Bundesrepublik Deutschland*, Stuttgart (Enke).

e) daraus ergibt sich eine laufende Steigerung der Arbeitsqualität und die ständige Angleichung der medizinischen Versorgung der Landbevölkerung an die Stadt«[8].

Entsprechend dieser Aufgabenstellung wurde der Begriff bzw. das Versorgungsmodell Poliklinik damals bereits wie folgt definiert: »Eine Poliklinik ist eine Behandlungsstelle, in der Behandlung und Krankheitsverhütung durchgeführt werden und die wenigstens mit 3 Ärzten besetzt ist. Mindestens sind 3 Abteilungen, und zwar für innere Krankheiten, Chirurgie, Gynäkologie einzurichten«[9]. Bereits 1950 existierten 5 824 ärztliche und 5 913 zahnärztliche Praxen.

In der DDR bzw. zunächst in der SBZ[10] war die »Übernahme« dieses sowjetischen Modells keineswegs unumstritten. Im Gegenteil, zu Beginn wurde diese Versorgungsform als »Russifizierung« abgelehnt. Nach dem zweiten Weltkrieg entstanden in der sowjetischen Besatzungszone nach sowjetischem Vorbild[11] Betriebs- und Landambulatorien[12], in den Städten Polikliniken. Grundlage war der wenige Wochen nach Kriegsende erlassene Befehl Nr. 17 der SMAD[13] vom 27. Juli 1945 zur Schaffung einer Deutschen Zentralverwaltung für das Gesundheitswesen. Sowjetische Militärärzte bauten zusammen mit den wenigen in der SBZ verbliebenen deutschen Ärztinnen und Ärzten ein einheitliches staatliches Gesundheits- und Sozialwesen auf. Wichtigste Aufgabe zu diesem Zeitpunkt war dabei die Verhinderung bzw. Eindämmung des Auftretens von Seuchen und Volkskrankheiten sowie die Stabilisierung des Gesundheitszustandes der Bevölkerung. Die Zeit war geprägt sowohl von einer Verschlechterung des Gesundheitszustandes der Bevölkerung

8 Zit. nach IG Medizin und Gesellschaft e.V. (1997): *Zum Stellenwert der ambulanten Versorgung im Gesundheitssystem. Dokumentation der 4. Wissenschaftlichen Arbeitstagung*, Berlin, S. 10–11.

9 Vgl. dazu den SMAD-Befehl Nr. 272 über die Errichtung von Ambulanzen und Polikliniken. In: Dokumentensammlung Befehle der Sowjetischen Militäradministration in Deutschland zum Gesundheits- und Sozialwesen. Berlin, 1976

10 Sowjetische Besatzungszone

11 Neuer Forschungen weisen darauf hin, dass eigentlich von einer Übertragung des sowjetischen Polikliniksystems nicht gesprochen werden kann, »da dies 1947 in der UdSSR selbst noch nicht existierte«; Krumbiegel, Heike (2007): *Polikliniken in der SBZ/DDR*. Hamburg (VSA), S. 217. Dort gab es damals bevorzugt Ambulatorien, weshalb ursprünglich auch nur auf diesen Begriff zur Bezeichnung der neu zu schaffenden Einrichtungen orientiert wurde. Dieser Begriff wurde jedoch vehement von der Deutschen Zentralverwaltung für Gesundheit abgelehnt, sie orientierte bewusst auf die Verwendung von »Poliklinik« und definierte diese Einrichtung dann auch einheitlich.

12 Ein Ambulatorium war im Verhältnis zur Poliklinik gesehen eine kleinere Einrichtung, jedoch existierten dort ebenfalls mindestens zwei verschiedene Fachabteilungen unter einem Dach.

13 Sowjetische Militäradministration

infolge körperlicher und seelischer Überbeanspruchung als auch Mangel an Ärzten, medizinischen Geräten, Gebäuden und Arzneimitteln[14].

Ein Zeitzeuge notierte 1948: »Diese materiellen Widersprüche können nur durch scharfe Zusammenfassung und vollständige Ausnutzung des vorhandenen ärztlichen Gerätes und durch den planvollen Einsatzes der zur Verfügung stehenden Ärzte überwunden werden. Die Folgen des Hitlerkrieges erfordern mehr denn je die Schaffung von Ambulatorien«[15]. Zum damaligen Zeitpunkt gab es heftige Auseinandersetzungen um diesen Weg der »Russifizierung« vor allem seitens der niedergelassenen Ärzte und Zahnärzte. Die wenigen zu diesem Zeitpunkt schon wieder gedruckten medizinischen Zeitschriften »Zeitschrift für ärztliche Fortbildung«, »Das deutsche Gesundheitswesen«, »Heilberufe« sind sehr stark von der Diskussion um diese u. ä. Fragen geprägt, d.h. anstelle von medizinischen Fachbeiträgen dominieren politische Fragen. Die Gegner dieser Entwicklung meinten, dass Ambulatorien kein Fortschritt sondern ein Rückschritt im Heilwesen seien, »sie sind nichts anderes als Krankenrevierstuben und Massenbehandlungsstätten, die auch von der Mehrzahl der Bevölkerung nicht gewünscht werden, weil sie einem autoritären politischem System entsprechen«[16]. Seitens der beteiligten Ärztinnen und Ärzten ging es um die Verteidigung der Niederlassungsfreiheit, der Therapiefreiheit, der Freiwilligkeit der Hilfeleistung und der Freiheit, das Honorar zu bestimmen. Das Bestreben, nicht erneut der »Schmach einer Unterordnung unter bestimmte Herren«[17] ausgesetzt zu werden, wurde auch von der Hoffnung nach baldiger Wiedervereinigung genährt.

Auf der anderen Seite stand – neben der oben geschilderten Notwendigkeit, die vorhandene defizitäre Situation durch straffe staatliche Leitung beheben zu können – das sozialpolitische Anliegen, die Arzt-Patient-Beziehung ein für alle Mal von der Zahlungsfähigkeit der Patienten abzukoppeln. Außerdem sollte dies den Ärztinnen und Ärzten sowie anderen Angehörigen medizinischer Berufe ein gere-

14 Der Arzt Dr. Maxim Zetkin, 1. Vizepräsident der 1945 gebildeten Deutschen Zentralverwaltung für das Gesundheitswesen, schrieb Ende 1945 in sein Tagebuch: »Medikamente fehlen fast gänzlich, Instrumente auch (…) jetzt beginnt der Flecktyphus im Norden (Mecklenburg), Diphtherie ungewöhnlich häufig ... auch fehlt es völlig an Verbandsstoffen (…) Besonders hoch die Kindersterblichkeit (…) die Ursache hauptsächlich Milchmangel«; Seidel, Karl/Büttner, Lothar/Köhler, Christa (1985) (Hrsg.): *Im Dienste am Menschen – Erinnerungen an den Aufbau des neuen Gesundheitswesens 1945–1949*, Berlin (Dietz), S. 13.

15 H. Schober, in: Seidel et al. 1985, S. 13.

16 Vgl. dazu den Bericht von der Ärztetagung über Polikliniken am 10. Oktober 1947 in Potsdam. Potsdam, 1947.

17 Ein solches Verständnis findet sich häufig in den historischen Quellen vor der von Bismarck gewährten Gewerbefreiheit.

geltes Einkommen ermöglichen. Davon zeugt auch, dass im Gegensatz zur Entwicklung in der alten Bundesrepublik nicht auf den (Wieder)Aufbau von ärztlichen und medizinischen Standesorganisationen orientiert wurde, sondern auf die Entwicklung einer Gewerkschaft im Gesundheitswesen[18].

Krumbiegel stellt in ihrer ausführlichen Darstellung des Werdeganges der Polikliniken in der SBZ bzw. DDR die Positionen der verschiedensten Akteure zur Schaffung poliklinischer Einrichtungen ausführlich dar[19]. Dabei arbeitet sie heraus, dass der Einführungsprozess der Polikliniken in den Ländern bzw. Provinzen durchaus unterschiedlich verlief (NB gilt dies auch für ähnliche Bestrebungen in den alten Bundesländern, hier waren es vor allem Territorien unter englischer Besatzungsmacht, wo es in Anlehnung an den National Health Service in Großbritannien Versuche gab, Polikliniken zu gründen).

Horst Spaar hebt berechtigt hervor, dass nicht der staatliche Charakter allein das Wesen einer Gesundheits- und Sozialpolitik bestimmt. Auch in kapitalistischen Staaten existieren Gesundheitssysteme unter Verantwortung des Staates. Erst die Verbindung des staatlichen Charakters mit weiteren Grundprinzipien ergebe den sozialistischen Gesundheitsschutz. Er nennt die folgenden (als Zusammenfassung der in zahlreichen einzelnen Dokumenten enthaltenen Positionen[20]):

- *die planmäßige und proportionale Entwicklung*[21] des Gesundheitsschutzes. Dieses Prinzip war darauf gerichtet, jedem Bürger unabhängig vom Alter, Wohnort und Arbeitsplatz, eine gesundheitliche Betreuung zu ermöglichen, die dem wissenschaftlichen Erkenntnisstand entsprach, dem Gesundheitszustand adäquat war, die Verantwortung jedes einzelnen für seine Gesundheit und Leistungsfähigkeit aktivieren und zu einer hohen Effektivität beim Einsatz der Kräfte und Mittel führen sollte;

---

18 Vgl. dazu einen Beitrag von Horst Spaar zur Entwicklung der Gewerkschaft im Gesundheitswesen in: Spaar, Horst (2002): *Dokumentation zur Geschichte des Gesundheitswesens der DDR. Teil V. IG Medizin und Gesellschaft.* Veröffentlichungen Band 37/38, Berlin (trafo).

19 Krumbiegel, a.a.O., S. 200

20 Diese sind im einzelnen enthalten in Fischer, Eugen/Rohland, Lothar/Tutzke, Dietrich (1979): *Für das Wohl des Menschen. 30 Jahre Gesundheitswesen der Deutschen Demokratischen Republik.* Berlin (Volk und Gesundheit), 2 Bände.

21 »planmäßige und proportionale Entwicklung« war ein Standardausdruck in der DDR. Gemeint ist damit stets, dass es eine staatliche Planung bestimmter Entwicklungen gab, die zum Ziel hatte, in allen Bezirken der DDR entsprechend der vorhandenen Bevölkerungszahlen und des ermittelten Bedarfs ein einheitliches Angebot bzw. gleichen Versorgungsgrad herzustellen. Dies betraf insbesondere das Verhältnis von Stadt und Land sowie der einzelnen Fachärzte. Zur Ermöglichung dieser Steuerung musste sich jeder Absolvent einer Universität in der DDR dazu verpflichten, zunächst fünf Jahre dort zu arbeiten, wo die staatliche Lenkungskommission ihn einsetzen wollte.

- *die allgemeine, unentgeltliche Zugänglichkeit* zu allseitig qualifizierter medizinischer Betreuung auf der Grundlage der vom Staat gestützten Sozialversicherung. Jedem Bürger stand das Recht zu, vor allem im Rahmen der Grundbetreuung den Arzt seines Vertrauens zu wählen;
- *die prophylaktische Orientierung*[22] nahm in der medizinischen Betreuung einen wichtigen Platz ein. Durch besondere Institutionen galt es, bestimmten Bevölkerungsgruppen (Kinder und Jugendliche, Arbeitende in gesundheitsgefährdeten Bereichen) die für sie erforderliche Qualität und Intensität an medizinischer Betreuung zukommen zu lassen. Eine besondere Aufmerksamkeit galt dem Infektionsschutz. Ein Impfprogramm (Impfkalender) zielte auf den Ausschluss lebensgefährlicher Infektionen im Kindesalter. Volkskrankheiten wie Tuberkulose konnten erfolgreich bekämpft werden.
- *die Einheit von ambulanter und stationärer medizinischer Betreuung.* Die im Interesse effektiver Gemeinschaftsarbeit in Strukturen umgesetzte poliklinische Idee sicherte ein Brücke zwischen beiden Bereichen. Eine Besonderheit des DDR-Gesundheitswesens waren die dem Bedarf entsprechenden Betreuungsebenen. Die *medizinische Grundbetreuung* umfasste alle diejenigen medizinischen Leistungen, die dem Bürger mindestens in jedem Kreis zur Verfügung standen und als Anteil der medizinischen Gesamtleistung am häufigsten in Anspruch genommen worden. Für die *spezialisierte medizinische Betreuung* war die Verantwortungsebene der Bezirk. Sie umfasste diejenigen Leistungen, die nicht in jedem Kreis dem Bürger zur Verfügung standen und nur von bestimmten Fachgebieten durchgeführt wurden. Die *hochspezialisierte medizinische Betreuung* wurde an einem oder mehreren Standorten der DDR gewährt und war oftmals mit Forschungszentren verbunden;
- *das Prinzip der Einheit von Theorie und Praxis* umfasste sowohl die medizinische Forschung als auch die Aus-, Weiter- und Fortbildung. Es zielte auf ein wissenschaftlich hohes Niveau in der medizinischen Betreuung bei Beachtung des Grundsatzes der sozialen Gleichheit. Zur Realisierung des Prinzips dienten wissenschaftliche Räte als Beratungsorgane des Gesundheitsministers. Träger des wissenschaftlichen Lebens waren die medizinisch-wissenschaftlichen Gesellschaften;
- *das Prinzip der öffentlichen Teilnahme am Gesundheitsschutz* zielte darauf, die Verantwortung des einzelnen Bürgers für seine Gesundheit durch eigene gesunde Lebensführung zu erhöhen und auf seine Umwelt entsprechend Einfluss zu nehmen. Dazu bedurfte es der gesellschaftlichen Unterstützung von Bildung

22 Unter anderem für diese stärkere prophylaktische Orientierung des ärztlichen Berufes sah man die Polikliniken mit angestellten ÄrztInnen bei festem Gehalt als notwendige Voraussetzung an.

und Erziehung auf diesem Gebiet. Die Bildung von Komitees für Gesundheitserziehung und Gesundheitskabinette sollten diese Zielstellung fördern[23].

Eine umfassende Auseinandersetzung zu Anspruch und Realität dieser Prinzipien ist sicher notwendig, kann jedoch nicht im Rahmen dieses Beitrages erfolgen. Dazu sei auf die einschlägigen Publikationen zur Bewertung des Gesundheitswesens der DDR verwiesen. Hier ging es lediglich darum, das praktizierte Modell der ambulanten Versorgung, dessen Teil die Polikliniken waren, in seiner Einbettung in einen bestimmten sozial- und gesundheitspolitischen Gesamtansatz zu erfassen. Vor- und Nachteile dieses Teilstückes eines Versorgungsangebotes können nur mit Verweis auf die übergeordneten Prinzipien und Leitlinien dargestellt werden.

In der sowjetischen Besatzungszone bzw. DDR sollte durch die Einführung dieses Versorgungsmodells der historische Widerspruch zwischen der öffentlich stationären und der privaten ambulanten Versorgung überwunden und ein entscheidender Beitrag zur Demokratisierung des Gesundheitswesens (im Sinne der allmählichen Aufhebung einer Unterscheidung in Kassen- und Privatpatienten) geleistet werden.

Erstmals statistisch erfasst wurden diese Einrichtungen 1950 – es werden dabei stets verschiedene Grundtypen zusammengefasst, die hier in ihren Differenzierungen nicht im Detail erläutert werden können[24]. Das letzte Statistische Jahrbuch der deutschen demokratischen Republik von 1990[25] enthält folgende Angaben

---

23 Spaar, Horst, leicht gekürzt aus seinem unveröffentlichten Manuskript [Hervh. V.S.-L.].

24 S. dazu Keck, Alfred/Pröschild, Lutz (1977): *Der Zusammenhang zwischen inhaltlicher Aufgabenstellung, Leitungsprozess und Leitungsstruktur.* In: Leitungstätigkeit und WAO im Gesundheitswesen. Berlin, (Volk und Gesundheit).

25 Statistisches Amt der DDR (1990): Statistisches Jahrbuch ´90 der Deutschen Demokratischen Republik, Berlin (Volk und Welt).

für Polikliniken:

| Jahr | Insgesamt | selbständig | in organisatorischer Vereinigung mit Krankenhäusern | Universitätspolikliniken | Betriebspolikliniken |
|---|---|---|---|---|---|
| 1950 | 184 | 78 | 20 | 52 | 36 |
| 1955 | 369 | 38 | 185 | 68 | 78 |
| 1960 | 399 | 39 | 201 | 70 | 89 |
| 1965 | 412 | 43 | 207 | 73 | 89 |
| 1970 | 452 | 88 | 182 | 88 | 94 |
| 1975 | 522 | 183 | 128 | 102 | 109 |
| 1980 | 561 | 208 | 122 | 107 | 124 |
| 1985 | 590 | 213 | 133 | 110 | 134 |
| 1986 | 598 | 216 | 135 | 110 | 137 |
| 1987 | 615 | 217 | 139 | 110 | 149 |
| 1988 | 623 | 218 | 143 | 111 | 151 |
| 1989 | 626 | 227 | 138 | 110 | 151 |

für Ambulatorien:

| Jahr | Insgesamt | in organisatorischer Vereinigung mit Krankenhäusern | Stadtambulatorien | Landambulatorien | Betriebsambulatorien |
|---|---|---|---|---|---|
| 1950 | 575 | | | 136 | 109 |
| 1955 | 720 | | | 299 | 157 |
| 1960 | 766 | | | 373 | 177 |
| 1965 | 855 | 151 | 105 | 376 | 223 |
| 1970 | 828 | 74 | 133 | 378 | 243 |
| 1975 | 929 | 47 | 199 | 393 | 290 |
| 1980 | 969 | 34 | 197 | 414 | 324 |

| | | | | | |
|---|---|---|---|---|---|
| 1985 | 998 | 23 | 210 | 436 | 329 |
| 1986 | 1008 | 24 | 215 | 435 | 334 |
| 1987 | 1027 | 24 | 217 | 435 | 351 |
| 1988 | 1032 | 23 | 217 | 438 | 354 |
| 1989 | 1020 | 24 | 199 | 433 | 364 |

Die Zahlen für die angegebenen Einrichtungen haben sich in allen Formen stetig erhöht, teilweise verdreifacht. Dies verweist meines Erachtens darauf, dass sich diese Versorgungsformen in der DDR bewährt hatten.

Das genannte Statistische Jahrbuch enthält auch Angaben zu den jeweils beschäftigten Ärztinnen und Ärzten sowie Angehörigen weiterer medizinischer Berufe. Nicht angeführt sind dagegen ÄrztInnen in Niederlassung, die privat liquidiert haben. Dies ist gegenwärtig wahrscheinlich auch kaum noch darstellbar, da zu Beginn der poliklinischen Entwicklung Ende der 1940-er bzw. Anfang der 1950-er Jahre die meisten ÄrztInnen zunächst nur stundenweise in den Polikliniken und Ambulatorien tätig waren. Unabhängig davon dass diese Stundenzahl sukzessive erhöht wurde, behielten sie über viele Jahre die eigene Niederlassung bzw. durften auf Grund von Einzelverträgen auch nach Aufgabe dieser als angestellte ÄrztInnen in Krankenhäusern und Polikliniken weiterhin privat liquidieren. Zu Umfang und Anzahl dieser Verträge gibt es derzeit noch keine Untersuchungen[26]. Dieser Anachronismus im sozialistischen System war ein Zugeständnis an die ÄrztInnen vor allem zur Verhinderung des Abwanderns in die alte Bundesrepublik[27].

Erwähnt werden soll auch, dass die DDR das einzige sozialistische Land war, in dem die kirchlichen Einrichtungen des Gesundheits- und Sozialwesens nach dem Krieg ihre Arbeit uneingeschränkt wieder aufnehmen, fortsetzen und zum Teil sogar ihr Wirkungswelt erweitern konnten. Auch dieses Kapitel der DDR-Geschichte bedarf noch weiterer Forschungen.

1990 war die Meinung der in Polikliniken und Ambulatorien angestellten Ärztinnen und Ärzte zum Schritt in die eigene Niederlassung geteilt, nur eine kleine Minderheit war dazu fest entschlossen. Der Anteil derer, die diesen Schritt aus den

26 Die Historikerin Heidi Roth hat für 1965 2 524 ÄrztInnen in eigener Niederlassung ermittelt – Angaben für 1949ff. fehlen auch bei ihr, 1990 seien es nur noch 340 gewesen; vgl. Roth, Heidi (2009): *Deutsch-deutsche Gesundheitspolitik im Einigungsprozess (I).* In: Deutsches Ärzteblatt, 106. Jg. H. 23, S. A 1190–A 1193.

27 Bis zur zweiten Hälfte der 1950-er Jahre haben 6 000 ÄrztInnen und ZahnärztInnen die DDR verlassen.

unterschiedlichsten Gründen ablehnten, war rund drei mal so groß[28]. Ursachen waren sowohl die Scheu vor einer Verschuldung bei eigener Niederlassung, als auch positive Erfahrungen mit diesem Arbeits- und Versorgungssystem.

Daher soll jetzt auf die Stärken und Schwächen des Gesundheitssystems der DDR insgesamt eingegangen werden. Polikliniken waren ein zentraler Bestandteil dieses Systems und daher sehr direkt von den Stärken und Schwächen des Gesamtsystems beeinflusst. Als Vorteile des poliklinischen Systems werden heute von Ärztinnen und Ärzten, die in diesem System gearbeitet haben, folgende genannt[29]:

- Freiheit von monetären Zwängen
- Verzahnung von ambulanter und stationärer Versorgung
- Wirtschaftliche Nutzung von Geräten und enge Zusammenarbeit verschiedener Fachdisziplinen unter dem Dach der Poliklinik (In dieser fachübergreifenden Arbeit lag auch der Unterschied zu Gemeinschaftspraxen.)
- gemeinsame Dienstbesprechungen, kollegiale Zusammenarbeit
- Vertretung der ÄrztInnen untereinander bei Urlaub, Krankheit etc.
- weniger Personalprobleme
- funktionierender Notdienst.

Vorteile für PatientInnen:

- Unentgeltlichkeit der medizinischen Versorgung für die Bürgerinnen und Bürger (insgesamt Vorteil des sozialistischen Gesundheitswesens)
- wohnortnah
- jederzeit und mit geringer Wartezeit erreichbare Versorgung
- Öffnungszeiten auch samstags und abends
- Vermeidung von Doppeluntersuchungen.

Ein weiterer Vorteil für ÄrztInnen und PatientInnen bestand darin, dass in allen versicherungs- bzw. haftpflichtrechtlichen Fragen die Einrichtung als solche der alleinige Ansprechpartner war. Leistungspflichtig war im Schadensfall die staatliche Versicherung der DDR. Für die angestellten ÄrztInnen bestand damit keine Notwendigkeit, eine Arzthaftpflicht abzuschließen. Im (vermeintlichen) Schadensfall erfolgte eine Begutachtung durch die in allen Bezirken angestellten Bezirksgutachter. Diese Begutachtung und ggf. Zuerkennung von Leistungen erfolgte unabhängig

28 Vgl. Wasem, Jürgen (1997): *Vom staatlichen zum kassenärztlichen System. Eine Untersuchung des Transformationsprozesses der ambulanten ärztlichen Versorgung in Ostdeutschland.* Frankfurt/New York (Campus).

29 Viele Ärztinnen und Ärzte betonen dabei in ihren Darstellungen, dass ihnen diese Vorteile zum Teil erst in der Gegenwart (d.h. nach ihrem Wegfall) so deutlich bewusst geworden sind.

von einer etwaigen Schuldzuweisung (beide Untersuchungsverfahren liefen getrennt). Dies ermöglichte sowohl die relativ schnelle und unproblematische Zuerkennung von Leistungen (damals unter dem Namen »erweiterte materielle Unterstützung«) bei einem verschlechtertem Gesundheitszustand nach einer Behandlung (auch dann, wenn kein unmittelbarer Zusammenhang zur Behandlung nachweisbar war), als auch die unvereingenommene Auswertung etwaiger Behandlungsfehler und deren Beseitigung[30].

Die Schließung nahezu aller Polikliniken und Ambulatorien wurde in Umfragen unter der Bevölkerung nach 1990 auch stets als Mangel bzw. Wertverlust des neuen (bundesdeutschen) Gesundheitssystems gegenüber dem vorherigem (sozialistischem) zum Ausdruck gebracht[31].

Eine Auseinandersetzung mit durchaus bestehenden Mängeln soll hier nicht explizit geführt werden, dazu gibt es eine Fülle von Literatur[32]. Genannt werden bauliche Mängel bei älteren Einrichtungen, teilweise veraltete bzw. unzureichende Technik und viele Bereitschaftsdienste. Zu Recht wird jedoch von Ärztinnen und Ärzten, die mit (oder trotz) diesen Mängeln des Systems in der DDR praktiziert haben, betont, dass »eine gute Patientenbetreuung (...) nicht allein vom Bauzustand und der technischen Ausstattung der Einrichtung abhängig [ist], sondern (...) sehr viel mit Vertrauen und menschlicher Zuwendung zu tun [hat]«[33].

## 2. Gemeinsamkeiten zwischen der DDR-Poliklinik und MVZ in der BRD

Medizinische Versorgungszentren sind fächerübergreifende, ärztlich geleitete Einrichtungen, in denen Ärzte als Angestellte oder Vertragsärzte tätig sind. Sie dienen der ambulanten Versorgung. Jeder Leistungserbringer im System der gesetzlichen Krankenversicherung (also sowohl natürliche Personen, wie auch Krankenhäuser) können ein MVZ gründen. Ausschlaggebend ist, dass ein gemeinsamer Träger die Einrichtung verwaltet, eine ärztliche Leitung die Führung der Mediziner übernimmt

30 Vgl. dazu u.a. Günther, Ernst (1988a): *Fehler und Fehlverhalten in der ärztlichen Arbeit.* In: Luther, Ernst (Hrsg.) Ethik in der Medizin, Halle-Wittenberg (Martin-Luther-Universität), und Günther, Ernst (1988b): *Ärztliche und ethische Bewertung von Schäden aus der medizinischen Betreuung.* Dissertation A, Halle.

31 Vgl. u.a. Schubert-Lehnhardt, Viola (Hrsg.) unter Mitarbeit von Christel Gibas und Birgit Möbest (1998): *Ausgewählte Aspekte des Transformationsprozesses im Gesundheitswesen der neuen Bundesländer. Wertgewinn und Wertverlust für die Betroffenen.* Berlin (trafo).

32 Insbesondere Rückblicke anlässlich des 10- und 20-jährigen Bestehens der deutschen Einheit.

33 Vgl. Leserbrief von Wolfram Schindler zum Beitrag »Integration Ost – West – Die Gräben sind noch immer tief«. In: Deutsches Ärzteblatt 1998, 95. Jg., H. 22, S. A 1336, B 1116, C 1044.

und das MVZ unter einer Adresse firmiert. Auch nichtärztliche Heilberufe wie Physiotherapeuten oder PflegedienstmitarbeiterInnen, MitarbeiterInnen von Sanitätshäusern, Apotheken oder Orthopädiefachgeschäften können mit einem MVZ kooperieren (und unter dessen Dach angesiedelt sein). Bedingung dafür ist, dass sie ihre Leistungen mit den dort ansässigen Ärzten in enger Abstimmung erbringen. Summarisch[34] werden in der Literatur folgende *Vorteile und Chancen* dieser Versorgungsform genannt:

- Bündelung medizinische Kompetenz unter einem Dach
- Zeitersparnis für die Patienten durch kurze Wege zwischen den einzelnen FachärztInnen und möglichen weiteren Leistungserbringern
- strukturierte Behandlung durch engere Zusammenarbeit der ÄrztInnen
- Vermeidung von Doppeluntersuchungen und damit Vermeidung von überhöhten Behandlungskosten
- Entlastung des medizinischen Personals von Verwaltungsaufgaben
- Schritt in Richtung einer Aufhebung der sektoralen Trennung von ambulanter und stationärer Versorgung.

Das sind auch die entscheidenden Punkte beim Blick auf Gemeinsamkeiten zwischen DDR-Polikliniken und MVZs heute: Interdisziplinarität, ambulante Versorgung in einem Hause/einer Einrichtung, effizienterer Ressourceneinsatz.

Für *ÄrztInnen* in diesen Einrichtungen kommen *gegenüber einer Tätigkeit in eigener Niederlassung* noch weitere Vorteile hinzu (diese sind auf Grund des unterschiedlichen Aufbaus des sozialistischen und marktwirtschaftlichen Gesundheitssystems nur sehr bedingt vergleichbar):

- ÄrztInnen sind angestellt[35]
- sie benötigen keinen ›Kassensitz‹
- sie brauchen kein Eigenkapital zum Start ihres Berufslebens
- damit auch keine Angst vor Verschuldung durch Praxisgründung
- der Auslastungsgrad von medizinischen Geräten wird generell erhöht
- Investitionen sind einfacher zu bewerkstelligen, da auf mehrere verteilt

34 Spezifizierte Wertungen nach Größe, Struktur und Trägerart der MVZs können auf Grund bisher noch nicht vorliegenden Datenmaterials derzeit noch nicht vorgenommen werden. – Siehe die Antworten auf Anfragen im Deutschen Bundestag bzw. einzelnen Landtagen

35 Dieses Moment wird sowohl als Vor- als auch als Nachteil gewertet. Die Wertung ist dabei sowohl von den persönlichen Wertprioritäten des betroffenen Arztes (z.B. Maß an Entscheidungsfreiheit versus gesichertes Einkommen), als auch von der konkreten Ausgestaltung der Arbeitsverträge in den MVZs abhängig.

- es sind weniger kaufmännische Kenntnisse bei den behandelnden ÄrztInnen notwendig, d.h. sie haben die Möglichkeit sich auf medizinische Behandlung statt auf betriebswirtschaftliche Verantwortung zu konzentrieren
- durch die Ansiedlung unterschiedlicher Fachärzte und weiterer Anbieter gesundheitlicher Dienstleistungen idealer Partner für die »integrierte Versorgung« (Möglichkeit der Ansiedlung nichtärztlicher Leistungserbringer)
- geregelte Arbeitszeit, mehr Freizeit (gerade dieser Zugewinn an Lebensqualität könne nicht, so die hier Angestellten, in Euro und Cent mit dem höheren Einkommen in freier Niederlassung verrechnet werden[36])
- flexible Arbeitszeit (Flexible Arbeitszeitmodelle sind insbesondere für Frauen attraktiv, da sie die Vereinbarkeit von Beruf und Familie begünstigen. Im Zusammenhang mit der sog. »Feminisierung der medizinischen Profession« ist dieser Aspekt von besonderer Bedeutung)
- kollegiale Zusammenarbeit bei Entscheidungen gerade für junge ÄrztInnen (vor allem wichtig bei notwendigen Einzelentscheidungen). Dieser Aspekt wird vor allem von weiblichen Kollegen besonders geschätzt.

Als demgegenüber zu vernachlässigende Nachteile für ÄrztInnen werden längere Verwaltungswege, geringerer Verdienst als in eigener Niederlassung und weniger leistungsgerechte Vergütung angeführt[37]. Die *Vorteile für PatientInnen* sind vergleichsweise ähnlich wie in den Polikliniken der DDR:

- in größeren Städten ergeben sich für Patientinnen und Patienten kürzere Wegezeiten bei Überweisungen bzw. Anschlussbehandlungen, insbesondere gilt dies im ländlichen Raum[38]
- jederzeit und mit geringer Wartezeit erreichbare Versorgung
- Zweitmeinung vergleichsweise schnell einholbar
- Service für Familien: mehrere Leistungen aus einer Hand
- Vermeidung von Doppeluntersuchungen
- keine Überweisungen zwischen den einzelnen ÄrztInnen notwendig.

36 S. Michael Oeser (2003): *Versorgungszentren: Objektiv.* In: Deutsches Ärzteblatt, 100. Jg., H. 42, S. A 2711, B 2265, C 2125.

37 Zu Recht wird von den Befürwortern der MVZs gegenüber der freien Niederlassung betont, dass dieses Argument wenig stichhaltig ist, da auch in den freien Praxen auf Grund des Abrechnungssystems der KV-en die Vergütung keineswegs als »leistungsgerecht« betrachtet werden kann.

38 Diese ›Wohnortnähe‹ wurde in der DDR bewusst angestrebt. Bei den MVZs war sie kein gesetztes Prinzip, ergibt sich jedoch teilweise ebenfalls durch den Standort.

*Nachteilig für PatientInnen* wirken folgende Aspekte:

- kein Anspruch auf Versorgung durch einen bestimmten Arzt[39]
- häufig sind nur Ärzte bestimmter Fachgruppen vertreten, obwohl durch den Verweis »Anknüpfen an das poliklinische Modell der DDR« suggeriert wird, dass sowohl Hausärzte als auch Fachärzte aller Richtungen in einem MVZ angesiedelt sind
- bei Anbindung an eine bestimmte Klinik(kette) Überweisung direkt an diese. Damit ist zum einen keine freie Wahl des Anbieters für bestimmte weiterführende Behandlungen durch die Patientin/den Patienten gegeben. Weiterhin muss angezweifelt werden, ob die durch das MVZ durch den Gesetzgeber angestrebte Zielstellung »ambulant vor stationär« bei Gewinnerzielungsabsicht des MZV- und Klinikbetreibers tatsächlich umgesetzt wird oder ob nicht zugunsten höherer Gewinne auf »stationär« in der eignen Klinik orientiert wird.

## 3. Unterschiede zwischen Poliklinik und MVZ

Eine Reihe von Unterschieden ergeben sich »natürlicherweise« schon durch die Einbettung dieses Versorgungsmodells in unterschiedliche gesellschaftliche Systeme – so z.B. das ursprünglich vom Gesetzgeber 2004 den MVZ gewährte Privileg der Anstellung von Ärzten, die erst nach fünfjähriger Tätigkeit eine eigene Zulassung erhalten sollten (erst durch das Vertragsarztrechtsänderungsgesetz vom 1. 1. 2007 wurde dies verändert). Da es in der DDR zu allen Zeiten einen Mangel an Ärztinnen und Ärzten gab, war eine mögliche verspätete Zulassung nach bestandenem Examen bzw. Facharztprüfung nie Gegenstand von Überlegungen.

In den staatlichen Polikliniken der DDR gab es nur angestellte ÄrztInnen, in den MVZs sind verschiedene Vertragsmodelle möglich. Ebenso existieren MVZs in unterschiedlicher Trägerschaften und juristischen Formen (Dabei ist diese Form allein nicht entscheidend für eine damit verbundene Gewinnerzielungspraxis).

In Polikliniken waren Fachärzte aller medizinischen Richtungen sowie weitere medizinische Versorgungsangebote unter einem Dach vereint, d. h. diese waren deutlich als interdisziplinäre Einrichtungen angelegt. In MVZs sind es zum Teil nur bestimmte Fachärzte, manchmal nur zwei Fachrichtungen (meist bedingt durch deren Entstehung als Umwandlung einer Gemeinschaftspraxis in ein MVZ). Ste-

39 Auch dieses Argument hat sich teilweise durch die Vorgaben der Krankenkassen bei Wahl eines bestimmten ›Bonusmodells‹ erledigt.

phan Burger (Geschäftsführer der MedizinManagementGesellschaft mbH Essen) fragt daher zu Recht, ob und inwiefern MVZs für die Umsetzung der versorgungspolitischen Ziele (zumindest des Zieles »interdisziplinär-fachübergreifende Versorgung«) geeignet sind, da nur ein Drittel von ihnen mindestens fünf ÄrztInnen beschäftige[40].

Das MVZ wird zumindest in den von einer Managementgesellschaft betriebenen Einrichtung vorrangig als Geschäfts- und nicht als Versorgungsmodell gesehen[41]. Dies ist m. E. einer der entscheidenden Unterschiede zur Poliklinik: in diesen bestand zu keiner Zeit irgendeine Gewinnerzielungsabsicht. Im Gegenteil, dieses Element aus früheren Arzt-Patient-Beziehungen sollte gerade durch dieses Versorgungsmodell ein für alle mal beseitigt werden.

Der zweite wichtige Unterschied besteht in der durchgängigen Besetzung einer Poliklinik mit Hausärzten, allen Facharztrichtungen und weiteren medizinischen Angeboten. In MVZs ist dies weder Voraussetzung, noch feststellbar. Häufig sind nur die finanziell lukrativsten Spezialisierungen (Onkologie und Endokrinologie) anzutreffen.

Drittens gab es eine zentrale Planung für die Ansiedlung, Besetzung und Ausstattung von Polikliniken und Ambulatorien – damit konnte sowohl dem eingangs von Horst Spaar erwähntem Prinzip der gleichmäßigen und proportionalen Entwicklung von medizinischen Versorgungsangeboten über das gesamte Territorium der DDR Rechnung getragen werden, als auch einer effizienten Großgeräteplanung. Weiterhin war durch diese zentrale Planung das Prinzip der »Vernetzung von ambulant und stationär« gesetzlich von vornherein vorgegeben und realisiert.

Zwei weitere unterschiedliche Aspekte ergeben sich ebenfalls unmittelbar aus diesen staatlichen Vorgaben: viertens waren Maßnahmen im heutigen Sinne von Public Health (im damaligen Sprachgebrauch »zur Erhaltung der Volksgesundheit«[42]) ebenfalls von vornherein in diese Versorgungsformen integriert. Diskussionen darüber, ob solche Angebote für den einzelnen Arzt bzw. die Einrichtung »finanziell lukrativ« seien oder sich eventuell »überhaupt nicht rechnen« waren damit gegenstandslos.

---

40 Ausführlich Burger, Stephan (2009): *Medizinische Versorgungszentren: Wesentliche Bausteine einer Managed Care Strategie.* In: Die BKK, H. 10, S. 418–425.

41 Burger zieht hier einen interessanten Vergleich mit der Entwicklung von Managed Care in den USA: »Die Einzelpraxis sei mehr und mehr durch Gruppenpraxen und Praxisverbünde abgelöst worden aus Gründen der besseren Risikostreuung, der Gewinnung einer besseren Verhandlungsposition, der Erzielung von Skaleneffekten, zur Verringerung der Transaktionskosten insbesondere in den Verhandlungen um Verträge sowie zur Erhöhung der Innovationsfähigkeit«; Burger 2009, S. 423.

42 Zum Aufbau und Funktionsweise des Systems der Vorbeugung und Prophylaxe im sozialistischen Gesundheitswesen muss auf die einschlägige Literatur verwiesen werden.

Fünftens konnten durch diese zentrale Planung und Abrechnung sehr leicht Forschungsdaten erhalten und ausgewertet werden (Stichwort: Krebsregister der DDR. Auch darauf soll hier jedoch nicht weiter eingegangen werden; Datenschutz versus Forschungsfreiheit wäre ein eigenständiges bücherfüllendes Thema).

Medizinische Versorgungszentren haben also nur strukturelle Vorgaben, die von den jeweiligen AkteurInnen entsprechend ihrer Interessen genutzt und ausgefüllt werden können. In den ihrer Einrichtung zu Grunde liegenden Dokumenten werden Effizienz und Qualität der Versorgung als übereinstimmende Ziele genannt (auf Probleme bei der Realisierung dieser Zielstellungen soll im folgenden Abschnitt eingegangen werden). Die entsprechenden Vorgaben für deren Etablierung wurden im Deutschen Bundestag –und damit repräsentativ-demokratisch- beschlossen. Im Gesetz zur Modernisierung der gesetzlichen Krankenversicherung wurden in mehreren Abschnitten sowohl die Zulassung von MVZs und deren Voraussetzungen als auch die beabsichtigten Ziele klar benannt[43]: es geht um eine neue Versorgungsform, die eine Versorgung »aus einer Hand« anbieten; sowie insbesondere jungen Ärzten die Möglichkeit zur Teilnahme an der vertragsärztlichen Versorgung eröffnen soll, ohne die mit einer Praxisgründung verbundenen Risiken eingehen zu müssen. Als weitere Vorteile werden die enge Kooperation von unterschiedlichen ärztlichen Fachgebieten untereinander sowie mit nichtärztlichen Leistungserbringern genannt. Dazu wird die »Übertragung der Zulassung« eines Arztes (aus einer überversorgten Region) auf ein solches Zentrum ermöglicht.

## 4. Zur Entwicklung der MVZs

Mit der Vereinigung der beiden deutschen Staaten legte der Gesetzgeber 1990 zunächst fest, dass »die Niederlassung in freier Praxis ... mit dem Ziel zu fördern (ist), dass der freiberuflich tätige Arzt maßgeblicher Träger der ambulanten Versorgung wird«. Die Polikliniken der DDR waren ursprünglich nur noch bis 31. Dezember 1995 zur vertragsärztlichen Versorgung zugelassen; sie sollten möglichst schnell »abgewickelt« werden. Über eine solche Richtung zur Entwicklung des Gesundheitswesens wurde sehr schnell entschieden, obwohl es noch im Einigungsvertrag hieß, dass »Polikliniken in unterschiedlicher Rechtsträgerschaft« als »wesentliche Stütze der bürgernahen, ambulanten Versorgung« und leistungsfähige Strukturen des in der DDR stark ausgebauten Betriebsgesundheitswesens sowie die enge Ver-

43 Deutscher Bundestag Gesetzentwurf der Fraktionen SPD, CDU/CSU und BÜNDNIS/DIE GRÜNEN Entwurf eines Gesetzes zur Modernisierung der gesetzlichen Krankenversicherung (GKV-Modernisierungsgesetz – GMG) Drucksache 15/1525, S. 26, 107 und 112.

bindung von stationärer und ambulanter Betreuung erhalten bleiben sollten«[44]. Auf die Ursachen und den rasanten Stimmungswandel in dieser Frage kann hier nicht eingegangen werden, dazu sei auf die fundierte Analyse von Heidi Roth »Deutsch-deutsche Gesundheitspolitik im Einigungsprozess« verwiesen.

Trotz des 1990 zweifellos bestehenden Strebens vieler Ärztinnen und Ärzte der neuen Bundesländer in die freie Niederlassung gab es auch Ärztinnen und Ärzte, die an dieser Versorgungsform festhalten wollten und in modellhaft entstandene GmBH-Strukturen eintraten. Sie erhielten vor allem in Berlin und Brandenburg Hilfe durch die Landesregierungen und das Berliner Institut für Gesundheits- und Sozialforschung (IGES). Dieses Institut entwickelte ein Konzept (später das »Brandenburger Modell« genannt), wie die Hauptstandorte der Polikliniken als »Orte der Gesundheit« erhalten werden und somit nicht nur die Patientenversorgung gesichert, sondern auch die Umstrukturierung der ehemals staatlichen Polikliniken in sich wirtschaftlich selbstständig tragende Gesundheitszentren gelingen kann. Auch das Bundesministerium für Gesundheit förderte zwei Projekte – das »Brandenburger Modell« und den Zusammenschluss von 13 Gesundheitseinrichtungen Ostberlins zum »Gesundheitlich-sozialem Zentrum Berlin«.

Das Gesundheitsstrukturgesetz von 1993 sicherte den Kliniken Bestandsschutz, die am 1. Oktober 1992 noch existierten (§ 311 SGB V – in der Folgezeit wurden diese Einrichtungen auch »311 – Einrichtungen« genannt) – allerdings nur mit der Anzahl von Ärzten und Einrichtungen, die sie an diesem Stichtag schon hatten. Die medizinischen Behandlungsangebote waren dadurch natürlich eingeschränkt und die o. g. Vorteile dieser Versorgungsform galten entsprechend ebenfalls nur beschränkt. Insgesamt 30 ehemalige Polikliniken wurden in MVZs überführt.

Eine weitere Entwicklung oder Veränderung bestehender Strukturen war zunächst nicht möglich. Erst 2002 wurde es diesen Einrichtungen per Gesetz ermöglicht, ihr Leistungsspektrum zu verändern/zu vergrößern bzw. die Zahl der angestellten Ärztinnen und Ärzte zu erhöhen.

Eine nächste entscheidende Weichenstellung erfolgte mit dem GKV-Modernisierungsgesetz. Seit Januar 2004 konnten sich in den Gesundheitszentren sowohl angestellte als auch freiberufliche Vertragsärzte ansiedeln. Seit diesem Zeitpunkt ist eine kontinuierliche Zunahme von MVZs zu verzeichnen. Zu Jahresbeginn 2005 waren es bundesweit 70 MVZ, Ende des Jahres 2007 bereits 950, ein Vierteljahr später über 1000. Mehr als zwei Drittel der MVZs entstanden und entstehen in den alten Bundesländern. Bundesweit werden derzeit durchschnittlich 70 MVZ pro

44 Vgl. Einigungsvertrag, Anl. 1, Kap. III, Sachgebiet G, Abschnitt II, BGBl. II, 1990, S. 1050.

Quartal gegründet. Davon befanden sich 2008 erst 6% in »sonstiger Trägerschaft« – die rasante Entwicklung der Klinikprivatisierung verweist jedoch darauf, dass dies keinesfalls das endgültige Prozentverhältnis von MVZs nach verschiedenen Trägerarten bleiben wird.

Das Bundesministerium für Gesundheit gibt für Ende 2008 folgende Daten zur Entwicklung der MVZs[45] an:

| | |
|---|---|
| Anzahl der Zulassungen | 1206 |
| Gesamtzahl der in MVZs tätigen Ärzte | 5536 |
| Ärzte in Anstellungsverhältnis | 4270 |
| MVZ-Größe | Ø 4,6 Ärzte |
| vorwiegende Gründer: | |
| MVZ in Trägerschaft von Vertragsärzten | 54,1% |
| MVZ in Trägerschaft eines Krankenhauses | 37,4% |
| vorwiegende Rechtsformen | GmbH, GbR, Partnerschaft |
| Am häufigsten beteiligte Facharztgruppen | Hausärzte und Internisten |

Seit der veränderten Gesetzgebung 2004 interessierten sich zunehmend auch private Kliniken bzw. Klinikketten für diese Versorgungsform und gründeten MVZs bzw. übernahmen diese. Helios betrieb 2008 16 MVZs, Rhön 18, Sana 12, Asklepios 19, Tendenz überall steigend. Die Ketten planen die Erweiterung der bestehenden MVZs durch gezielte Übernahme von Kassenarztsitzen bzw. die Neugründung weiterer MVZs – so die Ankündigung des Vorstandsvorsitzenden der Rhön-Klinikum AG, Wolfgang Pföhler, auf der Hauptversammlung der Rhön-Klinikum AG 2008 (analoge Aussagen finden sich in Presseerklärungen der Helios Kliniken). Nicht nur Krankenhausketten sondern auch Finanz- und Immoblienfonds wie General Atlantic haben sich inzwischen in MVZs eingekauft. Ein entscheidender Vorteil für diese Klinik-Ketten entsteht durch die Erweiterung des Einzugsgebietes für die bestehenden Krankenhäuser. Bisherige übergreifende Evaluierungen zur Entstehung und weiteren Entwicklung, fachärztliche Zusammensetzung und gesundheitlichen Angeboten, Qualitätssicherung etc. gab es nur durch den Bundesverband der MVZs selbst (s. dessen Homepage). In einer Reihe von Bundesländern gab es

45 Zitiert nach: http://www.kbv.de/koop/9173.html.

Anfragen im Landtag (Hamburg, Hessen, Sachsen, Rheinland-Pfalz, Baden-Württemberg), die sich jedoch kaum mit dem letztgenannten Privatisierungsaspekt befasst haben. Meist wird bisher nur nach Entwicklungszahlen und Trägern gefragt. Trotzdem lässt sich vereinzelt erkennen, dass entsprechende Gefahren gesehen/geahnt werden. So heißt es z.B. in der Großen Anfrage von Abgeordneten der SPD an den Hamburger Senat: » (…) gibt (es) Hinweise, dass Krankenhäuser versucht haben, mit ›Kopfgeldern‹ Einfluss auf die Einweisungspraxis zu nehmen. Die MVZ mit ihrem deutlich größeren Patientenstamm wären noch interessantere Ansprechpartner insbesondere, wenn diese selbst von den Krankenhäusern betrieben werden«[46]. In seiner Antwort kann der Senat lediglich feststellen, dass ihm dazu noch keine Erkenntnisse vorlägen. Meist wird in den Anfragen nur recht allgemein nach »Entwicklungstendenzen« gefragt, so dass die jeweils befragte Stelle lapidar antworten kann, dass die Existenzzeiten der MVZs noch zu kurz seien, um darüber eine Aussage treffen zu können. Deutlicher wird in einer kleinen Anfrage einiger Abgeordneter der Partei DIE LINKE an den deutschen Bundestag in zwei Fragen um eine Stellungnahme gebeten – die Antworten sind allerdings genau so kurz wie die jeweiligen Antworten auf Anfragen in einzelnen Bundesländern:

Frage 18: »Sieht die Bundesregierung die Gefahr eines Einbruchs von kapitalstarken Klinikketten in der Versorgungslandschaft? – Die Bundesregierung sieht in dem Umstand, das auch kapitalstarke Klinikketten medizinische Versorgungszentren gründen können, keine Gefahr für die Versorgungslandschaft.«

Frage 19: »Welche Auswirkungen sieht die Bundesregierung hinsichtlich der Verfügungsgewalt der Klinikketten-MVZen über die Klinikeinweisungen aus dem eigenen ambulanten Sektor, und inwiefern sieht die Regierung die Notwendigkeit, hier tätig zu werden? – Die Bundesregierung sieht keine Notwendigkeit, die Rechtsgrundlagen zu verändern. Sie sieht Vorteile in einer sachgerechten Verzahnung zwischen ambulanter und stationärer Versorgung, die insbesondere für die Patientinnen und Patienten einen erheblichen Vorteil bietet. Solange alle Einrichtungen dieser Zielsetzung gerecht werden, gibt es keinen Grund, Änderungen herbeizuführen«[47].

Gleichwohl wird seitens eine Reihe von Politikerinnen und Politikern die Brisanz dieser Entwicklungen erkannt – dies zeigt sich unter anderem in dem in allen

46 Vgl. Große Anfrage der Abgeordneten Anja Domres, Martin Schäfer, Elke Badde, Dr. Monika Schaal, Wolfgang Rose (SPD) und Fraktion vom 15. 7. 2008 und Antwort des Senats. Bürgerschaft der Freien und Hansestadt Hamburg. DR 19/768 vom 15. 8. 2008.

47 Deutscher Bundestag 16. Wahlperiode Antwort der Bundesregierung auf die Kleine Anfrage der Abgeordneten Frank Spieth, Klaus Ernst, Dr. Martina Bunge, weiterer Abgeordneter und der Fraktion DIE LINKE. Drucksache 16/6081

bisher vorliegenden Anfragen enthaltenen Aspekt der Nachfrage zu den Standorten bzw. der territorialen Verteilung. 57% der MVZs befinden sich in Großstädten, in ländlichen Gegenden sind es dagegen nur 36%[48]. Die Abgeordnete Dr. Ruth Fuchs stellte für das Bundesland Thüringen fest, dass sich gerade dort, wo die ambulante Versorgung am dringendsten gesichert wegen muss (wegen fehlender bzw. altersbedingter Aufgabe von Praxen ohne NachfolgerIn) im ländlichen Raum, kein einziges MVZ befindet[49]. Diese Tendenz der Ansiedlung von MVZs vor allem in Ballungsgebieten verweist meines Erachtens darauf, dass es bei vielen Neugründungen weniger um ein ausgleichendes Versorgungsmodell geht, sondern der Gedanke der Gewinnerzielungsabsicht für die Standortwahl überwiegt.

## 5. Schlussbetrachtungen und Fazit

Bereits 1985 hat Norman Daniels in seinem Buch »Just health care«[50] ausführlich begründet, dass Untersuchungen zur Gerechtigkeit im (bzw. Bewertung des) Gesundheitswesen eines Landes nicht stillschweigend davon ausgehen können, dass das jeweilige gesamte gesellschaftliche System gerecht ist. D.h. viele auf gesundheitspolitischer Ebene auftretende Ungerechtigkeiten bzw. bestehende Probleme sind letztendlich Ausdruck gesamtgesellschaftlicher Probleme und Strukturen (und können, so Daniels weiter, auch nicht allein auf der Ebene des Gesundheitswesens gelöst werden).[51] Diese Überlegung gilt sowohl für das Gesundheitssystem der DDR insgesamt und dessen ambulante Versorgungsstrukturen, als natürlich auch für die MVZs in ihrer Einbettung in das bundesdeutsche marktwirtschaftliche System. Auch hier ist diese Entwicklung mit einer Reihe von Nachteilen bzw. so ursprünglich nicht erwünschten Folgen verbunden, die nicht unmittelbar aus der ursprünglich entwickelten Idee hervorgehen, sondern aus deren Einbettung in eine überwiegend profitorientierte Gesellschaft. Eine Reihe von nachteiligen Folgen der Gründung von MVZs (z.B. Überwiegen der Gewinnerzielungsabsicht bei Behand-

48 Vgl. Lothar Lischkes Statement auf dem 2. BMVZ-Jahreskongress am 12. September 2008 in Berlin – die Dokumentation ist insgesamt im Internet eingestellt auf www.bmvz.de.

49 Die ärztliche Versorgungssituation in Thüringen. Antrag der Fraktion der SPD – Drs. 4/3810.

50 Daniels, Norman (1985): *Just health care*. Cambridge (Cambridge University Press), S. 113.

51 Die poliklinische Idee wurde in den unterschiedlichen sozialistischen Ländern im Detail durchaus verschieden umgesetzt und bestimmte positive wie negative Ausprägungen stehen daher sehr häufig im direkten Zusammenhang zu staatlichen Gegebenheiten/Besonderheiten der einzelnen sozialistischen Länder. Deshalb macht es m.E. wenig Sinn, das Modell Poliklinik heute in Deutschland auf Grund früherer Erfahrungen in der Sowjetunion und Ungarn abzulehnen (vgl. die Debatten dazu im Deutschen Ärzteblatt 2003).

lungs- bzw. Überweisungsentscheidungen) war so nicht vom Gesetzgeber beabsichtigt – vorhersehbar vielleicht, wenn man umfassende gesellschaftspolitische Analysen aus anderen Bereichen hier stärker handlungsleitend berücksichtigt hätte (die Entwicklungen auf dem Bank- und Finanzsektor verweisen deutlich auf die Zunahme bzw. das Überwiegen von privaten Gewinnerzielungsabsichten gegenüber dem Gemeinwohl).

Als Fazit kann festgestellt werden: Die Polikliniken der DDR stehen in einer Tradition, die ärztliche Versorgung universell zugänglich machen will und sich mindestens bis ins 18. Jahrhundert zurückverfolgen lässt.

Sowohl die Polikliniken der DDR als auch die Medizinischen Versorgungszentren sind strukturell auf Interdisziplinarität, möglichst vollständige ambulante Versorgung in ein und derselben Institution und effizienten Ressourceneinsatz vom jeweiligen Gesetzgeber her angelegt. Sie unterscheiden sich jedoch durch die systemtypische Zwecksetzung bzw. realisierte Umsetzung dieser Vorgabe: In der DDR sind die Polikliniken Teil einer flächendeckenden, Ambulanz und Krankenhaus verbindenden staatlichen zentralen Planung. Diese Vorgabe wurde konsequent im Sinne des Gesetzgebers umgesetzt.

Das MVZ beruht demgegenüber auf nur auf einer gesetzlichen Vorgabe, die von den Akteuren im Gesundheitswesen unterschiedlich gestaltet und genutzt werden kann; darunter auch im Sinne privater Gewinnerzielung.

Diese ›Zweckentfremdung‹ der ursprünglichen gesetzgeberischen Initiative stellt das moralische Problem dar: Träger der privatisierten Krankenhäuser müssen das MVZ Renditeerwartungen der Anleger unterwerfen. Damit stehen sie in Spannung zur Aufgabe flächendeckender Versorgung und zu einem ärztlichen Selbstverständnis, das Antwort auf Hilfsbedürftigkeit, aber nicht Akquise von Kunden und ärztlichen Entscheidungen unter Gewinnerzielungsabsichten enthält. Letztendlich sind es die damit verbundenen Debatten um die Arzt-Patient-Beziehungen, die Ablehnung einer Betrachtung von Patienten als Kunden und von Medizin als bloßer wohlfeiler Dienstleistung, die zu verstärkten Nachfragen nach Elementen und tragfähigen Ideen aus dem sozialistischem Gesundheitswesen geführt haben. Ziel ist dabei nicht eine Kopie oder apodiktische Wiedereinführung von bestimmten Prinzipien und Gestaltungsformen, sondern im Hegel'schen Sinne eine Rückbesinnung und ›Aufhebung‹ (aufheben als negieren, aufheben als aufbewahren und aufheben als höher heben).

# Reflexion

# Gesellschaftsvertrag und Recht auf öffentliche Gesundheitsversorgung

*Christian Lenk*

Im Rahmen der Diskussion um die Privatisierung von Krankenhäusern und Kliniken kommt der Frage nach der Verpflichtung des Staates gegenüber seinen Bürgern, den Zugang zur Gesundheitsversorgung zu gewährleisten, eine große Bedeutung zu. Eine solche Verpflichtung des Staates wird in der philosophischen Tradition der Aufklärung im Zusammenhang mit dem Argument des Gesellschaftsvertrages gesehen. Aus diesem Grund wird im vorliegenden Text – ausgehend vom Argument des Gesellschaftsvertrages – überprüft, welche Implikationen sich daraus für eine teilweise Privatisierung des Gesundheitswesens ergeben. Dabei wird zunächst auf theoretischer Ebene das Argument des Gesellschaftsvertrages eingeführt, um dann über den Begriff der Grundgüter zu untersuchen, ob auch Gesundheit als ein solches Grundgut zu gelten hat. Nach einer Erläuterung des Dualismus von Grundgütern und Grundrechten wird abschließend ein Fazit für die Aufrechterhaltung und für die Organisationsformen der öffentlichen Gesundheitsversorgung gezogen.

## 1. Einleitung

Beim Übergang vom Feudalstaat zum modernen Staat im 17. Jahrhundert wird von den politischen Philosophen der Naturrechtstradition das Argument des Gesellschaftsvertrages eingeführt. Diese Innovation im politischen Diskurs hängt offenbar mit der Überlegung zusammen, dass ein Staat, der sich nicht länger durch Bezug auf religiöse Prinzipien und Elemente (Einheit von Kirche und Staat, staatliche Macht von Gottes Gnaden) rechtfertigen soll, aus immanenten, säkularen Prinzipien begründet werden muss. Damit wird ein wesentlicher Schritt in Richtung auf eine säkulare und liberale Gesellschaft vollzogen. Zugleich müssen allerdings auch die gegenseitigen Rechte und Pflichten zwischen ehemals Landesherren und Untertanen und nunmehr aufgeklärter Staatsführung und freiem Bürger neu definiert werden. Die klassische Begründung für die Rationalität des Entschlusses der Bürger, sich überhaupt in einem Staat zusammenzuschließen, liegt dabei letztlich im allgemeinen Vorteil einer gegenseitigen Kooperation. So argumentiert John Locke in *Two Treatises on Government*:

»Men being, as has been said, by Nature, all free, equal and independent, no one can be put out of his Estate, and subjected to the Political Power of another, without his own *Consent*. The only way whereby any one devests himself of his Natural Liberty, and *puts on the bonds of Civil Society* is by agreeing with other men, to joyn and unite into a Community for their comfortable, safe, and peacable living one amongst another, in a secure Enjoyment of their Properties, and a greater Security against any that are not of it«[1].

Während der Naturzustand als Kampf »aller gegen aller« beschrieben wird, eröffnet der Gesellschaftsvertrag die Möglichkeit des Überganges zur bürgerlichen Gesellschaft, die durch die Postulate gleicher grundlegender Rechte für alle Bürger auch Voraussetzungen für den allgemeinen wirtschaftlichen Austausch sowie die Arbeitsteiligkeit der modernen Gesellschaft legt. Diese Transformation ist ›rational‹ in einem doppelten Sinne: sie dient (zumindest in der Theorie) dem pragmatischen Vorteil aller Bürger und spiegelt sich in größerer Sicherheit und damit größerer persönlicher Freiheit wider. Der Übergang ist jedoch auch rational im moralischen Sinne, d.h. durch den Bezug auf den Willen der Staatsbürger, die sich in einem freiwilligen Akt zusammenschließen und sich eine gemeinsame Verfassung geben, entsteht die Grundlage für eine gerechte Gesellschaft.

Gemäß der Theorie des Naturrechtes werden den Individuen allerdings auch im Naturzustand bereits eigene Rechte zugesprochen (z.B. sich Eigentum durch die Verarbeitung von Naturprodukten anzueignen), die sie nun für die Erreichung des Gemeinwohls teilweise an den Staat delegieren müssen. Ohne eine bestehende staatliche Struktur hat jedes Individuum und jede Familie selbst die Pflicht und damit auch das Recht, die eigene Sicherheit zu organisieren. Die Theorie des modernen europäischen Staates sieht jedoch vor, dass solche Pflichten, die aber auch mit entsprechenden Rechten korrespondieren, an den Staat übergehen. Den Bürgern wird verboten, in der Öffentlichkeit Waffen zu tragen – und entsprechend

1 Locke, John (1967): *Two Treatises of Government* [1690]. A Critical Edition with an Introduction and Apparatus Criticus by Peter Laslett, 2nd edition, Cambridge (Cambridge University Press), Chapter VIII, § 95, S. 348f.. – Zur Frage des ausschlaggebenden Motivs bei der Vergesellschaftung in der theoretischen Tradition des Gesellschaftsvertrages vgl. auch Nussbaum, Martha (2006): *Frontiers of Justice. Disability, Nationality, Species Membership*. Cambridge/MA. (Harvard University Press), S. 156f.: »For the social contract tradition, the idea of mutual advantage is central: parties depart from the state of nature in order to gain a mutual benefit. Rawls accepts this ideal and, with it, the account of the parties' relative equality in power that goes closely with it. Although some contractarians – Locke, for example – understand advantage in a way that includes benevolent interest in the interests of others, Rawls does not; the parties pursue the realization of their own conceptions of the good within the constraints of impartiality imposed by the Original Position«.

erhalten sie die Zusicherung, dass von ihren Steuern die öffentliche Sicherheit und Ordnung aufrechterhalten wird. Entscheidend für das Argument des Gesellschaftsvertrages ist nun, dass es nicht historisch gelesen werden soll, also als eine altertümliche Geschichte zur Gründung eines Staates modernen Typs, sondern dass es von den Klassikern und in den 1970-er Jahren wieder von Rawls gewissermaßen als Methode verstanden wird, um die Gerechtigkeit bestehender staatlicher Ordnungen zu überprüfen. Denn die Legitimität des modernen Staates muss zu jedem Zeitpunkt durch die demokratische Zustimmung der Bürger, oder zumindest einer Mehrheit seiner Bürger, bewiesen werden können.

Eine entscheidende Rolle spielt dabei die Frage der Universalisierbarkeit der Zustimmung zu einer bestimmten staatlichen Ordnung. Rawls sieht vor, dass in der Entscheidungssituation der Anfangsposition die Individuen keine Kenntnis über ihre eigenen Eigenschaften und ihre soziale Position haben sollen. Gleichsam hinter einem »Schleier des Nichtwissens« verborgen, sollen sie Urteile über die Verfasstheit einer Gesellschaft treffen. Dies entspricht einer Universalisierbarkeit des Urteils: nicht aus einer bestimmten sozialen und hierarchischen Position heraus sollen Entscheidungen über die Gesellschaftsstruktur gefällt werden, sondern unter Umständen, die die staatliche Ordnung prinzipiell für *alle* Individuen und gesellschaftlichen Gruppierungen vorteilhaft machen[2]. Als Gedankenexperiment angelegt, bleibt bei dieser Methode der Überlegungen hinter dem »Schleier des Nichtwissens« selbstverständlich die Frage bestehen, wie weit die tatsächliche Fähigkeit zur Abstraktion reicht und ob damit die Bedingungen des Rawls'schen Gedankenexperimentes erfüllt werden können. Jedenfalls vereint das Argument des Gesellschaftsvertrages die für den modernen Staat notwendigen Voraussetzungen:

- die Bürger sind als prinzipiell gleichwertig zu erachten und genießen dieselben politischen Rechte;
- sie äußern sich in einem kollektiven Prozess über die gerechte Verfasstheit des Staates;
- der Staat agiert als eine gemeinsame Institution zum Wohle aller;

2 Vgl. Rawls, John (2006): *Gerechtigkeit als Fairneß. Ein Neuentwurf.* Frankfurt (Suhrkamp), S. 141 f.: »Zusammen mit weiteren Bedingungen, die den Urzustand betreffen, beseitigt der Schleier des Nichtwissens Unterschiede im Bereich der Verhandlungsvorteile, so daß sich die Parteien in dieser Hinsicht und in anderen Hinsichten in einer symmetrischen Position befinden. Die Bürger werden ausschließlich als freie und gleiche Personen dargestellt: als diejenigen, die über die beiden moralischen Vermögen ebenso in ausreichendem Mindestmaß verfügen wie über sonstige Fähigkeiten, die es ihnen ermöglichen, ein ganzes Leben als normale, kooperierende Angehörige der Gesellschaft zu führen. Durch Herstellung symmetrischer Verhältnisse zwischen den Parteien wird im Urzustand das Grundgebot der formalen Gleichheit (bzw. Sidgwicks *principle of equity*) respektiert: Diejenigen, die einander in allen relevanten Hinsichten gleich sind, sollen auch gleich behandelt werden. Da diesem Gebot Genüge getan wird, ist der Urzustand fair.«

- sein Ziel ist es, durch die Ermöglichung gesellschaftlicher Kooperation einen größeren gemeinsamen Vorteil zu erzielen, als es die Individuen für sich allein gestellt könnten;
- die entscheidenden normativen Prinzipien sind die persönliche Freiheit, die generelle Chancengleichheit (Diskriminierungsverbot), das Recht auf Privateigentum und die Unversehrtheit des Körpers und der Person.

Eine grundsätzliche Schwierigkeit stellt jedoch die Entscheidung dar, ob in der Verfassung und den Regeln des Staates der Gleichheit oder der Freiheit der einzelnen Bürger der Vorzug zu geben ist. Hier scheinen prinzipiell unterschiedliche Konturierungsmöglichkeiten gegeben. Die Rousseau'sche Tradition ist stark dem Primat der Gleichheit verpflichtet – die angelsächsische Tradition folgt mehr dem Primat der individuellen Freiheit. Und Rechte, die im Sinne einer Betonung der individuellen Freiheit beim Bürger verbleiben, können nicht gleichzeitig vom Staat ausgeübt werden. Auf der anderen Seite stellt sich die Frage, ob es immer zum Vorteil der Bürger ist, wenn sie dem Staat nicht zugestehen, bestimmte Dinge in zentraler Regie zu organisieren.

So wird z.B. behauptet, dass die Funktion wichtiger Einrichtungen wie Kommunikationstechnologie oder Infrastruktur wie Schienennetze am Besten vom Staat aufgebaut und aufrechterhalten werden können. Bei anderen gemeinnützigen Einrichtungen wie z.B. Kinderkrippen zeigt sich, dass die finanziellen Möglichkeiten oder auch die private Initiative nicht ausreichen, um sie bedarfsdeckend einzurichten. Wenn der Staat in Aktion tritt, wird damit jedoch unterstellt, dass ein allgemeines Interesse (also im strengen Sinne ein Interesse *aller* Bürger) an bestimmten Einrichtungen wie z.B. energiesparenden Modernisierungsmaßnahmen, regenerierbaren Energien oder Mehrgenerationenhäusern besteht (um hier nur einige aktuelle Beispiele zu nennen). Demgegenüber steht jedoch die Tatsache, dass die Finanzierung dieser auf das Gemeinwohl zielenden Maßnahmen aus Steuern erbracht werden muss, mithin aus Geldern, die den Bürgern aus ihrem Einkommen erst abgezogen werden müssen. Hier gilt es also eine Balance zwischen individuellen Ansprüchen – also dem Eigentum und der Wohlfahrt des einzelnen Bürgers – und dem Gemeinwohl zu finden. Als Richtschnur kann dabei der Gedanke gelten, dass der Vorteil kollektiven Handelns graduell oder prinzipiell das Handeln in Eigenregie übersteigen muss. Wenn die einzelnen Gruppen wie zum Beispiel Gesunde und Kranke, Reiche und Arme, Familien mit Kindern und Kinderlose, Arbeitnehmer und Arbeitgeber auf ihren jeweiligen Positionen verharren, muss in letzter Konsequenz eine Art gesellschaftlicher Lähmung eintreten. Um überhaupt handlungsfähig zu bleiben, müssen die beschriebenen Gegenpositionen auch in zukunftsgerichtetes staatliches Handeln überführt werden.

## 2. Gesellschaftliche Kooperation und die Grundgüter

Es kann in der theoretischen Diskussion mittlerweile als allgemeiner Konsens betrachtet werden, dass nicht alle Güter gerechtigkeitsrelevant in dem Sinne sind, dass ihre Verteilung einer staatlich oder kommunal gesteuerten distributiven Gerechtigkeit untergeordnet werden müssten. Geht man davon aus, dass in einer liberalen Gesellschaft auch das private ökonomische Handeln durch die bürgerlichen Freiheitsrechte abgedeckt wird, so besteht hinsichtlich der Grundrechte ein legitimer Anspruch, die Verteilung der Güter, so weit es unter sozialen Gesichtspunkten zu vertreten ist, dem Markt zu übertragen. Elemente des deutschen Grundgesetzes, die für eine solche Wirtschaftsform sprechen, sind etwa das Grundrecht auf freie Entfaltung der Persönlichkeit (Art. 2), die Gewährleistung der Berufsfreiheit (Art. 12) sowie die Eigentumsgarantie (Art. 14). Aus ethischer Sicht sollte die Organisationsform des Marktes allerdings nur unter der Bedingung gestattet werden, dass diese eine ausreichende Konformität zu allgemeinen Gerechtigkeitsprinzipien zeigt. Gewisse Prinzipien der Marktorganisation, wie z.B. gleicher Marktzugang, oder dass der Erwerb bestimmter Dienste oder Güter niemandem verweigert werden darf, sind durchaus ethisch und nicht etwa ökonomisch motiviert. Auch eine grundsätzliche Ehrlichkeit (im Sinne der sogenannten Kaufmannstugenden wie etwa im kantischen Beispiel des ehrlichen Kaufmanns) sind bei der Durchführung ökonomischer Transaktionen – wie die aktuelle Bankenkrise gezeigt hat – essentiell, d.h. die dauerhafte Vorspiegelung falscher Tatsachen bzw. Gewinnerwartungen führt mittelfristig zum Zusammenbruch des Systems, oder, anders ausgedrückt, zur Beendigung des Kooperationszusammenhanges.

### *2.1. Die Idee der Grundgüter*

Neben dieser Affinität der liberalen Gesellschaft für das Marktsystem, jedenfalls insofern es bestimmten Kriterien genügt, besteht jedoch ebenso ein breiter Konsens, dass es eine Reihe zu definierender Güter gibt, die als sogenannte *Grundgüter* für die Individuen erst die Grundlage weiteren Handelns darstellen. Insofern es sich dabei um die materiellen Voraussetzungen seiner Existenz handelt, dürfen diese dem Einzelnen auch dann nicht vorenthalten werden, wenn er sie selbst nicht finanzieren kann. Gosepath beschreibt die Grundgüter, ausgehend von den menschlichen Bedürfnissen folgendermaßen:

»Zu diesen basalen Bedürfnissen gehören: *Erstens* die elementaren Voraussetzungen für die Lebens- und Handlungsfähigkeit jedes Menschen, wie die Befriedigung der Grundbedürfnisse nach Nahrung, Kleidung, Behausung und Schutz der körperlichen, geistigen und seelischen Unversehrtheit. [...] Denn diese

Bedürfnisse sind insofern basal, als sie die Bedingung der Möglichkeit der Nutzung aller weiteren Rechte der Lebens- und Handlungsfähigkeit darstellen. Ein Körper kann nicht nur durch aktive Einwirkung von außen (Gewalt), sondern auch durch mangelnde Zufuhr (von lebensnotwendigen Ressourcen) versehrt werden. Ein Mangel an Subsistenzmitteln kann genauso tödlich, schmerzhaft oder verkrüppelnd sein wie Angriffe auf körperliche Unversehrtheit. Das Recht auf Subsistenz, das heißt das Recht einer Person, von anderen mit dem Lebensnotwendigsten versorgt zu werden, wenn die Person nicht selbst dafür zu sorgen in der Lage ist, ist also aus den gleichen Gründen wie das Recht auf körperliche Unversehrtheit ein ›basic right‹ in dem Sinn, daß kein weiteres Recht wahrgenommen werden kann, wenn diese Grundrechte nicht erfüllt sind«[3].

Da eine Bestimmung der Grundgüter, also dessen, was die Menschen unter allen Umständen als Grundlage ihrer gesellschaftlichen Existenz benötigen, auf die vorhandenen menschlichen Bedürfnisse rekurrieren muss, enthält sie notwendiger Weise eine anthropologische Komponente. Mit anderen Worten, für die Rechtfertigung der Art der Grundgüter werden bestimmte Behauptungen darüber aufgestellt, was für das menschliche Leben unerlässlich ist. Insofern es sich dabei, wie bei Gosepath, um die grundlegenden materiellen Bedingungen der menschlichen Existenz handelt, dürfte eine solche Bestimmung nicht sehr kontrovers sein. Unter den theoretischen Arbeiten, die sich insbesondere mit der Rolle der Grundgüter für eine gerechte Gesellschaftsstruktur befasst haben, ist hier etwa auf die Schriften von Rawls, Gosepath, Sen und Nussbaum zu verweisen. Mit diesem Sonderstatus der Grundgüter ist selbstverständlich noch nichts über den Umfang und die Art der Erbringung für den einzelnen Bürger gesagt. Die Definition eines Rechtes, einer Dienstleistung oder eines Produktes als ein Grundgut postuliert nur einen bestimmten moralischen Status, dass nämlich die Versorgung mit diesem Gut aus Gründen der Gerechtigkeit als geboten erscheint bzw. anders herum, dass sich die Unterversorgung mit Grundgütern als ein Kennzeichen der ungerechten Gesellschaft darstellt.

### *2.2. Grundgüter und Gesundheitsversorgung bei Rawls*

Populär gemacht wurde der Begriff der Grundgüter oder »primary goods« nicht zuletzt durch Rawls' *Theory of Justice*, die jedoch in ihrer Bestimmung, was ein Grundgut genau ist, zumindest in ihrer ersten Fassung merkwürdig vage bleibt und auch die Gesundheitsversorgung nicht explizit zu den Grundgütern zählt. Und noch in der überarbeiteten Fassung der *Theory of Justice* von 1999 wird der Begriff des Grundgutes sehr weit offen gehalten:

---

3 Gosepath, Stephan (2004): *Gleiche Gerechtigkeit. Grundlagen eines liberalen Egalitarismus.* Frankfurt (Suhrkamp), S. 415f.

»Primary goods are now characterized as what persons need in their status as free and equal citizens, and as normal and fully cooperating members of society over a complete life.«

Dabei bestimmt Rawls die Grundgüter nicht nur als materielle wie Einkommen und Vermögen, sondern auch als immaterielle Grundrechte wie politische und bürgerliche Freiheiten. Aus dieser Perspektive ergibt sich also gewissermaßen ein Dualismus der Grundgüter einerseits als genuiner *Güter*, andererseits aber auch als Rechte und Freiheiten, die für die Bürger ein *Gut* darstellen.

Wie Martha Nussbaum in *Frontiers of Justice* zutreffend beschrieben hat, birgt der ausschließliche Bezug auf eine solche Idealvorstellung des »freien und gleichen Bürgers« als »normalem und voll kooperierenden Mitglied der Gesellschaft« allerdings wieder die Gefahr, Menschen strukturell zu benachteiligen, die nicht – etwa aufgrund von Krankheit und Behinderung – in diesem umfassenden Sinne kooperierend und produktiv an der Gesellschaft teilnehmen können. Generell sieht sie in ihrer Auseinandersetzung mit Rawls jedoch die Tendenz, dass sich Rawls diesen unzweifelhaften Anforderungen der gesellschaftlichen Realität mit seiner theoretischen Arbeit im Laufe der Zeit stärker annähert:

»In what was perhaps Rawls's last writing on this question, in *Justice as Fairness: A Restatement*, he faces some of these difficulties more squarely than in any other discussion. He makes a major concession to the sort of criticism that Sen has raised and that I have developed: he accepts the idea of insurance against accident for *temporary* impairments, and he grants that the right way for the parties to think of human life is as having a succession of temporal stages, including childhood and old age. He admits that he has assumed that ›with respect to the kinds of needs and requirements that political justice should take into account, citizens' needs and requirements are sufficiently similar for an index of primary goods to serve as a suitable and fair basis for interpersonal comparison‹«[4].

Die »ausreichende Ähnlichkeit« der Bedürfnisse der einzelnen Bürger wäre dann also die notwendige Bedingung für eine Einbeziehung dieser Bedürfnisse in das Kalkül der politischen Gerechtigkeit, etwa bei der staatlichen Organisation der Versorgung von Krankheiten. Auch die von Nussbaum zitierte Sequenz von Rawls ist nicht völlig unproblematisch aus Sicht der Medizinethik, da es ja auch Krankheiten und Behinderungen gibt, die diesem Kriterium der »ausreichenden Ähnlichkeit« nicht entsprechen. Aber immerhin, so könnte man sagen, scheint es in dieser Frage eine Art Konvergenz zwischen Rawls und den anderen genannten Autoren zu geben, auch die Gesundheit als wichtiges Grundgut in die Überlegungen zur Gerechtigkeit einzubeziehen. Dies wird von Rawls in seinem Neuentwurf zur *Gerechtigkeit*

4 Nussbaum, Martha (2006): *Frontiers of Justice. Disability, Nationality, Species Membership*, Cambridge/MA. (Harvard University Press), S. 170.

*als Fairneß* in Ansätzen ausbuchstabiert[5]. Dabei sollen aus Rawls' Sicht »die Vorkehrungen für die medizinische Versorgung, wie im Fall der Grundgüter generell, die Bedürfnisse und Anforderungen der als freie und gleiche Personen gesehenen Bürger erfüllen«[6].

### *2.3. Grundgüter, Bedürfnisse und Grundrechte*

Aus dem bisher dargestellten Verhältnis von grundlegenden menschlichen Bedürfnissen, Grundgütern und Grundrechten ergibt sich,

1. dass für die Bestimmung der materiellen wie der immateriellen Grundgüter bestimmte anthropologische Annahmen über die menschlichen Bedürfnisse sowie über das Zusammenleben in einer gerechten Gesellschaft getroffen werden müssen;
2. dass diese Annahmen so grundlegend sein sollten, dass ihnen alle Bürger einer Gesellschaft zustimmen können, und
3. dass es einen Dualismus der Grundgüter als Grundrechte sowie als soziale Rechte gibt, die die Versorgung mit materiellen Gütern und Dienstleistungen wie z.B. der Gesundheitsversorgung regeln.

Es ist also kein innerer Widerspruch, wenn die Grundgüter als Rechte *und* als materielle Güter aufgefasst werden, sondern entspricht vielmehr der grundsätzlichen Konzeption dieser Grundgüter. Es geht bei den sozialen Rechten gewissermaßen um basale Anspruchsrechte des Bürgers gegenüber dem Staat, ein bestimmtes materielles Gut bzw. eine Dienstleistung zu erhalten. Es entspricht dabei der europäischen Grundrechtstradition, diese sozialen Anspruchsrechte auch in internationalen Konventionen festzuschreiben. So bestimmt etwa die Universal Declaration of Human Rights (1948) in Artikel 25:

> »Everyone has the right to a standard of living adequate for the health and well-being of himself and of his family, including food, clothing, housing and medical care and necessary social services, and the right to security in the event of unemployment, sickness, disability, widowhood, old age or other lack of livelihood in circumstances beyond his control.«

---

5 Rawls, John (2006): *Gerechtigkeit als Fairneß. Ein Neuentwurf.* Frankfurt (Suhrkamp), S. 265ff..

6 Ebd., S. 267f..

## 3. Bedeutung der Gesundheit für die Frage der gesellschaftlichen Gerechtigkeit

Wenn gesagt wird, dass Gesundheit zu den gesellschaftlichen Grundgütern gehört, so wird damit also gleichzeitig behauptet, dass eine Gesellschaft, die ihren Bürgern keinen ausreichenden Zugang zur Gesundheitsversorgung gewährt, in einem strukturellen Sinne ungerecht ist. Verschiedentlich wird die besondere Bedeutung der Gesundheit für die Gerechtigkeit auch auf die Formel gebracht, dass sie ein *konditionales Gut* sei, da sie die anderen Möglichkeiten und Fähigkeiten der Bürger, einschließlich der Fähigkeit, sich selbst zu versorgen, erst ermögliche (vgl. das Zitat von Gosepath). In diesem Sinn kommt der Gesundheit in der Vielzahl der gesellschaftlichen Beziehungen also in der Tat eine zentrale Stellung zu, die sich nach Ansicht des Autors auch empirisch demonstrieren lässt. So sind hoher oder niedriger sozialer Status, finanzielles Einkommen, soziale Ungleichheit in einer Gesellschaft und Bildungsstand *immer auch* mit der individuellen oder gruppenspezifischen Gesundheit korreliert. Dieser Zusammenhang zeigt gewissermaßen auf der faktischen Ebene, dass es sich im Fall der Gesundheit tatsächlich um ein Grundgut im engen Sinne handelt.

Allerdings ist auch der Grundrechtscharakter der Gesundheitsversorgung in den letzten Jahren nicht von teilweise berechtigter Kritik verschont geblieben. Allgemein wurde gegen den Rawls'schen Ansatz von neoliberaler Seite vorgebracht, er sei zu wenig ambitionen-sensitiv, hebe also zu wenig auf das tatsächliche Verhalten der Individuen im Rahmen ihrer gegebenen Möglichkeiten ab, sondern bürde der Gesellschaft in sozialdemokratischer Regelungseuphorie die Sicherungslast für zu viele Güter und Strukturen auf. Die ausführliche Diskussion um die angemessene Eigenverantwortung in der gesetzlichen Krankenversicherung zeigt, dass diese Kritik auch die Gesundheitsversorgung betrifft[7]. In einer starken Version besagt die Forderung nach Eigenverantwortung nichts anderes, als dass medizinische Leistungen im Bedarfsfall auch zu verweigern sind, wenn der Einzelne seiner Verpflichtung zu einem gesundheitsgemäßem Lebensstil nicht gerecht geworden ist. Es handelt sich dabei also um eine potenzielle Ausschlussklausel des Solidarsystems.

---

7 Vgl. z.B. Bauer, Ullrich (2006): *Die sozialen Kosten der Ökonomisierung von Gesundheit.* In: Aus Politik und Zeitgeschichte, 8/9, S. 17–24, S. 21: »Die Idee der Eigenverantwortung hat sich – in den Reformprozessen seit den neunziger Jahren – als durchaus kompatibel erwiesen, um eine Synthese mit neoliberalen Positionen einzugehen. Diese Verbindung entfaltet eine enorme Bindungskraft unter allen politischen Akteuren, gerade weil sie vorzugeben vermag, progressive Leitbilder (seit den siebziger Jahren die Versuche zu einem gesundheitlichen *Empowerment*) und konservative Strömungen (»fördern und fordern«) zu integrieren. Kaum kritisch reflektiert wird dabei, ob gerade die alten, eher progressiv ausgerichteten Leitbilder durch den Prozess der politischen Instrumentalisierung hindurch ihren emanzipativen Gehalt bewahrt haben.«

Hierbei handelt es sich auf den ersten Blick um ein Paradox der politischen Theorie, denn normaler Weise zeichnet die Wahrnehmung der Grundrechte ja gerade aus, dass sie an keine Bedingungen gebunden sind – es ist gerade *nicht* die Bedingung für die Ausübung der Meinungsfreiheit, dass man seine Meinung nur im moderaten Spektrum ausdrückt, und das Recht auf den Schutz der Privatsphäre wird eben *nicht* nur dem zugestanden, der »ohnehin nichts zu verbergen hat«. Wie kann es also sein, dass im Fall der Gesundheit der Zugang zur medizinischen Versorgung davon abhängig sein soll, dass sich der Betroffene ohnehin schon gesundheitsgemäß verhalten hat?

Diese Diskussion zeigt, dass es bei dem Recht auf Gesundheitsversorgung offensichtlich Besonderheiten gibt, die es von den klassischen (negativen) Grundrechten unterscheiden. Hier ist möglicher Weise eher eine Analogie zu anderen sozialen Rechten wie dem Recht auf Bildung angebracht: Jede und jeder hat das Recht auf eine adäquate Ausbildung, aber es gibt kein Anspruchsrecht auf eine gelungene Ausbildung – ob die Ausbildung mit Erfolg gelingt, hängt zentral auch von der Motivation und dem Geschick des Einzelnen ab. Fraglich ist nur, wie der Misserfolg bei nicht-Vorliegen dieser Motivation bewertet werden soll. Zumindest im deutschen System steht dabei allen Bürgern eine existenzielle Grundsicherung zu, auch wenn sie aus eigenem Verschulden in Ausbildung und Beruf nicht erfolgreich sind. Dementsprechend gäbe es im Falle der Gesundheit auch kein Anrecht auf das Ergebnis einer perfekten Gesundheit, sondern nur auf Zugang zu einer adäquaten Gesundheitsversorgung – wobei das tatsächliche Ergebnis ebenso von der Motivation des Einzelnen wie von der Qualität der Gesundheitsversorgung abhängt.

Man kann nun argumentieren, dass der Misserfolg bei der Krankheitsprävention für den einzelnen Patienten bereits Strafe und Abschreckung genug darstellt, und man deshalb von Leistungseinschränkungen abzusehen hat. Hier zeigt sich allerdings ein entscheidender Unterschied im Vergleich zum Recht auf Bildung, da das Versagen der Krankheitsprävention zugleich zu direkten, zusätzlichen Kosten für die Allgemeinheit führt. Ob es sich bei der medikamentösen Behandlung eines Hypertoniepatienten um eine vermeidbare Medikation handelt oder gehandelt hätte, die mit entsprechender Ernährung, einer gesünderen Lebensweise und viel Bewegung nicht notwendig gewesen wäre, lässt sich im Nachhinein nicht feststellen – und daher bleibt der Anspruch auf medizinische Versorgung in jedem Fall bestehen. Andernfalls müsste man die Wahrnehmung des Grundrechts auf Gesundheitsversorgung an Bedingungen für die individuelle Lebensweise knüpfen, die in einer liberalen Gesellschaft als ein gedanklicher Fremdkörper erscheinen: regelmäßiger Sport, gesunde Ernährung sowie Alkohol- und Nikotinabstinenz wären dann notwendige Voraussetzungen dafür, sich auf Kosten der gesetzlichen Krankenversicherung medizinisch behandeln zu lassen.

Nichtsdestotrotz muss festgehalten werden, dass – obwohl Krankheit auch selbstverschuldet auftreten kann – Gesundheit und die gesellschaftliche Verteilung von Gesundheit und Krankheit zentrale Elemente einer gerechten Verfassung des Staates ausmachen. Dabei spielt nicht nur eine Rolle, dass es solidarisch geboten ist, anderen in existenziellen Notsituationen, wie sie z.B. eine Krankheit darstellt, beizustehen, sondern auch das oben angeführte Argument des Allgemeinwohls, dass nämlich ein allgemeines Interesse an einem möglichst guten Gesundheitszustand des Individuums wie aller Bürger einer politischen Gemeinschaft besteht. Dies hilft nicht nur Kosten vermeiden und die Eigeninitiative der Bürger zu stärken, sondern ist auch gerecht, da niemandem die Möglichkeit genommen wird, am öffentlichen Leben teilzunehmen und seine eigenen Lebensvorstellungen zu verwirklichen.

## 4. Gesundheitsversorgung und private Institutionen

Geht man davon aus, dass es prinzipiell Bereiche in einer liberalen und demokratischen Marktwirtschaft gibt, die stärker oder weniger stark der Kontrolle des Staates unterliegen sollten, ergibt sich die Situation einer Mischung von staatlich und privat organisierter Dienstleistung und ökonomischer Aktivität. Das Vorhandensein beider Formen staatlicher und privatwirtschaftlicher Tätigkeit schließt nicht aus, dass private Akteure und öffentliche Hand in definierten Bereichen miteinander in Konkurrenz treten. Für den hier vertretenen Ansatz soll aus Gründen der politischen Neutralität *nicht* von einem generellen Primat von öffentlicher oder privater Organisation der Leistungserbringung ausgegangen werden, wie er etwa von den Gewerkschaften für die öffentliche Hand bzw. von wirtschaftsliberalen Positionen für die Privatwirtschaft gefordert wird.

Ohne die Thematik an dieser Stelle erschöpfend behandeln zu können, sollte man sich nach Ansicht des Autors anstelle des Setzens eines solchen Primates zunächst genaue Rechenschaft über die Gründe ablegen, warum in bestimmten Bereichen staatliche, in anderen Bereichen non-profit-Organisationen und in weiteren Bereichen privatwirtschaftliche Akteure für die Leistungserbringung als geeignet betrachtet werden. Dabei wird das Auftreten des Staates gewöhnlich als Indikator dafür genommen, dass hoheitsrechtliche Aufgaben wahrgenommen werden oder dass besondere Grundrechte der Bürger gewahrt werden sollten. Hier steht also die Sicherheit oder die ausnahmslose Gewährleistung bestimmter Rechte im Vordergrund. Das Auftreten von non-profit-Organisationen hat offensichtlich damit zu tun, dass die explizite Ökonomisierung von Tätigkeitsfeldern vermieden werden soll. Die privatwirtschaftliche Organisationsform wird demgegenüber mit einer effizienteren Leistungserbringung und einer größeren Dynamik bei einer Anpassung an sich verändernde Rahmenbedingungen verbunden. In der Privatwirtschaft geht es jedoch nicht um die Gewährleistung von Rechten, sondern um privaten Gewinn sowie den Austausch von Diensten und Gütern auf Vertragsbasis.

Auch die Mischung und Diversität verschiedener Organisationsformen, die in Deutschland im System der Gesundheitsversorgung eine gewisse Tradition besitzt, kann ein Vorteil sein, um geeignete Formen für die Erbringung bestimmter Leistungen zu finden. Im folgenden werden nun verschiedene mögliche Positionen zur Gesundheitsversorgung durch private Institutionen aus Sicht des Argumentes des Gesellschaftsvertrages sowie daraus entstehender und zu gewährleistender Grundrechte durchgegangen:

### *4.1. Mischung der Organisationsformen bei definierter Leistungserbringung*

Geht man davon aus, dass unter bestimmten Umständen eine Zusammenarbeit oder eine Mischung staatlicher und privatwirtschaftlicher Aktivitäten möglich ist, so besteht eine Option darin, dass der Umfang der zu erbringenden Leistungen genau definiert wird, während offen gelassen wird, in welcher Organisationsform die Leistungen erbracht werden sollen. Die Konkurrenz der Leistungserbringer besteht dann dementsprechend nicht darin, dass sie den Patienten mehr oder andere Leistungen erbringen, sondern darin, dass sie dieselben Leistungen in besonderer Qualität erbringen oder aber darin, dass sie Gewinne machen, die sie wiederum für Investitionen oder Expansionen benutzen. Der daraus resultierende Wettbewerb der verschiedenen Organisationsformen entspricht in etwa der derzeit bestehenden Situation in Deutschland.

Aus Sicht des Staates als der verantwortlichen Instanz für die Aufrechterhaltung des Gesundheitssystems ergibt sich hier die Frage der Überprüfbarkeit des Umfangs der Leistungserbringung sowie die Frage, ob der entstehende Wettbewerb nicht auch Gefahren für die Sicherheit der Gesundheitsversorgung schafft. Rechtliche Verpflichtungen gegenüber den Bürgern und Patienten, die die öffentlichen Institutionen (z.B. Krankenhäuser und Kliniken in öffentlich-rechtlicher Trägerschaft) aufgrund ihres besonderen Status haben (z.B. die Gleichbehandlung aller gesetzlich Krankenversicherten, die Verpflichtung, niemanden ohne Behandlung abzuweisen), können und sollen zur Schaffung von Chancengleichheit durch entsprechende Versorgungsverträge ebenso auf privatwirtschaftliche Institutionen übertragen werden. Ob die gewünschte Chancengleichheit *in jeder Hinsicht* zwischen den öffentlich-rechtlichen und den privatwirtschaftlichen Institutionen besteht, müsste aus Sicht des Autors allerdings noch einmal grundsätzlich untersucht und geklärt werden.

Ob es eine vergleichbare Verpflichtung auch gegenüber den Angestellten im Gesundheitswesen gibt, ist eine Frage, die von der Politik nicht explizit, sondern höchstens implizit beantwortet wurde. Da es *de facto*, gerade bei den niedrigeren Lohngruppen, eine sich selbst verstärkende Tendenz zu Ausgründungen und Reduktion der Löhne und Gehälter im Bereich der Krankenhäuser und Kliniken gibt, kann man davon ausgehen, dass diese Entwicklung politisch zumindest toleriert, wenn nicht sogar begrüßt wird. Insofern es sich bei den Betroffenen dieser Negativspirale allerdings nicht um die Patienten, sondern um die Angestellten handelt, ist hier nicht die Frage des allgemeinen Zugangs zur Gesundheitsversorgung betroffen. Es ist allerdings klar, dass eine vergleichbare Entwicklung bei der Patientenversorgung, also ein Wettbewerb um Kosteneinsparungen zu Lasten der Qualität der medizinischen Versorgung, in jedem Fall verhindert werden muss.

### *4.2. Gesundheitsversorgung als staatlich zu sichernde Grundressource*

Aus (1) ergibt sich auch die Frage, ob sich die Mischung verschiedener Akteure im Gesundheitswesen durch den marktwirtschaftlichen Wettbewerb nicht dergestalt verändern könnte, dass die privaten Akteure dauerhaft die Oberhand behalten und sich damit das Gesundheitswesen nicht nur graduell, sondern tatsächlich qualitativ verändern würde. Selbst wenn man der Ansicht ist, dass die Forderung nach einem durchgehenden staatlichen Gesundheitssektor zu stark ist, so bleibt doch die Frage, ob der Staat die Sicherung der Gesundheitsversorgung auch dann noch garantieren könnte, wenn nach Fortsetzung der unter (1) beschriebenen Entwicklung nur noch private Akteure in starker Marktstellung Leistungen erbringen. Ein Blick auf die Entwicklungen, die zur Finanzkrise des Jahres 2009 geführt haben, zeigt aber nach Meinung des Autors deutlich, dass unregulierte Märkte außer Kontrolle geraten und sich selbst vernichten können – eine Situation, in der der Staat gezwungen ist, die Funktionsfähigkeit des Marktes oder der Güterversorgung extern (und mit immensen Kosten für den Steuerzahler) wiederherzustellen. Dazu wäre er ohne Zweifel auch im Bereich der Gesundheitsversorgung gezwungen. Dieses Argument zeigt, dass – stärker als in anderen Bereichen – die staatliche Möglichkeit gegeben sein sollte, ein Marktversagen jederzeit zu berichtigen. Für Vorsichtsmaßnahmen gegen ein völliges Aufgehen des öffentlich-rechtlichen Sektors im Gesundheitswesen in den Privatsektor sprechen nach Ansicht des Autors auch noch zwei weitere Argumente:

*Erstens* könnte es durch eine ausschließlich privatwirtschaftliche Versorgung zu einer Umkehrung der Zweck-Mittel-Relation kommen, wie sie etwa der Sozialwissenschaftler Hagen Kühn bereits für bestehende Entwicklungen der Ökonomisierung des Gesundheitswesens beschrieben hat, dass nämlich »Geld (...) nicht Mittel zur Sicherstellung der Versorgung [bleibt], sondern die Versorgung von Kranken (...) tendenziell zum Mittel [wird], durch das Gewinn erzielt werden kann«[8]. Daraus würden mittelfristig jedoch sicherlich auch Konsequenzen für die Art der Gesundheitsversorgung erfolgen, etwa in der gezielten Vernachlässigung der Versorgung von ökonomisch unattraktiven Krankheiten und Patienten.

*Zweitens* wurde in der medizinethischen Diskussion immer wieder herausgestellt, dass die vollständige Überführung des Arzt-Patient-Verhältnisses in ein Kunden-Dienstleister-Verhältnis an den besonderen Anforderungen der medizinischen Versorgung scheitern muss. Der Patient, insbesondere im Fall von schwerer und akuter Krankheit und Verletzung, körperlicher und geistiger Behinderung, Demenz, starken Schmerzen und Verwirrung oder anderweitig eingeschränkter Urteilskraft, kann keine Entscheidungen im Sinne eines ökonomischen *rational-choice-Modells* treffen. Ihm dieses zu unterstellen, führt zu einer strukturellen Benachteiligung des Patienten gegenüber einer privaten Institution in der Versorgungssituation. Daraus folgt, dass es angesichts der Vulnerabilität von Patienten – gerade wenn sie physisch und psychisch stark vom Krankheitsgeschehen betroffen sind, eine generelle Präferenz für öffentlich-rechtliche oder non-profit-Organisationen bei der Krankenversorgung gibt[9].

Gerade um solche qualitativen Veränderungen, wie sie in den beiden vorangegangenen Argumenten beschrieben wurden, zu verhindern oder doch einzugrenzen, erscheint also zumindest ein aufrechterhaltenes Miteinander von privaten und öffentlich-rechtlichen Institutionen ein gutes Mittel zu sein.

### *4.3. Option eines »dualen Systems« mit definiertem Bestand an öffentlichen Akteuren*

Gewissermaßen eine Zwischenposition aus (1) und (2) ergibt sich, wenn man neben einem regulierten Wettbewerb verschiedener Organisationsformen der Gesundheitsversorgung einen festen Bestand des öffentlichen Gesundheitswesens definieren würde, der als eine Art Reserve die Entwicklung schwer zu revidierender Fehlentwicklungen vermeiden würde. Einen solchen Bestand könnte man etwa regional mit einem festen Prozentsatz definieren oder aber mit bestimmten Versorgungsstrukturen, die in jedem Fall im öffentlichen Betrieb erhalten werden sollten. Auf

8 Kühn, Hagen (2004): Die *Ökonomisierungstendenz in der medizinischen Versorgung.* In: Elsner, Gine/Gerlinger, Thomas/Stegmüller, Klaus (Hrsg.): Markt versus Solidarität. Gesundheitspolitik im deregulierten Kapitalismus. Hamburg (VSA), S. 25-41

9 Vgl. den Abschnitt zur therapeutischen Interaktion im Beitrag von Friedrich Heubel.

diese Weise könnte ein ›Umkippen‹ der gesamten Gesundheitsversorgung in den privatwirtschaftlichen Bereich vermieden und die Garantie des Zugangs sowie die Qualität der Gesundheitsversorgung trotz eines Wettbewerbs verschiedener Organisationsformen erhalten werden. Möglicher Weise könnte damit für die nähere Zukunft ein tragfähiger Kompromiss gefunden werden.

## 5. Fazit

- Das Argument des Gesellschaftsvertrages ist konstitutiv mit dem modernen, demokratischen Staat verbunden, dessen Legitimität durch seine grundsätzlich gerechten und zustimmungsfähigen Strukturen immer wieder gezeigt werden muss.
- Aus dem Entstehen des Staates folgen bestimmte Grundrechte seiner Bürger, die bereichsspezifisch als Grundgüter definiert werden können. Der Staat hat jeweils den Zugang der Bürger zu diesen Grundgütern zu gewährleisten. Dabei wird das Ziel verfolgt, eine in ihren Grundstrukturen gerechte Gesellschaft zu schaffen.
- Einige Autoren argumentieren, dass z.B. der Aufbau bestimmter Formen von Infrastruktur am effizientesten nur vom Staat erbracht werden kann. Dieses Argument ist spezifisch für die gegenwärtige Situation in der Gesundheitsversorgung zu prüfen.
- Ein grundsätzlicher Wettbewerb verschiedener Organisationsformen (öffentlich, non-profit, privatwirtschaftlich) erscheint durchaus als Vorteil der Organisation der Gesundheitsversorgung.
- Die staatliche Garantie des Zugangs zur Gesundheitsversorgung für alle Bürger sollte dabei jedoch stets gesichert bleiben. Dazu trägt einerseits die gesetzliche Definition des Umfangs der Gesundheitsleistungen bei. Andererseits erscheint auch ein Grundbestand von Institutionen unter Leitung der öffentlichen Hand als generelle Vorsichtsmaßnahme gegen Fehlentwicklungen als sinnvoll.
- Mit dem Argument des Gesellschaftsvertrages nicht zu vereinbaren ist das Vorenthalten oder die explizite oder strukturelle Erschwerung oder Verhinderung des Zugangs zu einer qualitativ hochwertigen Gesundheitsversorgung. Dies stellt in Anbetracht der teilweise stark eingeschränkten Fähigkeiten der Patienten in physischer und psychischer Hinsicht zweifellos eine anspruchsvolle Aufgabe dar, die jedoch als eine der entscheidenden Voraussetzungen einer gerechten Gesellschaft gelten muss.

# Kann Ökonomisierung gut und muss Kommerzialisierung schlecht sein?

*Matthias Kettner*

## 1. Warum Ökonomisierung und Kommerzialisierung unterscheiden?

Die Unterscheidbarkeit von Ökonomisierung und Kommerzialisierung ist analytisch und praktisch bedeutsam[1]. Eine Vermarktlichungsanalyse, die diesen Unterschied begrifflich nicht abbildet, verliert an kritischem Potential. Sie verbaut sich die Möglichkeiten, wünschenswerte und unerwünschte Folgen von Ökonomisierung zu unterscheiden von wünschenswerten und unerwünschten Folgen von Kommerzialisierung. Diese Unterscheidungsmöglichkeiten sollten theoretisch bestehen, denn die Folgen von beiden Prozessen können unabhängig voneinander ambivalent ausfallen.

Wenn ich im Folgenden einen Vorschlag mache, wie wir darüber denken sollten, worin Ökonomisierungs- und Kommerzialisierungsprozesse sich unterscheiden und worin sie sich gleichen, dann vor allem aus einem medizinethischen Interesse. Beide Prozesse treten heute im Gesundheitssystem besonders auffällig in Erscheinung. Herkömmlicherweise hält man nicht die Institutionen und Praktiken des Gesundheitssystems für einen ausgeprägten oder gar den angestammten Ort von Ökonomisierung und Kommerzialisierung, sondern, zumindest was letztere angeht, das Wirtschaftssystem. Weder Kommerzialisierung noch Ökonomisierung sind mit Privatisierung, dem Bezugsproblem des vorliegenden Bandes, identisch. Privatisierungsprozesse lassen sich ohne Bezug auf Ökonomisierung und Kommerzialisierung aber gar nicht begreifen. Denn Privatisierung meint alle Schritte der Auswei-

1 Ich danke den Mitgliedern der AG Klinikprivatisierung innerhalb der Akademie für Ethik in der Medizin sehr für hilfreiche und verbessernde Kommentare, besonders Friedrich Heubel, Arne Manzeschke und Christian Lenk, sowie Kommentatoren der AG für Wirtschaftsethik und Wirtschaftskultur innerhalb der Deutschen Gesellschaft für Philosophie, besonders Peter Koslowski, Christoph Hubig und Aloys Prinz. Eine frühere Bearbeitung des Themas des vorliegenden Aufsatzes erscheint 2010 in der Festschrift für Hauke Brunkhorst zum 60. Geburtstag.

tung der produktiven Rolle der Privatwirtschaft gegenüber dem Staat[2], und diese Rolle ist marktwirtschaftlich gestaltet.

Ein erster Schritt hin zu einer Betrachtungsweise, die differenzierter wäre als üblich, unterscheidet, was terminologisch oft synonym gebraucht wird, ›Ökonomisierung‹ und ›Kommerzialisierung‹. Es kommt auf die Unterschiedlichkeit in den Begriffen und den mit ihnen modellierten Phänomenen an, die wir mit diesen oder auch mit anderen Wörtern belegen könnten.

Ich schlage vor, unter Ökonomisierung Phänomene zu verstehen, die primär mit der erwünschten Steigerung von Effizienz beim Erzielen erwünschter Effekte zu tun haben, zielführend und ohne Verschwendung. Wenn die Steigerung von Effizienz beim Erzielen erwünschter Effekte messbar sein soll – und wer wollte hierauf verzichten, es sei denn, dies wäre der Sache nach unmöglich oder sonst wie irrational (z.B. unendlich teuer) –, geht Ökonomisierung mit der Einführung von Metriken, mit mehr oder weniger ausgefeilten Kulturtechniken des Berechenbarmachens (Beziffern, Quantifizieren, Kalkulieren) einher. So sind wir es gewohnt, über Ökonomisierung in einem modernen, mit Wissenschaftlichkeit unterlegten Sinne zu denken. Aber das Erzielen erwünschter Effekte ist ein so allgemeines Phänomen wie das instrumentelle und strategische Handeln schlechthin, und die Steigerung von Effizienz erscheint in größter Allgemeinheit gedacht einfach als dessen ökonomische Seite, nämlich als die Suche nach möglicher Ersparnis von Aufwand im Verfolgen x-beliebiger Zwecke mit erfolgversprechenden und angemessenen, also geeigneten Mitteln. Unter sonst gleichen Umständen (*ceteris paribus*) finden wir es in der Regel gut, wenn es gelingt, einen Zweck mit weniger Aufwand vergleichbar gut zu erreichen als mit mehr Aufwand. In diesem Sinne kann Ökonomisierung etwas Gutes sein.

Steigerung von Rendite – Gewinn in einer Zeiteinheit im Verhältnis zu einem eingesetzten Kapital – ist demgegenüber ein sehr spezielles Ziel. Freilich lässt sich auch dieses Ziel als eine Steigerung von Effizienz übersetzen: Steigerung von Effizienz beim Erzielen von Effekten dort, wo es den betreffenden Akteuren um Gewinnerzielung geht.

Erwünschte Effizienzsteigerung in der Verfolgung erwünschter Ziele, dies ist die allgemeinere, weitere Kategorie. Kommerzialisierung ist demgegenüber die besondere, engere Kategorie. Ich schlage vor, für die Zwecke einer kritischen Ethik der Wirtschaft (in der Medizin und anderswo) die Rede von Kommerzialisierung für Handlungskontexte zu reservieren, wo die maßgeblichen Akteure nicht *irgendwelche* Ziele verfolgen und effizienter verfolgen wollen, sondern das Ziel, eine monetä-

2 Vgl. Weizsäcker, Ulrich von/Young, Oran R./Finger, Matthias (2006) (Hrsg.): *Grenzen der Privatisierung. Wann ist des Guten zu viel? Bericht an den Club of Rome.* Stuttgart (Hirzel), bes. S. 16, 27, 328 ff..

re Rendite zu erzielen, egal welche anderen Ziele sie zugleich und sonst noch verfolgen.

Im Rahmen einer modernen Marktwirtschaft verfolgen unternehmerisch Handelnde in der Regel das Ziel, eine monetäre Rendite zu erzielen. Und es ist in diesem Rahmen sogar *rational* zu erwarten, dass sie dieses Ziel nicht aus dem Blick verlieren. Aber dass es den *relativ* zu einem bestimmten Rahmen (hier: die Lebensbedingungen einer Marktwirtschaft) *rational* orientierten Akteuren um Gewinnerzielung geht, heißt nicht auch schon, dass es gleichermaßen als rational zu gelten hätte, wenn es ihnen *vor allem* (oder ausschließlich oder unter Ausschluss wichtiger anderer Ziele) hierum ginge.

Nicht von der Gewinnerzielungsabsicht als solcher hängt ab, ob wir ein an ihr orientiertes Handeln einwandfrei oder aber fragwürdig finden (z.B. moralisch einwandfrei oder fragwürdig), sondern von der Art und Weise dieser Orientierung selbst, also z.B. davon, welche sonstigen andernfalls relevanten Handlungsorientierungen diese Orientierung übertrumpft oder ganz aus dem Feld schlägt in den praktischen Überlegungen der Akteure, wie sie handeln sollten[3].

Die Beschreibung von Phänomenen der Kommerzialisierung und Ökonomisierung muss sich von der moralischen Bewertung solcher Phänomene analytisch unterscheiden lassen und ist sachlogisch vorgängig. Unterläuft man diese methodologische Forderung und definiert diese Begriffe bereits unter Einschluss einer bestimmen moralischen Bewertung, dann wird man in Anwendung der Begriffe, z.B. in Anwendung auf die Privatisierung von Kliniken, zu keiner anderen moralischen Bewertung kommen können als der, die man schon per definitionem hineingesteckt hat – das schmälert nicht nur den Überraschungswert, sondern auch den Erkenntniswert der so definierten begrifflichen Instrumente. Ich meine natürlich nicht, etwa im Sinne einer naiven Variante des alten – und in der von Max Weber seinerzeit gemeinten Form durchaus berechtigten[4] – Wertfreiheitspostulats empirischer Sozialwissenschaft, dass Begriffe kultureller Prozesse keine wertenden oder norma-

3 Um den moralisch relevanten Kontrast zu sehen, vergleiche man die Absicht des Renditeerzielens, die auf den ersten Blick moralisch in Ordnung ist, mit einer schon auf den ersten Blick moralisch unrechten Absicht, z.B. einer Mordabsicht. – Woher die Orientierung an Renditeerzielung ihrerseits ihre besondere Kraft gewinnt, ist eine zweite, hiervon zu unterscheidende Frage, zu deren Beantwortung man die Entstehung und Verbreitung von kulturellen Deutungsmustern in der Geschichte und langen Vorgeschichte der Marktwirtschaft zu Rate ziehen muss, z.B. Polanyi, Karl (1978): *The Great Transformation – Politische und ökonomische Ursprünge von Gesellschaften und Wirtschaftssystemen.* Frankfurt (Suhrkamp).

4 Adolphi, Rainer (1994): *Wertbeziehung. Die Mehrschichtigkeit von wissenschaftlichen Wertproblemen.* In: Apel, Karl-Otto/Kettner, Matthias (Hrsg.), Mythos Wertfreiheit? Neue Beiträge zur Objektivität in den Human- und Kulturwissenschaften. Frankfurt/New York (Campus), S.77–108.

tiven Begriffselemente enthalten dürften. Kulturelle Tatsachen (als Produkte kultureller Prozesse) lassen sich ohne wertende und normative Begriffselementen gar nicht auf Begriffe bringen[5]. Ohne alle wertenden oder normativen Begriffselemente sind Tatsachen weder als kulturelle Tatsachen zu denken noch böten sie Werturteilen (z.B. moralischen Urteilen) einen Ansatzpunkt. Es kommt darauf an, Begriffe von Ökonomisierung und Kommerzialisierung als Begriffe einer kritischen, d.h. im Ansatz zu Moral- und anderen Werturteilen befähigenden, diese aber nicht schon tautologisch enthaltenden Wirtschaftsethik zu konstruieren.

Ich versuche im zweiten Abschnitt Märkte auf allgemeine und doch für die moralische Analyse informative Weise zu charakterisieren. Im dritten Abschnitt führe ich drei moralisch relevante Gesichtspunkte der Kommerzialisierungskritik ein, um im vierten Abschnitt die vorläufige Analyse von Marktförmigkeit zu vertiefen, indem ich ihre kapitalistischen Charakteristika angebe. Im fünften Abschnitt gebe ich einen Ausblick auf diskrepante moralische Intuitionen, die es schwer, aber nicht unmöglich machen, die Kommerzialisierung ärztlichen Handelns moralisch allgemeinverbindlich zu beurteilen.

## 2. Allgemeine Charakteristika der Marktförmigkeit

Im vorigen Abschnitt habe ich den Kommerzialisierungsbegriff für die Beschreibung von Handlungskontexten reserviert, die es für die Akteure rational (oder zumindest ›normal‹, ›erwartbar‹) machen, effizient das Ziel einer finanziellen Rendite zu verfolgen, egal ob sie zudem andere Ziele verfolgen oder nicht. In modernen Marktwirtschaften lässt sich dieses Ziel kaum anders verfolgen als in der Rolle von Teilnehmern an Märkten.[6]

Ein *Kommerzialisierungsprozess* – das ist der zweite Schritt meines Differenzierungsvorschlags – ist *ein Prozess, in dem bisher nicht marktförmige Bereiche des sozialen Lebens in Märkte umgewandelt werden.* Wohlgemerkt: umgewandelt. Zum entscheidenden Merkmal wird hier also die Existenz von marktförmig gesteuertem Austausch,

5 Kettner, Matthias (2008): *Kulturreflexion und die Grammatik kultureller Konflikte.* In: Baecker, Dirk/ Kettner, Matthias/Rustemeyer, Dirk (Hrsg.): Über Kultur. Theorie und Praxis der Kulturreflexion. Bielefeld (transcript), S. 17–28.

6 Genauer: In der Rolle von Teilnehmern an Tauschoperationen auf Märkten, die nach den geltenden Regeln des betreffenden Wirtschaftssystems ablaufen, in modernen Marktwirtschaften also vorwiegend unter Marktwettbewerb durch Geld vermittelte Tauschoperationen darstellen. Der ehrbare alte Handelsgeist Kommerz ist in modernen Marktwirtschaften in unendlich vielfältige Formen des Geschäftemachens durch geldvermittelten Markttausch auseinander gegangen, vgl. Thielemann, Ulrich (1996): *Das Prinzip Markt.* Bern (Haupt), bes. S. 35–39.

wo vorher andere, nicht marktförmige Mechanismen der Ordnung der Interaktion, des »sozialen Handelns«[7] bestanden. Die Existenz von geldvermitteltem Markttausch – kurz: von Märkten – hat natürlich unendlich vielfältige Konsequenzen und kann insofern für alle möglichen Interaktionsbereiche relevant sein. Relevantsein ist nicht dasselbe wie Umwandlung.

Was aber ist ein Markt? Eine einheitliche, exakte und präzise und auch noch unumstrittene Definition wird man vergeblich suchen. In der Ökonomik jedenfalls, wo man sie am ehesten vermuten würde, finden wir sie nicht. Die klassische Ansicht der Ökonomik definiert Markt ja durch nichts weiter als die Funktion der Preisbestimmung für Gütermengen durch Nachfrage und Angebot. Markt ist eine geschichtlich alte Institution mit komplexer Entwicklungs- und d.h. ist immer auch: Differenzierungsgeschichte. Es gibt keinen Markt, es gibt nur viele Arten von Märkten. Markt bezeichnet so verschiedenes wie Flohmarkt, Supermarkt, Schwarzmarkt (sozusagen die drei real existierenden Hauptformen von Gütermärkten), aber auch abstraktere, von Gütern weitgehende abgelöste Märkte wie Finanzmärkte, Aktien-, Devisen- und Warenterminmärkte. Unerachtet der Vielfalt lässt sich aber ein Minimalbegriff rekonstruieren, der zumindest notwendige Bedingungen dafür angibt, was vorliegen muss, wenn wir von irgendeiner Art von Markt sprechen und den Begriff nicht nur metaphorisch sondern wörtlich anwenden wollen: Mit der Umwandlung einer x-beliebigen Transaktion T in eine marktförmig gesteuerte

7 »Soziales Handeln (einschließlich des Unterlassens oder Duldens) kann orientiert werden am vergangenen, gegenwärtigen oder für künftig erwarteten Verhalten anderer (Rache für frühere Angriffe, Abwehr gegenwärtigen Angriffs, Verteidigungsmaßregeln gegen künftige Angriffe). Die ›anderen‹ können Einzelne und Bekannte oder unbestimmt Viele und ganz Unbekannte sein (›Geld‹ z.B. bedeutet ein Tauschgut, welches der Handelnde beim Tausch deshalb annimmt, weil er sein Handeln an der Erwartung orientiert, daß sehr zahlreiche, aber unbekannte und unbestimmt viele Andre es ihrerseits künftig in Tausch zu nehmen bereit sein werden). 2. Nicht jede Art von Handeln – auch von äußerlichem Handeln – ist ›soziales‹ Handeln im hier festgehaltenen Wortsinn. Äußeres Handeln dann nicht, wenn es sich lediglich an den Erwartungen des Verhaltens sachlicher Objekte orientiert. Das innere Sichverhalten ist soziales Handeln nur dann, wenn es sich am Verhalten anderer orientiert. Religiöses Verhalten z.B. dann nicht, wenn es Kontemplation, einsames Gebet usw. bleibt. Das Wirtschaften (eines Einzelnen) erst dann und nur insofern, als es das Verhalten Dritter mit in Betracht zieht. Ganz allgemein und formal also schon: indem es auf die Respektierung der eignen faktischen Verfügungsgewalt über wirtschaftliche Güter durch Dritte reflektiert. In materialer Hinsicht: indem es z.B. beim Konsum den künftigen Begehr Dritter mitberücksichtigt und die Art des eignen ›Sparens‹ daran mitorientiert. Oder indem es bei der Produktion einen künftigen Begehr Dritter zur Grundlage seiner Orientierung macht usw«; Max Weber (1956): *Wirtschaft und Gesellschaft. Grundriß der verstehenden Soziologie.* Tübingen (Mohr), S. 16.

Transaktion sind folgende Veränderungen verbunden, die aus dem minimalen Begriffsgehalt folgen, der angibt, was ein Markt und was keiner ist[8]:

- Ein Markt erzeugt eine Kunden- und Verkäuferrolle mit Bezug auf die Transaktion T (=Menschen, die T erwerben und solche, die T anbieten wollen).
- Ein Markt für T versieht T (deshalb) mit einem Kaufpreis.
- Ein Markt unterstellt T einer wirtschaftlichen Normativität (=Rationalität und Moral wirtschaftlichen Handelns).

Der Kaufpreis kann flottieren, fest oder verhandelbar, überhöht oder ›unter Wert‹ sein, wichtig ist nur, dass die Ware irgendeinen Preis hat. Die Kunden- und Verkäufer- bzw. Anbieterrolle kann von natürlichen und juristischen Personen oder von korporativen Akteuren besetzt sein[9], wichtig ist nur, dass in marktförmigen Interaktionen jeder jederzeit weiß, ob er etwas Bestimmtes kaufen oder aber verkaufen will. Die ökonomische Normativität kann die ›ökonomische Rationalität‹ einer moderat gewinnorientierten Basarökonomie sein oder am anderen Ende des Spektrums die ›profitgetriebene‹ Suche nach maximaler Anlegerrendite in *shareholder value* orientierten Unternehmen. Sie kann aus nichtökonomischen normativen Perspektiven (z.B. der moralischen Perspektive starker distributiver Gerechtigkeit) unangemessen und verächtlich erscheinen, wichtig ist nur, dass der an Preissignalen orientierte Austausch zwischen Kunden und Anbietern im Markt *irgendeine* Orientierung am eigenen Vorteil (Orientierung am Eigennutzen, *homo oeconomicus* Modellierung) enthält *und* irgendeine an der Gegenseitigkeit des je eigenen Vorteils (»Tauschgerechtigkeit« und die »Suche nach Kooperationsgewinnen«[10]).

An diesem Punkt dieser kleinen Analyse von Kommerzialisierungsprozessen zeigt sich bereits eine Ansatzstelle für kritische *moralische* Bewertungen: Kommerzialisierung im Sinne von Vermarktlichung beinhaltet immer eine Umstellung auf eine besondere Art von Normativität, die wir von anderen Arten der Normativität ab-

---

8 Zu den ersten beiden Punkten finden sich grundsätzliche Überlegungen und aufschlussreiche soziologische Fallstudien im Rahmen der Agent-Network-Theory in Callon, Michel/Millo, Yuval/Muniesa, Fabian (2007) (Hrsg): *Market Devices.* Oxford (Blackwell). Konventioneller Beckert, Jens (1997): *Grenzen des Marktes. Die sozialen Grundlagen wirtschaftlicher Effizienz.* Frankfurt/New York (Campus). Differenziert über Modifikationsverhältnisse von Rationalität und Moral innerhalb von verschiedenen Auffassungen des Sinns des Wirtschaftens siehe Ulrich, Peter (2008): *Integrative Wirtschaftsethik. Grundlagen einer lebensdienlichen Ökonomie.* Bern (Haupt) 4. Aufl..

9 Pettit, Philip (2009): *The Reality of Group Agents.* In: Mantzavinos, Chris (Hrsg.): Philosophy of the Social Sciences. Philosophical Theory and Scientific Practice. Cambridge (Cambridge University Press), S. 67–91.

10 Zu Letzterem siehe Homann, Karl/Suchanek, Andreas (2000): *Ökonomik. Eine Einführung.* Tübingen (Mohr), S. 57–182.

grenzen können, weil sie sich charakteristisch unterscheidet, z.B. von moralischen Formen der Normativität oder von ästhetischen, politischen oder wissenschaftlichen. Dass der Markt die Transaktion T der ökonomischen Rationalität unterstellt, könnte in der Tendenz bedeuten, dass die Transaktion T vor ihrer Kommerzialisierung in solche Praktiken eingebettet war, deren normative Texturen sie unter anderem auch für *moralische* Gründe sensibel gemacht hat, nun in Praktiken eingebettet ist, deren normative Texturen kaum noch moralisch responsiv sind, sondern nur noch für Gründe nichtmoralischer Art empfänglich sind (z.B. für solche Gründe, die im Licht von normativen Standards der Effizienz- und Renditeoptimierung von den Interaktionspartnern in diesem Kontext für gute Gründe gehalten werden können).

Wie tiefgreifend Praxisbereiche sich durch ihre Vermarktlichung verändern und neue, wünschenswerte oder auch unerwünschte Eigenschaften entwickeln, kann man z.B. an der Kommerzialisierung des Leistungssports oder des Karnevals studieren. Zwei medizinethisch interessante Fälle sind die Vermarktlichung der assistierten Fortpflanzung und die Umstellung der Pflege gebrechlicher Angehöriger von Verwandtschaftspflichten auf Dienstleistungen kommerzieller Pflegedienste.

Über Marktförmigkeit »an sich« ist auch nach Erkundigung bei ihren gebildeten Kritikern (als solche betrachte ich Amartya Sen, Richard Sennett, Michael Walzer, Elizabeth Anderson und auch reflektierte Großspekulanten wie George Soros[11]) wenig auszumachen, was moralisch-normativen Beurteilungen einen sicheren Halt böte. Eine gewisse Übergriffigkeit stellen viele Beobachter der Marktwirtschaft fest.[12] Doch spezifisch unter moralischen Gesichtspunkten ist diese Übergriffigkeit gar nicht so einfach dingfest zu machen[13]. Anderson meint, dass wir Märkte nur für die Allokation »rein ökonomischer« Güter einsetzen sollten. Aber: Wie sollen wir diese nichtzirkulär abgrenzen von nicht rein ökonomischen? Walzer meint, dass es

11 Sen, Amartya (1999): *Ökonomie für den Menschen. Wege zu Gerechtigkeit und Solidarität in der Marktwirtschaft.* München (dtv). Sennett, Richard (1998): *Der flexible Mensch. Die Kultur des neuen Kapitalismus.* Berlin (Berlin-Verlag). Walzer, Michael (1992): *Sphären der Gerechtigkeit. Ein Plädoyer für Pluralität und Gleichheit.* Frankfurt/New York (Campus). Anderson, Elisabeth (1993): *Value in Ethics and in Economics.* Cambridge (Harvard University Press). Soros, George (2000): *Open Society: Reforming global capitalism.* New York (PublicAffairs).

12 Um nur zwei Großtheoretiker zu nennen: Pierre Bourdieu beobachtet die Übergriffigkeit des Marktes als Verzerrungen in sozialen Feldern infolge unterschiedlicher Kapitalformen, Jürgen Habermas als »Kolonialisierung der Lebenswelt«. Als Fallstudie siehe von Bourdieu, Pierre (1998): *Über das Fernsehen.* Frankfurt (Suhrkamp). Grundlegend von Habermas, Jürgen (1981): *Theorie des kommunikativen Handelns*, Band 2: Zur Kritik der funktionalistischen Vernunft. Frankfurt (Suhrkamp).

13 Das gilt auch für die Beiträge einer Tagung der Akademie für Ethik in der Medizin, die explizit dieser Frage gewidmet war, siehe Taupitz, Jochen (2007) (Hrsg.): *Kommerzialisierung des menschlichen Körpers.* Berlin (Springer).

verschiedene Wertsphären gibt und geben muss, deren Eigensinn gerecht zu werden erfordere, sie vor der Tyrannei des »Marktimperialismus« zu schützen. Aber: Wie robust lassen sich Wertsphärentrennungen in einer liberalen Gesellschaft, in der Werte und die für sie jeweils als angemessen geltenden Sphären chronisch umstritten sind, robust begründen? Gewiss, es gibt auch einige klare Fälle: Wir wollen z.B. nicht und dürfen moralisch gesehen auch gar nicht wollen, dass es erlaubt sei, dass Reiche mit ihrem Geld wissenschaftliche Würden kaufen können oder politische Ämter in Demokratien. Aber ist es wirklich genau so klar, dass wir nicht wollen dürfen, dass jemand für die Niere, die er medizinisch braucht, bezahlt und ein anderer, der sie auch braucht aber nicht bezahlen kann, sie nur auf nichtkommerziellem Wege erhalten kann, was unter Umständen sehr viel länger dauert? Ist es wirklich genau so klar, dass wir nicht wollen dürfen, dass eine Frau mit Kinderwunsch, die aber aus medizinischen Gründen nicht schwanger werden kann, eine andere Frau, die sich dafür anbietet, dafür bezahlt, für sie schwanger zu sein (was sie kann, sobald es für Leihmutterschaft einen Markt gibt – die Bezeichnung »Leihmutterschaft« klingt gleichsam schon nach den Gelben Seiten, es ist semantisch eine Dienstleistungsberufsbezeichnung), während eine andere Frau dasselbe möchte, aber nicht bezahlen kann? Gewiss, es gibt viele Gründe, die gegen die Institutionalisierung von Leihmutterschaft sprechen, und sie werden im Diskurs der Medizinethik diskutiert; aber die guten Gründe haben wenig mit Walzer'schen Gerechtigkeitssphären zu tun.

## 3. Kommerzialisierungskritik aus Gesichtspunkten der Moral

Die genannten Kritiker der Marktförmigkeit, das zeigt ein zweiter Blick, kritisieren eine von ihnen bereits für *hypertroph* gehaltene Marktförmigkeit. Aber: Wann ist viel *zu viel?* Hier drehen sich die Kritiken im Kreis von Voraussetzungen, die ihrerseits bestimmt und begründet werden müssten. Robuste Maßstäbe finden sich bei den genannten Autoren keine. Gleichwohl lassen sich ihnen interessante kritische Gesichtspunkte entnehmen, wann marktförmig gesteuerte Transaktionen gewisse Züge aufzuweisen oder gewisse Konsequenzen zu haben beginnen, die auch moralisch fragwürdig sind und, wenn sie massiv genug werden, berechtigte moralische Kritik auf sich ziehen, Sorge um die Integrität der betreffenden Verhältnisse begründen und Bemühungen um Abhilfe rechtfertigen.

Märkte machen Unterschiede in Ungleichheiten, in schon bestehenden Unterschieden. Gewisse Ungleichheiten *müssen* Märkte sogar aufgreifen, z.B. differentielle Zahlungswilligkeit und -fähigkeit, sonst käme ihre Dynamik gar nicht in Gang. Markterzeugte oder -verstärkte Machtungleichheiten können aber zu *ungerechten*

*Machtungleichheiten* werden. Nota bene: Moralisch normativ entscheidend ist weder, dass es um Ungleichheit, noch dass es um Macht geht, sondern dass es um bestimmte Ungleichheiten in Machtpositionen mit *negativen Konsequenzen* geht, *für die es keine moralisch guten Rechtfertigungsgründe gibt.* Ungleichheit an sich ist noch keine moralisch normative Kategorie. Nicht alle Ungleichheiten sind Ungerechtigkeiten, und nicht alle Ungerechtigkeiten sind auf Ungleichheit reduzierbar. In idealen Märkten, das sagt die ökonomische Theorie, stellt sich kein Gerechtigkeitsoptimum ein, sondern ein Pareto-Optimum, das gerecht oder ungerecht sein kann[14].

Ein zweiter kritischer Gesichtspunkt lässt sich folgendermaßen einführen: Der wichtigste von allen Informationsprozessen im Leben von Märkten ist die Nutzung von Information, die im Format von Preisen enthalten ist. Natürlich reagieren Märkte auf alle möglichen Arten von Information, z.B. auf Gerüchte. Aber die Information, mit der sie operieren *müssen*, im Sinne eines systemeigenen, systemstabilisierenden und spezifischen Codes, sind Signale über das, was zu zahlen ist, gezahlt oder nicht gezahlt wird: Preissignale, die in Geldwerten ausdrückbar sein müssen. Diese Eigenschaft von Märkten zieht die kritische Überlegung auf sich, wann die in Märkten benutzen Preissignale einen Bereich menschlicher Werte womöglich *allzu sehr vereinfachen.*

Ein dritter Gesichtspunkt liegt in der Tatsache, dass Märkte nicht nur Chancen sondern auch Risiken beinhalten (z.B. sein Geld zu verlieren). Handeln ist immer riskant. Aber mit der Kommerzialisierung einer Transaktion T ziehen in die Risiken, die T von Haus aus mitbringt, nun auch noch spezifische Risiken der Marktförmigkeit von T ein, die davon herrühren, dass T nun als Moment einer Wertschöpfungskette betrachtet wird, die einer ökonomischen Form von Rationalität untersteht. Wann macht die *Risikodynamik* von Märkten eine Wertschöpfungskette in *moralisch fragwürdigem Sinn irrational*? Irrational ist die Übernahme oder Übertragung von Risiken, signifikante Übel zu erleiden, ohne einen angemessen Grund dafür[15]. Spieler und Gegenspieler z.B. in Wetten auf zukünftige Kursentwicklungen von Aktien haben mehr oder weniger gute Gründe, um sich den Risiken in diesem Spiel auszusetzen (z.B. angemessen erscheinende Gewinnerwartungen). Moralisch fragwürdig wird das Spiel aber in dem Maße, wie in die Erzeugung der für das Spiel

14 Als ›pareto-optimal‹ wird in der Ökonomik derjenige Zustand einer Wohlfahrtsverteilung bezeichnet, in dem es nicht mehr möglich ist, irgendeines der betreffenden Individuen noch besser zu stellen, ohne zugleich ein anderes schlechter zu stellen. Pareto-Optimalität ist ein normativer Standard. Das Kriterium der Pareto-Optimalität verdrängte in der Ökonomik den utilitaristischen normativen Standard der Nutzensumme.

15 Das ist die zentrale Prämisse von Bernard Gerts – wie ich finde: sehr starker – philosophischer Theorie der allgemeinen Moral: Gerts, Bernard (2004): *Common Morality. Deciding What to Do.* Oxford (University Press).

konstitutiven und der für das Spiel in Kauf genommenen Risiken nichtkonsentierende Dritte einbezogen sind, die externalisierte negative Effekte zu tragen haben, ohne an den Chancen beteiligt zu sein oder auf andere Weise entschädigt zu werden. Für sie sind die Risiken irrationale Risiken. Und wer einem Anderen ohne Zustimmung Risiken auflädt, handelt moralisch fragwürdig.

Die drei genannten Gesichtspunkte müssen sozusagen aus der konkreten sozialen Bedeutung einer bestimmten Transaktion, für die wir uns interessieren, geschöpft werden, sie lassen sich nicht abstrakt der Marktform als solcher entnehmen. Es macht eben einen Unterschied, und moralisch wohl sogar den entscheidenden Unterschied, ob ein Markt ein Markt für Leihmütter ist oder für Leihwagen, für Gartenpflege oder Krankenpflege, für Munition oder für Medikamente. Um mit Blick auf eine bestimmte Art von T urteilen zu dürfen, dass die Kommerzialisierung von T moralisch schlecht ist und deshalb unterbleiben sollte, braucht man gute Gründe. Diese fallen nicht vom Himmel. Ich meine, aber das ist zunächst nur eine Intuition, dass unter bestimmten Bedingungen Kommerzialisierung moralisch verwerflich ist, dass es aber sehr schwer ist, diese Bedingungen wirklich in allgemeiner Form dingfest zu machen, es sei denn im konkreten Fall. An dieser Stelle kann ich nur einige einfache Veranschaulichungen geben.

1. Eine moralisch fragwürdige Übervereinfachung durch Preissignale: Viele niedergelassene Ärzte stehen durch die Patienten, die die Erfahrungen austauschen, die sie mit ihnen gemacht haben, in einer komplexen, auf Erfahrung und Erfahrungsaustausch gegründeten Konkurrenz. Ganz anders hingegen ist die »organisierte« Konkurrenz, in der sie stehen, sofern sie als Anbieter ausgepreister Leistungen von Patienten nach der Leitunterscheidung ›billiger‹ versus ›teurer‹ beobachtet werden. Wenn man keine reichhaltige Erfahrungsbasis mehr hat, bleibt nur der Rekurs auf Preisvergleich übrig – eine sehr dürftige, jämmerlich ausgedünnte Form der Konkurrenz. Sie macht Abwärtsspiralen der Qualität wahrscheinlicher, geht mit Werbung und dem dafür nötigen Aufwand (der refinanziert werden muss) einher und macht das ›Brot-und-Butter-Geschäft‹ der häufigsten und routiniertesten Krankenversorgung systematisch weniger attraktiv als die Suche nach lukrativen Nischen.[16]
2. Ein weiteres Beispiel für die moralisch fragwürdige Übervereinfachung durch Preissignale sind gewisse Einstellungen von manchen spender- oder leihmut-

16 Man kann das gegenwärtig im Bereich der zahnärztlichen Medizin beobachten, wo sich die wunscherfüllende Medizin für Privatzahler auf Kosten der kurativen Medizin für alle ausbreitet. Vgl. Groß, Dominik (2009): *Wunscherfüllende Zahnmedizin. Die Zahnarztpraxis als Kosmetik- und Wellness-Oase?* In: Kettner, Matthias (Hrsg.): Wunscherfüllende Medizin. Ärztliche Behandlung im Dienst von Selbstverwirklichung und Lebensplanung. Frankfurt/New York (Campus), S. 103–122.

tersuchenden Paaren, wie sie innerhalb der repromedizinischen ›Industrie‹ in Kalifornien aufgekommen und dort auch dokumentiert sind[17]. Zum Beispiel werden für hochpreisige Reproduktionszutaten (Eizellen, Samen) stereotype sozial hoch erwünschte Spendereigenschaften erwartet.

3. Fragwürdige kommerzialisierungsinduzierte Machtungleichheiten möchte ich an den Schwächen einer typischen Verteidigung der Privatisierung von Krankenhäusern veranschaulichen. Pro-Privatisierer argumentieren gerne folgendermaßen, wenn sie dem Gewinnstreben die moralische Absolution erteilen wollen:

[1]»Gewinne im Gesundheitswesen allgemein und bei privaten KH-Betreibern sind (...) zunächst nichts anderes als die zurückgehaltene Differenz zwischen Aufwendungen und Einnahmen und die Hoffnung auf dieses Delta lässt Kapitalgeber und Investoren ihre Mittel im Gesundheitswesen einsetzen.
[2] Das eingesetzte Kapital in einer Gesellschaft wie der Rhön-Klinikum AG stammt bspw. zu etwa 70 % aus Pensions- und Anlagefonds von Leuten, deren Durchschnittsvermögen vermutlich unter 300.000 E liegt. (...) Dieses Kapital stammt von Menschen, die in Staaten mit Kapital gedeckter Rentenversicherung ihre Mittel ansparen und z.B. bei uns zwischenlagern, bis sie das Geld zur Eigenverwendung brauchen.
[3] Die Kapitalmittel der öffentlichen Krankenhäuser hingegen stammen aus Steuermitteln. Unterlegt war und ist diese Finanzierungsform mit der Idee, dass der Staat den Menschen das Kapital zwangsweise abnimmt und in Krankenhäuser investiert und den rechnerisch möglicherweise entstehenden Gewinn über die Preise an die Nutzer – also wieder fast alle Steuerzahler – zurückgibt.
[4] Wenn allerdings unsere Preise trotz der Gewinne gleich hoch oder niedriger sind, so liegt jedenfalls bei uns kein ethisches Problem vor, vorausgesetzt, dass wir dieselbe Leistung in Qualität und Menge erbringen.«[18]

17 Eindrucksvolle Beispiele finden sich in dem Dokufilm *Frozen Angels* von Eric Black und Frauke Sandig, 2005, http://www.frozen-angels-der-film.de/.

18 Eugen Münch, Vorstandschef und Großaktionär der Rhön-Klinikum AG in einem Vortrag über »Medizinische Ethik und Ökonomie – Widerspruch oder Bedingung?« auf einem Symposium der Uniklinik Regensburg vom 8. 12. 2005, S. 9. Jeder der vier Punkte, die ich an dieser exemplarischen Äußerung markiert habe, verdiente einen kritischen Kommentar. Der vierte, von mir allein aufgegriffene Punkt der Machtungleichheit, ist in mehr als nur einem Sinne fragwürdig, denn rhetorisch wird unterstellt – sinngemäß: wenn es »bei denen« okay ist, ist es »bei uns« auch okay – dass das bestehende staatliche Krankenhausfinanzierungssystem ethisch in Ordnung sei.

Ich kommentiere nur den vierten, für meinen Punkt entscheidenden Abschnitt des Arguments: Das Wenn-Dann in Punkt 4 ist zu einfach. Angedeutet wird allein der Faktor höhere Effizienz, der erklären soll, wieso privatwirtschaftliche Betreiber dasselbe Ergebnis wie öffentliche gleichwohl billiger hinbekommen. Aber: Es gibt noch mehr Faktoren, die dieses Ergebnis – wenn es sich denn überhaupt belegen lässt, also ein Ergebnis und keine bloße Behauptung[19] ist – sehr gut erklären würden. So ist eine nahe liegende Alternativhypothese, dass ausbeuterische Arbeitsverhältnisse, die nur deshalb durchgesetzt werden können, weil die meisten Arbeitnehmer gegenüber dem privaten Arbeitgeber weniger Verhandlungsmacht haben als die meisten Arbeitnehmer gegenüber dem öffentlichen Arbeitgeber, die »bessere Effizienz« erklären. Ich argumentiere an dieser Stelle nicht, dass diese Alternativhypothese zutrifft, sondern dass es eine plausible Alternativ*hypothese* ist und sie deshalb sorgfältig empirisch untersucht werden muss.[20]

4. Betrachten wir weitere Beispiele. Um eine in moralischem Sinne fragwürdige Risikodynamik zu veranschaulichen, verweise ich auf die Frage, was mit privaten börsennotierten Kliniken wohl passiert, wenn die Kurse fallen und die Investoren sich zurückziehen? Wie erfolgt die Risikoabsicherung der Krankenversorgung gegen die Volatilität der Finanzmärkte?
5. Ein weiteres Beispiel bietet die medial verstärkte Spekulation über Verbesserungen der ärztlichen Heilkunst, die ja auch eine kommerzielle Entsprechung hat: Heilmittel z.B. gegen Multiple Sklerose, gegen Parkinson und Alzheimer, wären außerordentlich lukrativ. Mit Bezug auf die Stammzellforschung werden Verfahren und Medikamente in Aussicht gestellt, die unter Marktgesichtspunkten ›Megablockbuster‹ würden. Doch wenn man sich fragt, was wäre, wenn dieses organisierte Versprechen – Spekulationen der Patienten auf Heilung, Spekulationen der Investoren auf Rendite, Spekulationen der Forscher auf bessere Förderung – sich nicht erfüllt? Was, wenn sie sich als spekulative Blasen herausstellten, als unhaltbare Überbewertungen, wie vor zehn Jahren die

19 Für empirische Einwände gegen diese Behauptung siehe Schreyögg, Jonas/Stargardt, Tom/Tiemann, Oliver (2010, in print): *Costs and quality of hospitals in different health care systems: a multilevel approach with propensity score matching*. In: Journal of Health Economics.

20 Die vom Bundesverband deutscher Privatkliniken e.V. beim Rheinisch-Westfälischen Institut für Wirtschaftsforschung (RWI) in Auftrag gegebene Studie mit dem vielversprechenden Titel »Bedeutung der Krankenhäuser in privater Trägerschaft« (B. Augurzky et al., RWI Materialien, Heft 52, 2010, erhältlich unter http://www.rwi-essen.de/pls/portal30/docs/FOLDER/PUBLIKATIONEN/RWIMAT/RWI_MAT052/M_52_PRIVATEKH.PDF) geht solchen bedeutenden Hypothesen bedauerlicherweise überhaupt nicht nach.

Aktien von High-Tech Unternehmen der ›Neuen Ökonomie‹? Dieses Gedankenexperiment macht klar, dass zwischen dem Spiel mit hochfliegenden Gewinnerwartungen und dem Spiel mit hochfliegenden Therapieerwartungen ein moralisch bedeutsamer Unterschied besteht: Anlegern von Risikokapital geschieht moralisch kein Unrecht, wenn sie ihren Einsatz verlieren. Patienten aber, bei denen die medizinische Forschung erst falsche Erwartungen weckt und dann enttäuscht, geschieht moralisch ein Unrecht, jedenfalls dann, wenn die Forschung mit haltlosen Heilungsversprechungen aufwartet, um bei kranken Menschen, die von solchen Hoffnungen existenziell abhängen, Akzeptanz für ihre eigenen Ziele zu schaffen, die die betreffenden Forscher, Medizinunternehmer und Gesundheitspolitiker andernfalls so gar nicht erhalten würden[21].

## 4. Vertiefung der Kommerzialisierungsanalyse: Kapitalistische Märkte

In diesem Abschnitt sollen der allgemeinen Beschreibung jener Veränderungen, die mit dem Einbezug einer Transaktion T in Märkte einhergehen, einige Charakteristika hinzugefügt werden, die den rationalen Eigensinn von kapitalistischen Märkten ausdrücken.

Das erste Charakteristikum ist die *allseitige Konkurrenz:* Damit sich aus dem Zusammenhang von Angebot und Nachfrage unter Marktbedingungen der Preis von T bilden kann, muss er formbar sein, muss sich ebenso drücken wie hochtreiben lassen. Das erfolgt idealiter durch Wettbewerb vieler Unternehmer um Abnehmer, die die komparativ höchsten Preise zahlen wollen, und gleichzeitig (aber nicht gleichsinnig) durch Wettbewerb vieler Abnehmer um Waren, für die sie die komparativ niedrigsten Preise zahlen müssen. Das sprichwörtliche »Spiel von Angebot und Nachfrage« ist also ein Zusammenspiel von *zwei* Wettbewerben auf zwei Seiten, der Seite der Anbieter einer Ware und der Seite der Nachfrage einer Ware. Nicht nur die Unternehmer bzw. Anbieter, auch die Abnehmer konkurrieren. Allseitige Konkurrenz als solche, ohne weitere Bedingungen, böte allerdings noch keine berechtigten Erwartungen, dass der Markt auch allseitig wünschenswerte Ergebnisse hervorbringt. Es könnte ja auch die allseitige Konkurrenz von gewaltbereiten Hobbes'schen Radikalen sein. Die ökonomische Theorie wird deshalb nicht müde, die allseitige Konkurrenz als eine Konkurrenz von freien informierten Entschei-

21 Kettner, Matthias (2004): *Forschungsfreiheit und Menschenwürde am Beispiel der Stammzellforschung.* In: Beilage zur Wochenzeitung *Das Parlament*, Nr. B 23–24, S.14–22 (http://www.das-parlament.de/2004/23-24/Beilage/003.html).

dern zu modellieren, die sich über die Konkurrenzlage klar sind, die also unter Transparenz und freiwillig allseitig konkurrieren.

Das zweite Charakteristikum lässt sich folgendermaßen fassen: Kapitalistisch funktioniert ein Markt erst dann, wenn er als ein Instrument der *Selbstverwertung von Kapital* genutzt wird. Geldwert wird investiert in der Absicht, diesen Wert dadurch zu vergrößern. Wir sollten daher unterscheiden zwischen naturwüchsig aus dem Bedürfnis wechselseitig vorteilhaften Tauschs entstandenen Märkten (die es ja auch gibt!) und solchen Märkten, die eigens dafür geschaffen werden, um mit ihnen aus Geld mehr Geld zu machen (wobei irgendeine sekundäre Rationalisierung sich immer findet, wie die kursierenden Rechtfertigungen der Aufblähung von Finanzmärkten und Finanzmarktprodukten belegen, die angeblich von großem Nutzen für die produktive Realwirtschaft sein sollen).

Das genannte Charakteristikum hilft vielleicht besser zu verstehen, worin genau die innerhalb der Medizinethik häufig behaupteten »Konflikte« zwischen den Rollenpaaren Kunde/Patient und Anbieter/Abnehmer liegen:

Die allseitige Konkurrenz impliziert Vergleiche von einer Art, die innerhalb eines Arzt-Patient-Verhältnisses, so wie wir dieses Verhältnis (derzeit noch) verstanden wissen wollen, stören würden. Ärzte beargwöhnen bereits Patienten, die ausgerüstet mit Vergleichen aus Informationen über existierende Behandlungsmöglichkeiten und deren Vor- und Nachteile zu ihnen kommen. Sie würden noch mehr Probleme haben mit Patienten, die überdies auch noch Preisinformationen hätten. Man stelle sich vor: Ein Patient erklärt dem Arzt X, der ihm eine operative Ausräumung der Nebenhöhlen vorschlägt, diese Operation biete Arzt Y aber viel preisgünstiger an.[22]

Ich meine, es gibt grundsätzlich diskrepante moralische Intuitionen zum Stellenwert des Gewinninteresses im Kontext von Krankenbehandlung. Zur Marktförmigkeit gehört wohl nicht konstitutiv ein reines, selbstzweckhaftes finanzielles Gewinninteresse, sondern lediglich ein geteiltes Interesse an der Erleichterung von wechselseitig vorteilhaftem Tausch. Zum kapitalistischen Markt aber *gehört* das fi-

22 Vgl. hiermit ein Szenario, worin der Patient demselben Arzt erklärt, er habe erfahren, daß die operative Ausräumung eine hohe Rezidivwahrscheinlichkeit habe und die pharmakologische Behandlung seiner polypösen Sinusitis mit Hilfe von cortisonhaltigen Nasentropfen eine viel sanftere Alternative sei. Das Internet mit seinen vielfältigen Möglichkeiten für medizinische Laien, an Information über medizinische Behandlungsmöglichkeiten zu kommen, unterstützt eher Typ-II-Szenarien. Typ-I-Szenarien hingegen wirken (heute noch) seltsam unwirklich. – Das vorgeschlagene Gedankenexperiment ist nicht als Argument gegen Kostentransparenz in der Arzt-Patient-Beziehung gemeint. Für Kostentransparenz spricht der einfache Gedanke, dass kostenbewusstes Entscheiden *prima facie* moralisch gut ist, wenn die Alternative die Verschwendung von Ressourcen, die Bedürftigen zustehen, ist; und dass nur derjenigen sich kostenbewusst entscheiden kann, der die Kosten kennt.

nanzielle Gewinninteresse konstitutiv. Kapitalistische Marktteilnehmer ohne ein Interesse an finanziellem Gewinn als solchem wären keine.

Ich möchte diese Vermutung für die Vertiefung der Kommerzialisierungsanalyse nutzen und zwei Bedingungen formulieren, die die im ersten Abschnitt bereits genannten Bedingungen erweitern. Bereits formuliert waren folgende Bedingungen:

1. Bedingung der *Warenförmigkeit* (›Kommodifizierung‹): Ein Markt erzeugt eine Kunden- und Verkäuferrolle mit Bezug auf die Transaktion T (=Menschen, die T erwerben und solche, die T anbieten wollen). Ein impliziertes Merkmal dieser Rollen ist das Privateigentum – ohne das kann eine Ware nicht ihren Eigentümer wechseln.
2. Bedingung der *Monetarisierung*: Ein Markt für T versieht T mit einem Kaufpreis.
3. Bedingung der *Ökonomisierung*: Ein Markt unterstellt T einer ökonomischen Normativität, der im wirtschaftlichen Handeln im Rahmen eines bestimmten Wirtschaftssystem jeweils investierten Rationalitäts- und Moralstandards.

Mit den folgenden beiden Bedingungen wird jene Steigerung abgebildet, die Kommerzialisierungs- bzw. Vermarktlichungsprozesse über einfache wirtschaftliche Ökonomisierungsprozesse (1 & 2 & 3) hinaushebt (4) und spezifisch kapitalistisch macht (5):

4. Bedingung für *schwache Kommerzialisierung*: Die wirtschaftliche Normativität wird zum Ausdruck einer Wertschätzung von Profit als solchem.
5. Bedingung für *totale Kommerzialisierung*: Die wirtschaftliche Normativität wird zum Ausdruck der alleinigen Wertschätzung von Profit als solchem.

## 5. Ausblick: Diskrepante Intuitionen

Weder mit Bezug auf Märkte überhaupt, noch im Hinblick auf kapitalistische Gesundheits- oder »Medizinmärkte«[23] sind unsere moralischen Intuitionen einheitlich. Die eine Intuition besagt, es sei moralisch verächtlich, mit Krankenversorgung Gewinne machen zu wollen. Ein Vergleich mit der jahrhundertealten Intuition, es sei moralisch verächtlich, mit dem Ausleihen von Geld mehr Geld, also Gewinn machen zu wollen, drängt sich auf. Die andere Intuition besagt: Mit Krankenversorgung Gewinne erzielen zu wollen, ist an sich nicht moralisch verächtlich, ist es gewiss aber dann, wenn dadurch Patienten ein Unrecht, ein moralisch relevanter

23 Kühn, Hagen (2004): *Wettbewerb im Gesundheitswesen?* In: Westfälisches Ärzteblatt H. 6, S. 8–10.

Schaden entsteht. Nota bene: Nicht ›immer nur dann‹, sondern ›schon dann‹, wenn dadurch Patienten ein moralisch relevanter Schaden entsteht.

In dieser zweiten Intuition (die ich teile) liegt allerdings eine anspruchsvolle Forderung: Wir müssten in der Lage sein, zuverlässige Urteile zu bilden über genuine, nach Maßstäben einer professionell integren Expertenperspektive wie nach Maßstäben der aufgeklärten Patientenperspektive bewerteten Behandlungsqualität, *und* zuverlässige Urteile über Preise (Leistungserbringungskosten, Gewinnspannen etc.), *und* wir müssten beides vergleichend aufeinander beziehen können (Transparenz). Denn wenn wir hierzu in der Lage sind, können wir unter Umständen erkennen, ob in einem realistischen Konfliktfall von Gewinnerzielung und Behandlungsqualität die erstere die letztere *dominiert,* im Einzelfall oder der Tendenz nach. Entsprechende Untersuchungs-Designs sind nicht einfach, aber auch nicht unmöglich. Sie müssten sich auf Entscheidungsstrukturen für Einzelfälle[24] ebenso erstrecken wie auf institutionalisierte Anreizsysteme und Kalküle, die den ›Geist‹ einer Organisation mitprägen.[25] Hier besteht ein großer und wichtiger Forschungsbedarf, der nur durch die intelligente Kombination deskriptiver und normativer Zugangsweisen angegangen werden kann.

Im Vorrang von Gewinnerzielung vor Behandlungsqualität liegt offenbar eine vergleichsweise klare moralische Zulässigkeitsgrenze für die Marktförmigkeit von professionellen Leistungen der Krankenversorgung. Der *Vorrang* und genau nur dieser ist moralisch unzulässig. Dieses Moralurteil bezieht seine Gründe aus einer weithin konsenten Ethik des guten und professionellen ärztlichen Handelns.

---

24 Loer, Thomas (2010): *Standardisierung und Fallorientierung in der Arzt/Patient-Interaktion im Krankenhaus.* In: Kettner, Matthias/Koslowski, Peter (Hrsg.): Wirtschaftsethik in der Medizin: Wieviel Ökonomie ist gut für die Gesundheit? München (Wilhelm Fink) (im Erscheinen). Thomas Loer erklärt einen wesentlichen Teil der sogenannten Behandlungsqualität aus dem Arbeitsbündnis von Arzt und Patient. Die Kategorie der Behandlungsqualität ist komplex und keinesfalls auf Mortalitätsraten oder gar Fragebogenbefunde über subjektive Patientenzufriedenheit zu reduzieren, obwohl beide Größen eine Rolle spielen. Komplexität bedeutet auch nicht einfach eine möglichst große Zahl von im einzelnen sicher irgendwie relevanten und irgendwie zusammengerechneten ›Indikatoren‹. Diese Problematik wäre konkret zu untersuchen an dem 400 Indikatoren großen ›4QD‹ Bewertungssystem der Initiative privater Krankenhausträger für ein Internetportal für Qualitätsvergleiche (http://www.qualitätskliniken.de/_data/pdf/presse/Vortrag_Vita_Dr_Mueschenich_QK.pdf).

25 Vgl. Manzeschke, Arne (2010), *Der pauschale Patient. Auswirkungen der DRG auf Professionsethos und Versorgungsqualität.* Wiesbaden (VS-Verlag), im Druck. Vogd, Werner (2009): *Krankenbehandlung als Kultur. Zur Logik der Praxis der Medizin.* In: Baecker, Dirk/Kettner, Matthias/Rustemeyer, Dirk (Hrsg.): Über Kultur. Theorie und Praxis der Kulturreflexion. Bielefeld (transcript), S. 249–269.

# »Ohne Ansehen der Person« – Zur ethischen Unterbestimmtheit der ökonomischen Theorie im Privatisierungsdiskurs

*Arne Manzeschke*

## 1. Die Schädigung Dritter durch eigeninteressiertes Handeln als ethisches Problem

Die Privatisierung von Krankenhäusern trifft in Deutschland auf moralische Bedenken, die kurz gefasst lauten: Das privatwirtschaftliche Handeln von Krankenhausträgern als Unternehmen in einem (Gesundheits-)Markt orientiert sich zuallererst an ihrem spezifischen Eigeninteresse. Ein Krankenhaus ist nämlich als Unternehmen ein »wirtschaftlich-rechtlich organisiertes Gebilde, in dem auf nachhaltig ertragbringende Leistung gezielt wird, je nach der Art der Unternehmung nach dem Prinzip der Gewinnmaximierung oder dem Angemessenheitsprinzip der Gewinnerzielung. Das Gewinnstreben richtet sich zumindest auf angemessene Verzinsung des betriebswirtschaftlichen Kapitals«[1]. Die moralischen Bedenken richten sich nun vor allem gegen die Annahme, dass dieses Gewinnstreben einer angemessenen medizinisch und pflegerischen Versorgung entgegenstehen könnte. Einen Anhalt bietet folgende Überlegung: In einer symmetrischen Markt-Konstellation von Akteuren, die sich mit ihrem jeweiligen Eigeninteresse in einem gemeinsamen Tauschgeschäft einigen, mag dieses eigeninteressierte Handeln des Unternehmens zielführend und ethisch unproblematisch erscheinen. In der asymmetrischen Konstellation, in der Not leidende Menschen, die durch Unfall oder Krankheit der stationären Gesundheitsversorgung bedürfen, auf unternehmerische ›Gesundheitsdienstleister‹[2] treffen, die in praktisch jeder Hinsicht (fachlich, emotional und hinsichtlich ihres Zeithorizonts) überlegen und besser ausgestattet sind, ist das primär eigeninteressierte Handeln des Gesundheitsdienstleisters ethisch bedenklich. Eine weit verbrei-

---

1 o.V. (1997): *Art. »Unternehmung«*. In: Gabler Wirtschaftslexikon. Wiesbaden (Gabler), 14. Aufl., S. 3952–3954; S. 3952.

2 Eine interessante, hier nicht weiter zu verfolgende Frage ist diejenige, ob der Begriff ›Gesundheitsdienstleister‹ nicht ebenso wie der Begriff des ›Kunden‹ einer kritischen Analyse zu unterziehen ist. Dieser wie jener unterschlagen in einer alles vergleichenden Semantik wichtige Unterschiede über das, was sonst noch über Personen, Rollen und soziale Positionen differenzierend zu sagen wäre.

tete moralische Intuition lautet, dass private Dienstleister stärker als kommunale oder freigemeinnützige dazu neigen, ihr ökonomisches Eigeninteresse vor die Interessen der Patientinnen und Patienten zu stellen und ihnen damit schaden könnten[3]. Allgemeiner gesprochen wird gegen eine Privatisierung von Krankenhäusern argumentiert, weil die hier dominierende Marktlogik zu einer Interessenkollision führe, in der die Interessen der Schwächeren, also der Patientinnen und Patienten, zugunsten der Stärkeren, also der Krankenhausträger, vernachlässigt werden. Aus ethischer Perspektive hat jedoch der Gesundheitsdienstleister die Perspektive des anderen, Schwächeren nicht nur mit zu berücksichtigen, sondern sogar *vor* seine eigenen Interessen zu stellen und ihm auf keinen Fall durch die Verfolgung eigener Interessen zu schaden.

In diesem Beitrag verfolge ich den zunächst sehr holzschnittartig konstruierten Gegensatz von unternehmerischem Eigeninteresse und moralischer Verantwortung für den Anderen anhand von drei ethischen Konzeptionen, um eine möglichst umfassend ethische Argumentation hinsichtlich der Privatisierung von Krankenhäusern in Deutschland zu gewinnen. Zunächst verweise ich auf die Pflichtenethik von *Immanuel Kant* und zeige, ob und wieweit in dieser Konzeption das Wohlergehen des Anderen vor das eigene Wohlergehen zu stehen kommt. Zweitens greife ich auf die wirtschaftsethische Konzeption von *Peter Ulrich* zurück, der im Gefolge der kantischen Ethik eine »philosophisch begründete Vernunftethik des Wirtschaftens« entwirft, die »der Logik der ökonomischen Sache auf den Grund leuchten will«[4]. In dieser grundsätzlichen Ausrichtung gewinnt die Frage nach den inhaltlichen Zielen des Wirtschaftens im Bezug auf die medizinische und pflegerische Versorgung von Bürgerinnen und Bürgern in einem Gemeinwesen einmal eine Zuspitzung hinsichtlich der Sinnorientierung und Legitimation des Wirtschaftens. Zum anderen erweitert diese Fragestellung die häufig verkürzende bereichsethische ökonomische Diskussion um die politischen und moralischen Momente. Drittens beziehe ich mich auf den ethischen Entwurf von *Emmanuel Levinas*, der das Verhältnis von Eigeninteresse (*conatus*) und Verantwortung für den Anderen in einer prinzipiellen philosophischen Sicht bestimmt und dabei gerade für den Bereich der medizinischen und pflegenden Sorge für den Anderen zentrale Punkte herausarbeitet, die bei der ethischen Reflexion von Privatisierungsbestrebungen im Kranken-

---

3 Der Status eines privaten Trägers muss nicht zwangsläufig mit Ausschüttung von Gewinnen an Shareholder verknüpft sein. Hier greift die öffentliche Debatte nicht selten zu kurz. Zur näheren Unterscheidung siehe den Beitrag von Franziska Prütz in diesem Band.

4 Ulrich, Peter (2009): *Die Wirtschaft in einer wohlgeordneten Gesellschaft. Ein wirtschaftsethischer Orientierungsversuch*. In: Haubl, Rolf/Hausinger, Brigitte (Hrsg.): Supervisionsforschung: Einblicke und Ausblicke. Göttingen (Vandenhoeck & Ruprecht), S. 208–229, S. 210.

hauswesen zu bedenken sind. Ich schließe mit einem Ausblick, der auch als Rückblick auf eine noch zu führende Debatte angesichts der bereits geschaffenen Tatsachen verstanden werden soll.

## 2. Eigeninteresse als natürliches und moralisches Moment

Ohne hier auf die weitläufigen Diskussionen um das Eigeninteresse[5] und seine historischen und systematischen Zusammenhänge mit den Begriffen Eigennutz, Selbstliebe[6], Selbsterhaltung[7] oder Selbstsorge[8] eingehen zu können, ist es doch nötig, eine Überlegung vorzuschalten. Um hier präziser zu argumentieren, greife ich eine gängige Unterscheidung auf. Danach gibt es eine Form von Eigeninteresse, die als vormoralisch oder ethisch neutral angesehen wird und gewissermaßen die Vitalität des Menschen bezeichnet, mit der er sich gegen das Leben beschränkende und gefährdende Faktoren zu behaupten vermag. Solche Form des Eigeninteresses wird häufig Selbstliebe oder Selbsterhaltung genannt und als natürliche Anlage des Menschen verstanden. Spinoza spricht vom *conatus essendi* als einem Fundament und Prinzip menschlicher Selbsterhaltung: »Das Selbsterhaltungsstreben ist die erste und einzige Grundlage der Tugend. Denn vor diesem Princip kann kein anderes gedacht werden und ohne dasselbe kann keine Tugend gedacht werden« [9]. Als natürlicher Ausgangspunkt menschlichen Verhaltens scheint diese Form des Eigeninteresses noch außerhalb ethischer Betrachtungen zu stehen. Diese Position, die vormorali-

---

5 Vgl. Hirschman, Albert O. (1980): *Leidenschaften und Interessen. Politische Begründungen des Kapitalismus vor seinem Sieg*, Frankfurt (Suhrkamp). Hirschman rekonstruiert wirtschaftsgeschichtlich den Wandel der in der christlichen Tradition als Sünde begriffenen Eigenschaften Selbstliebe, Geiz und Habgier zu am Markt legitimen Interessen. Luijk, Henk J. L. van (1992): *Unternehmensethik. Auf der Suche nach einem Gleichgewicht zwischen Interessen, Rechten und Pflichten.* In: Koslowski, Peter (Hrsg.): Neuere Entwicklungen in der Wirtschaftsethik und Wirtschaftsphilosophie, Berlin (Springer), S. 157–176, bes. S. 159ff..

6 Mulsow, Martin (1995): *Art. »Selbsterhaltung«.* In: Historisches Wörterbuch der Philosophie, hrsg. von Ritter, Joachim/Gründer, Karlfried, Darmstadt (Wissenschaftliche Buchgesellschaft), Bd. 9, Sp. 393–406.

7 Dierse, Ulrich (1995): *Art. »Selbstliebe«.* In: Historisches Wörterbuch der Philosophie, hrsg. von Ritter, Joachim/Gründer, Karlfried, Darmstadt (Wissenschaftliche Buchgesellschaft), Bd. 9, Sp. 465–476.

8 Vgl. insbesondere Foucault, Michel (1986): *Die Sorge um sich. Sexualität und Wahrheit Bd. 3*, Frankfurt (Suhrkamp); Schmid, Wilhelm (2000): *Auf der Suche nach einer neuen Lebenskunst. Die Frage nach dem Grund und die Neubegründung der Ethik bei Foucault,* Frankfurt (Suhrkamp).

9 Spinoza, Baruch (1980): *Opera* [1677]. Werke in zwei Bänden, hrsg. von Konrad Blumenstock, Darmstadt (Wissenschaftliche Buchgesellschaft), Bd. 2, S. 417 (= Ethica IV, propos. XXII, cor.).

sche Selbsterhaltung und moralisch konnotiertes Eigeninteresse kategorial voneinander scheidet, ist jedoch nicht hilfreich. Mit Emmanuel Levinas bin ich der Auffassung, dass eine am Selbstsein und Selbstbleiben orientierte Ontologie, Ethik oder Anthropologie zu kurz greift. Es geht auch nicht darum, das Eigeninteresse moralisch zu verdächtigen, sondern zu verstehen, dass eine auf ihm als vorrangigem oder gar alleinigem Prinzip aufbauende Reflexion menschlicher Existenz unzureichend ist. Selbsterhaltung eines Menschen hat, weil sie mit der Selbsterhaltung anderer Leben konfrontiert ist, immer eine ethische Komponente[10]. Nicht erst dort, wo Selbsterhaltung und Eigeninteresse die Sphäre anderer Menschen, anderer Lebewesen, gemeinsamer Güter oder auch der Umwelt tangiert, besteht die Gefahr, dass diese eingeschränkt oder geschädigt werden. Im Sinne einer minimalen Bestimmung ließe sich jedoch vorerst sagen: »Handlungen aus Eigeninteresse verdienen an sich nicht eine negative moralische Qualifikation. Die Moral erkennt ihre grundsätzliche Legitimität an, solange andere nicht zu Schaden kommen«[11].

Zugleich wird mit dem Auftreten der verschiedenen Eigeninteressen die Frage der Gerechtigkeit virulent: Wer erhält mit welchen Gründen welchen Anteil an den Gütern oder an der Wertschöpfung? Es steht also außer Zweifel, dass das eigeninteressierte Handeln des Menschen einer Einhegung bedarf, damit Menschen menschlich miteinander leben können und gemeinsame Güter, andere Lebewesen oder Lebensräume geschützt werden. Mit welchen Mitteln diese Einhegung erfolgt, ist eine zweite Frage, die ihrerseits einer ethischen Begründung bedarf. Das sei schon einmal im Vorgriff auf die ökonomische Argumentation gesagt, die eine mehr oder minder moralfreie Einhegung des Eigeninteresses durch die Mechanismen des Marktes für die effizienteste und produktivste Koordination der verschiedenen Interessen erachtet. Für unsere Fragestellung ist es also von Interesse, an welchem Punkt spätestens das eigeninteressierte Handeln von privaten Krankenhausträgern ethisch relevant wird, sofern dadurch andere geschädigt werden *könnten*. Der Konditionalis zeigt an, dass die ethischen Reflexion hier in erster Linie prospektiv ansetzt: Schäden sollen von vornherein vermieden werden und nicht erst retrospektiv erklärt und kompensiert werden.

---

10 »Sich wegen seiner Daseinsberechtigung ver-antworten müssen, nicht unter Berufung auf die Abstraktion irgendeines anonymen Gesetzes, auf irgendeine juristische Einheit, sondern aus Furcht um den Anderen. Sind mein ›In-der-Welt-Sein‹ oder mein ›Platz an der Sonne‹, mein Zuhause nicht schon Usurpationen eines Platzes, der anderen gehört, die von mir unterdrückt oder ins Elend gestürzt, in eine ›Dritte Welt‹ geschickt werden: ein Zurückstoßen, Ausschließen, Der-Kleider-berauben, Töten«; Levinas, Emmanuel (1995): *Vom Einen zum Anderen. Transzendenz und Zeit.* In: Ders., Zwischen Uns. Versuche über das Denken an den Anderen, München/Wien (Carl Hanser), S. 167–193; S. 181.

11 Luijk 1992, S. 161f.

## 3. Kant: Pflichten gegen sich selbst und gegen andere

Kant sieht das Selbsterhaltungsstreben als Element sowohl der animalischen wie der vernünftigen Natur des Menschen an und gesteht ihm eine Pflicht zur Selbsterhaltung zu (Zweck der eigenen Vollkommenheit[12]). Das heißt, es besteht die moralische Forderung, sich um sich selbst zu kümmern, einmal in dem Sinne, dass der Mensch schlicht zu überleben habe, aber auch zur Gestaltung und Steigerung der eigenen Lebensmöglichkeiten in Form von Bildung oder gesunder Lebensweise[13]. Daneben bestehen für den Menschen als moralischem Wesen aber auch Pflichten der Achtung und der Liebe gegenüber allen anderen Menschen (Zweck der fremden Glückseligkeit). »Die Maxime des Wohlwollens (die praktische Menschenliebe) ist aller Menschen Pflicht gegen einander«[14], formuliert Kant kategorisch. Praktisch ist diese Menschenliebe, weil sie »Wohltun zur Folge hat«[15]. Kant benennt solche Wohltätigkeit anderen gegenüber als eine Pflicht, die aus dem Kategorischen Imperativ erwächst: »Wohltätig, d. i. anderen Menschen in Nöten zu ihrer Glückseligkeit, ohne dafür etwas zu hoffen, nach seinem Vermögen beförderlich zu sein, ist jedes Menschen Pflicht«[16]. Neben der moralischen Verpflichtung weist Kant auch auf die ästhetische (im Sinne der Wahrnehmung) Dimension eines tätigen Mitgefühls hin. Auch wenn diese *sympathia moralis* als sinnliches Gefühl die Gefahr mit sich bringt, dass »wohldenkende Personen« in »ihren überlegten Maximen in Verwirrung« geraten und sich nach der Klarheit »allein der gesetzgebenden Vernunft«[17] sehnen mögen, so ist die aus dem Mitgefühl entspringende Not wendende Hilfe doch eine »moralische Zierde«. Würde man auf sie verzichten, so würde dieser Welt etwas Fundamentales fehlen, nämlich »die Welt als ein schönes moralisches Ganzes in ihrer ganzen Vollkommenheit darzustellen«[18]. Auch wenn Mitleid bzw. Mitfreude am Schicksal der Anderen für Kant »an sich selbst nicht Pflicht« ist, »so ist es doch tätige Teilnahme an ihrem Schicksal und zu dem Ende also indirekte Pflicht, die

---

12 Kant, Immanuel (2005): *Metaphysik der Sitten* [1797]. In: Ders., Werke in sechs Bänden, hrsg. von Weischedel, Wilhelm, Darmstadt (Wissenschaftliche Buchgesellschaft) Bd. IV, S. 515 (=MST).

13 Kant, MST, bes. Ethische Elementarlehre § 5–22, S. 553–583. Vgl. insgesamt zum Problem Steigleder, Klaus (2002): *Kants Moralphilosophie. Die Selbstbezüglichkeit reiner praktischer Vernunft*, Stuttgart/Weimar (J.B. Metzler), bes. S. 241ff..

14 Kant, MST, § 27, S. 587.

15 Kant, MST, § 24, S. 585.

16 Kant, MST, § 30, S. 589.

17 Kant, Immanuel (2005): *Kritik der praktischen Vernunft* [1788]. In: Ders. Werke in sechs Bänden, hrsg. von Weischedel, Wilhelm Darmstadt (Wissenschaftliche Buchgesellschaft), Bd. IV, S. 248 (=KrV).

18 Kant, MST, § 35, S. 595.

mitleidige natürliche (ästhetische) Gefühle in uns zu kultivieren, und sie, als so viel Mittel zur Teilnehmung aus moralischen Grundsätzen und dem ihnen gemäßen Gefühl zu benutzen. – So ist es Pflicht: nicht die Stellen, wo sich die Armen befinden, zu umgehen, sondern sie aufzusuchen, die Krankenstuben, oder die Gefängnisse der Schuldner u. dergl. zu fliehen, um dem schmerzhaften Mitgefühl, dessen man sich nicht erwehren könne, auszuweichen; weil dieses doch einer der in uns von der Natur gelegten Antriebe ist, dasjenige zu tun, was die Pflichtvorstellung für sich allein nicht ausrichten würde«[19]. Es gibt nach Kant ein den moralischen Grundsätzen gemäßes Gefühl, das einzusetzen (und zu kultivieren) ist, um auf humanes Weise an der Not des anderen Menschen teilzunehmen und ihm – soweit möglich – wohl zu tun. »Der Weg führt nach Kant nicht von zufälligen Gefühlen als Handlungsgründen zu Zwecksetzungen und Handlungen, sondern von praktischer Einsicht zu dem Bemühen um Grundsätze der eigenen Zweckverfolgung und des eigenen Handelns, das sich dann auch auf die eigenen Gefühle auswirken kann und auch von dieser Seite Unterstützung erfahren kann«[20]. Kant billigt also auch dem natürlichen ästhetischen Gefühl eine für das Handeln bedeutsame Rolle zu, er sieht es sogar als ›indirekte Pflicht‹ an, solche Sensibilität zu kultivieren, denn erst im Zusammenspiel von Pflichterkenntnis und Mitgefühl erweise sich der Mensch als ganzer und wahrer Mensch, als intelligibles und sensibles Wesen.

Die Pflicht, anderen gegenüber sich wohltätig zu erweisen und ihnen zu helfen, sofern diese Hilfe nicht die eigenen Möglichkeiten übersteigt oder anderen Pflichten widerspricht, begründet Kant mit der Pflicht, den anderen Menschen als Zweck an sich zu betrachten und ihn deshalb darin zu unterstützen, diese Selbstzweckhaftigkeit zu realisieren: »Wenn es also auf Glückseligkeit ankommt, worauf, als meinen Zweck, hinzuwirken es Pflicht sein soll, so muß es die Glückseligkeit anderer Menschen sein, deren (erlaubten) Zweck ich hiemit auch zu dem meinigen mache«[21].

Kant gibt in diesem Zusammenhang zu bedenken, dass es nicht sinnvoll sei, das Leiden anderer durch eigenes Mitleiden zu vergrößern, wenn man selbst nicht in der Lage sei, dem Leiden des anderen abzuhelfen: »In der Tat, wenn ein anderer leidet und ich mich durch seinen Schmerz, dem ich doch nicht abhelfen kann, auch (vermittelst der Einbildungskraft) anstecken lasse, so leiden ihrer zwei; ob zwar das Übel eigentlich (in der Natur) nur Einen trifft. Es kann aber unmöglich Pflicht sein, die Übel in der Welt zu vermehren, mithin auch nicht, aus Mitleid wohl zu tun; wie

19 Kant, MST, § 35, S. 595.

20 Steigleder 2002, S. 261.

21 Kant, MST, S. 518.

dann dies auch eine beleidigende Art des Wohltuns sein würde, indem es ein Wohlwollen ausdrückt, was sich auf den Unwürdigen bezieht und Barmherzigkeit genannt wird, unter Menschen, welche mit ihrer Würdigkeit, glücklich zu sein, eben nicht prahlen dürfen, und respektiv gegeneinander gar nicht vorkommen sollte«[22].

Ich möchte im Anschluss an Kant – vielleicht nicht ganz im Sinne Kants – zwischen Mitgefühl und Mitleid unterscheiden. Die moralische Verpflichtung gegenüber dem kranken Menschen besteht meines Erachtens in einem *Mitgefühl*, das einerseits – wie Kant es sagt – die Orte der moralischen Inanspruchnahme nicht flieht und andererseits um die Grenzen der eigenen Hilfe und Empathie weiß. Gesundheitsdienstleister als Organisationen wie als Einzelpersonen beziehen die Legitimation ihres professionellen Handelns aus der Tatsache, dass sie physische (und psychische) Not lindern können, dass sie Orte bieten, an denen die Hilfe und das Mitgefühl gewissermaßen institutionalisiert werden. Sie sollen aus Mitgefühl helfen und nicht aus Mitleid, weil letzteres den Leidenden zusätzlich zu seinem Leid noch beleidigt und herabwürdigt. Vereinfacht könnte man sagen, dass *Mitleid* und aus Mitleid erwachsene Hilfe in erster Linie dazu dienen, dass der Helfende sich besser fühlt und er im Helfen seine überlegene Position ausspielt. Der Mitleidende macht das Leid des anderen zum Ausgangspunkt seines eigenen moralischen Besserungsstrebens – er moralisiert. Das im Mitleid Gefühlte dient dann vor allem der eigenen psychischen Erleichterung, die sich mit der erbrachten Hilfe einstellt. Dem Leidenden mag vordergründig geholfen sein, aber er ist bei diesem Akt eigentlich nicht gemeint. So bleibt er trotz Hilfe beschämt und beschädigt zurück. Im Unterschied dazu geht es dem Mitfühlenden darum, dem Notleidenden um seiner selbst willen zu helfen. Er weiß sich ihm moralisch verpflichtet und erfährt im Mitgefühl die Not des anderen als eine Not, die aus der Welt geschafft werden muss – und er kann dazu beitragen.

Kants deontologische Ethik leitet also dazu an, das Eigeninteresse gegenüber dem Not leidenden, kranken Menschen erstens aus Pflicht zurückzustellen, sofern man in der Lage ist, mit den eigenen Mitteln dem anderen aus seiner Not zu helfen. Diese Pflicht gilt sogar dann, wenn keine Aussicht auf Kompensation der eingesetzten Mittel besteht. Zweitens, und diesen Aspekt sollte man nicht geringer einstufen als die moralische Pflicht, besteht die Forderung, aus Mitgefühl zu handeln,

---

22 Kant, MST, § 34, S. 594. – Es kann hier nicht näher darauf eingegangen werden, ob Kant mit seiner Kritik am Mitleid die ›institutionalisierte Barmherzigkeit‹ der christlichen Werke wie Diakonie und Caritas meint. Sicher wird man in der konkreten Praxis immer wieder auf solche entwürdigenden Formen des dann auch pathologischen Mitleids stoßen. Das ändert aber nichts am grundsätzlichen Anspruch dieser Einrichtungen, mit ihren ›Werken der Barmherzigkeit‹ gerade die Würde des Leidenden zu stärken bzw. sie ihm zurück zu geben.

denn mit diesem Gefühl realisiert der Mensch sich erst eigentlich als Mensch und macht die Welt zu einer moralisch vollkommeneren.

Bezogen auf die Erbringer von Gesundheitsdienstleistungen im stationären Sektor besteht wenig Zweifel, dass sie Not und Leiden von kranken Menschen lindern, wenn nicht sogar völlig beseitigen können. Sie tun dies in einer arbeitsteiligen Gesellschaft stellvertretend für alle anderen und kommen damit der von Kant geforderten Pflicht zum Wohltun nach. Man wird sogar vermuten dürfen, dass sie diese Pflicht sehr häufig mit einem Mitgefühl für den Leidenden verbinden. Dies gilt sowohl auf der individuellen Ebene der Professionellen aus Medizin, Pflege, Seelsorge wie auch auf der organisationalen Ebene der Krankenhäuser und Verbände. Auch sie wissen sich in abgeleiteter Form zum Wohltun verpflichtet und haben das Mitgefühl gewissermaßen institutionalisiert.

Fraglich ist nun, ob diese ›institutionalisierte Barmherzigkeit‹ durch ökonomische Interessen des Krankenhausträgers eingetrübt wird und sich das in einer schlechteren Versorgung der Patientinnen und Patienten niederschlägt, was als Schädigung Dritter zu qualifizieren und zu kritisieren wäre. Dabei darf nicht aus dem Auge verloren werden, dass ein ökonomisches Eigeninteresse womöglich nicht nur private Träger in ihrer Leistungserbringung korrumpiert, sondern das ebenso für kommunale und freigemeinnützige Träger in Betracht gezogen werden muss[23].

## 4. Exkurs: Empirische Beobachtungen aus der stationären Pflege

Betrachtet man die Situation der Pflege im stationären Sektor trägerübergreifend, so fällt zunächst auf, dass diese Berufsgruppe im Zeitraum von 1995 bis 2005 von einem »fulminante[n] Personalabbau«[24] betroffen war; 48 000 Vollzeitäquivalente (-13,5%) wurden hier abgebaut, ohne dass deswegen das Arbeitsvolumen in dem gleichen Maße gesenkt worden wäre. Man wird den massiven Personalabbau nicht

23 In diesem Zusammenhang begegnen häufig die Argumente, dass man die Vernachlässigung ökonomischer Parameter gerade in kommunalen Einrichtungen in früheren Jahren nicht beschönigen dürfe, dass auch zu Zeiten mit weniger Kostendruck das Verhältnis zu den Patientinnen und Patienten nicht immer von Zuwendung und Aufmerksamkeit geprägt war, und schließlich gerade das ökonomische Denken die ›Kundenorientierung‹ und damit die Aufmerksamkeit für die Bedürfnisse (und Ansprüche) der Patientinnen und Patienten in Erinnerung gebracht habe. Das ist in weiten Teilen richtig, nur geht es mir nicht darum, rückblickend irgendwelche Zustände zu rechtfertigen oder gar zurückzuwünschen; vielmehr frage ich auf der Grundlage der heute möglichen Ein- und Übersicht, wie wir jetzt und in Zukunft unser Gesundheitswesen gestalten wollen.

24 Isfort, Michael/Weidner, Frank (2007): *Pflege-Thermometer 2007. Eine bundesweite repräsentative Befragung zur Situation und zum Leistungsspektrum des Pflegepersonals sowie zur Patientensicherheit im Krankenhaus*, hrsg. vom Deutschen Institut für angewandte Pflegeforschung e.V. (dip), Köln, S. 46.

allein mit der Schließung von rund 80 000 Krankenhausbetten im gleichen Zeitraum begründen können, denn zwischen 1997 und 2007 ist die Zahl der Vollzeitkräfte im ärztlichen Bereich von 105 618 auf 126 000 (+ 19,3%) gestiegen. Ein guter Indikator für einen erhöhten Arbeitsaufwand im Bereich der stationären Pflege sind die erbrachten Überstunden, die von 2005 auf 2006 noch einmal um 13% gestiegen und im Jahre 2007 mit 9 Mio. Überstunden etwa 5 000 Vollzeitäquivalenten[25] entsprachen. Die in der Pflege überdurchschnittlich hohen Krankheitszahlen dürften ebenfalls ein Indiz für die hohe Arbeitsbelastung sein, die sich quantitativ durch höhere Fallzahlen, eine höhere Betreuungsbedürftigkeit der Patientinnen und Patienten sowie einen erhöhten Aufwand in der Koordination, Administration und Dokumentation niederschlagen. Im Zeitraum von 1994 bis 2005 ist die Belastungszahl des Pflegedienstes von 45,3 Patienten auf 55,8 gestiegen, was einem Plus von 23% entspricht[26]. Es verwundert nicht, dass unter diesen verschärften Bedingungen 40% der Pflegedirektionen angeben, »dass die Möglichkeit, eine qualitativ hochwertige Pflege anzubieten, in den letzten beiden Jahren gesunken sei. 30% bemerken sogar ein Absinken der Möglichkeit, eine ausreichende Versorgung anzubieten!«[27]. Als Grund hierfür wird nach Angaben des Deutschen Instituts für Pflegeforschung (dip) immer wieder der reduzierte Kontakt mit den Kranken genannt. Mit der Kontakthäufigkeit sinke auch die »Möglichkeit der Krankenbeobachtung«[28] und damit die Qualität der Pflegeleistungen. In ihrer Analyse führen die Forscher vom dip noch aus: »Eine weitere paradoxe Entwicklung zeichnet sich inhaltlicher Art ab. Das derzeit beschäftigte Krankenpflegepersonal kann anscheinend nur mit Mühe und nicht mehr flächendeckend die Leistungen der Überwachung, Lagerung, angemessenen Schmerz- und Essenversorgung und Mobilisierung sicherstellen. Zusätzlich sollen aber zukünftig neue Aufgabengebiete, auch aus bislang ärztlicher Tätigkeit, erschlossen und eigenverantwortlich durchgeführt werden. Es steht zu befürchten, dass dies entweder auf Widerstand beim Krankenpflegepersonal selbst stoßen wird, dass die Qualität der zusätzlichen Arbeiten nicht gesichert werden kann oder aber sich die *Qualität der Kernaufgaben weiter reduziert*«[29]. In die gleiche Richtung weisen Ergebnisse des Forschungsprojekts »Wandel von Medizin und

25 Isfort/Weidner 2007, S. 5.

26 Zahlen nach Slotala, Lukas/Bauer, Ullrich (2009): *»Das sind bloß manchmal fünf Minuten, die fehlen«. Pflege zwischen Kostendruck, Gewinninteressen und Qualitätsstandards.* In: Pflege & Gesellschaft 14. Jg., H. 1, S. 54–66, S. 60.

27 Isfort/Weidner 2007, S. 6.

28 Isfort/Weidner 2007, S. 38.

29 Isfort/Weidner 2007, S. 47 [Hervorhebung A.M.].

Pflege im DRG-System« (WAMP). Hinsichtlich der psychosozialen Versorgung der Patientinnen und Patienten kommen die Forschenden zum Ergebnis, dass weder ärztliches noch pflegerisches Personal hierfür die nötige Zeit findet. Die Folge: »Auch bei den Pflegekräften herrscht also ein ausgeprägtes Spannungsverhältnis zwischen dem Anspruch, psychosoziale Versorgung erbringen zu wollen und einer Praxis, die ihnen dies in den meisten Fällen nicht oder nicht ausreichend gestattet. Deutlich wird auch, dass die Hoffnung der Ärzte, die Pflege könne ihnen diese Aufgabe abnehmen, nicht erfüllt wird. Da diese Fragen Kernbereiche des traditionellen pflegerischen Berufsbildes berühren, muss befürchtet werden, dass unter DRG-Bedingungen diese Normen so unter Druck geraten sind, dass sich im pflegerischen Selbstverständnis (…) eine Anpassung an die Praxis vollzieht«[30].

In den vergangenen zehn Jahren haben im Bereich der Pflege eine massive Arbeitsverdichtung (Intensivierung und Beschleunigung), Arbeitsvermehrung (der bekannten Tätigkeiten) und Arbeitsanreicherung (Hinzukommen neuer Aufgaben) stattgefunden[31]. Diese resultieren wesentlich aus einer Ökonomisierung des gesamten Sektors im Sinne von Prozessoptimierung, Kosteneinsparung und Gewinnorientierung – und dies gilt zunächst einmal unabhängig von der Trägerschaft. Auch wenn die einzelnen Personen es nicht wollen, so stellen sie doch faktisch die ökonomischen Interessen des Krankenhauses vor die moralische Verpflichtung gegenüber dem Patienten. Auch wenn es die einzelnen Organisationen nicht wollen, so können sie sich doch dem Konkurrenzdruck am Krankenhausmarkt nicht entziehen und orientieren Behandlungsentscheidungen an den Kriterien der Verlustvermeidung und der Gewinnerzielung. Unter dem Strich bedeutet das, dass Einbußen in der Versorgung hingenommen werden, weil die ökonomischen Anforderungen an das Unternehmen Krankenhaus scheinbar keine anderen Möglichkeiten lassen.

Der Verlust an Leistungsqualität, Motivation und Arbeitszufriedenheit, der mit diesen Entwicklungen verbunden ist, wird noch einmal von einer ganz anderen Seite bestätigt. Die »Ergebnisse einer qualitativen Befragung von Supervisor/innen zum Innenleben von Organisationen in Deutschland im wirtschaftlichen und nichtwirtschaftlichen Bereich« hat für den Aspekt der Qualität gezeigt: »Um die Qualität von Arbeitsleistungen zu sichern und zu steigern, werden Beschäftigte zunehmend einer zeitaufwändigen Dokumentations- und Evaluationspflicht unter-

---

30 Braun, Bernard/Buhr, Petra/Klinke, Sebastian/Müller, Rolf/Rosenbrock, Rolf (2010): *Pauschalpatienten, Kurzlieger und Draufzahler – Auswirkungen der DRGs auf Versorgungsqualität und Arbeitsbedingungen im Krankenhaus*, Bern (Huber), S. 202f..

31 Vgl. außerdem: Manzeschke, Arne (2009): *Zum Einfluss der DRG auf Rolle und Professionsverständnis der Ärztinnen und Ärzte*. In: Schweizerische Gesellschaft für Biomedizinische Ethik (Hrsg.), SGBEbulletinSSEB No. 59, S. 11–13.

worfen. Während sich entsprechende Verwaltungsstellen in Organisationen unverhältnismäßig vermehren, kostet es die Beschäftigten unangemessen viel Zeit, dieser Pflicht nachzukommen, so dass sich ihre Arbeitsleistungen verschlechtern. Der permanente Zwang, sich innovativ zu zeigen, geht zunehmend auf Kosten der Arbeits- und Leistungsqualität«[32]. Dieser Befund aus der Sicht von professionellen Beobachtern von Organisationen ist insofern bemerkenswert, als er zeigt, dass es sich hier offenbar um ein breiteres Phänomen als ›nur‹ eine angespannte Situation in den Krankenhäusern aufgrund einer relativ neuen Erlösorientierung der Träger. Das legt es nahe, das Problem der Privatisierung in einem breiteren Kontext, nämlich dem der *Ökonomisierung* [33] zu diskutieren.

Dieser Befund leitet über zum nächsten Schritt, einer wirtschaftsethischen Analyse der Situation. Es stellt sich die Frage, wie diese *Ökonomisierung des Gesundheitswesens* genauer zu verstehen ist, und ob sich von hier aus erkennen lässt, ob und in welchem Maße private Krankenhausträger stärker als andere Träger durch eigeninteressiertes Handeln die moralische Verantwortung für die Patientinnen und Patienten zurückstellen und damit schädigend wirken.

## 5. Peter Ulrich: Integrative Wirtschaftsethik

Ich beziehe mich im Folgenden wesentlich auf die wirtschaftsethischen Überlegungen von Peter Ulrich, der den Zusammenhang von Ökonomik und Ethik aus der inneren Logik des Wirtschaftens selbst heraus stark zu machen sucht. Ulrich baut auf Kants Ethik auf und versteht die Wirtschaftsethik als Grundlagenreflexion, welche als »Interdisziplin im Spannungsfeld zweier in der Moderne gleichermaßen geschichtsmächtiger Rationalisierungsprojekte« fungiere. Diese beiden Rationalisierungsprojekte, auf der einen Seite die moderne Ethik, die sich »um die Begründung intersubjektiver Verbindlichkeit der unbedingten wechselseitigen Anerkennung der Personen als Wesen gleicher Würde und entsprechend reziproker moralischer Rechte und Pflichten« bemühe, auf der anderen Seite die moderne Ökonomik, die sich als ›reine Ökonomik‹ auf »einen einzigen gesellschaftlichen Rationalitätsaspekt, den

32 Haubl, Rolf/Voß, G. Günter (2009): *Psychosoziale Kosten turbulenter Veränderungen. Arbeit und Leben in Organisationen.* In: Positionen. Beiträge zur Beratung in der Arbeitswelt H. 1, S. 4.

33 Vgl. Kettner, Matthias/Koslowski, Peter (2010) (Hrsg.): *Wirtschaftsethik in der Medizin: Wieviel Ökonomie ist gut für die Gesundheit?* München (Wilhelm Fink) (im Erscheinen); Manzeschke, Arne (2010): *Art. »Ökonomisierung«.* In: http://www.ekd.de/sozialethik/.

der Effizienz«[34] konzentriere, stünden in ihrem Erklärungs- und Geltungsanspruch konkurrierend zueinander. Die Aufgabe einer ›Integrativen Wirtschaftsethik‹ bestehe einmal, »in der ethisch-kritischen Reflexion (oder Ideologiekritik) des normativen Programms, das den ökonomischen Rationalismus (oder Ökonomismus) von innen heraus wirkungsmächtig bestimmt – und dieses Programm wird in seiner zeittypischen Form von der dominierenden Wirtschaftstheorie modelliert«. Neben der »Erhellung des normativen Fundaments des herrschenden ökonomischen Denkens« bilde die »vernunftethische Rekonstruktion der normativen Bedingungen der Möglichkeit vernünftigen Wirtschaftens«[35] das zweite Standbein dieser Wirtschaftsethik.

Will man verstehen, warum überhaupt der Gesundheitsbereich, der über Jahrzehnte als reiner Subventionsbereich in staatlicher Obhut angesehen wurde, zu einem ›Gesundheitsmarkt‹ werden konnte[36], an dem Investoren mit entsprechenden Renditeerwartungen auftreten, so muss man mit Peter Ulrich das normative Programm der dominierenden Wirtschaftstheorie und -praxis analysieren. Erst auf dieser Grundlage lasse sich das Phänomen der Privatisierung angemessen verstehen und beurteilen. Das dominante ökonomische Argument laute: Das eigeninteressierte und gewinnmaximierende Handeln des Einzelnen am Markt kommt mit der Gemeinwohlorientierung ebensowenig in Konflikt wie mit der moralischen Verpflichtung gegenüber dem Schwächeren. Im Gegenteil zeige sich, dass der Markt der ideale Koordinationsmechanismus sei, um die Verfolgung der vielen individuellen Eigeninteressen in der Summe zu gemeinsamem Nutzen und zu allgemeiner Wohlfahrt umzuwandeln[37].

Ein aktuelles Beispiel einer solchen Argumentation ist die weit verbreitete Wirtschaftsethik von Karl Homann und Franz Blome-Drees, welche die Moral in die Marktordnung verlegen und den individuellen und korporativen Akteuren ein mehr oder minder moralfreies Handeln konzedieren: »Daß die Rahmenordnung der

---

34 Ulrich, Peter (2009): *Die Wirtschaft in einer wohlgeordneten Gesellschaft. Ein wirtschaftsethischer Orientierungsversuch.* In: Haubl, Rolf/Hausinger, Brigitte (Hrsg.): Supervisionsforschung: Einblicke und Ausblicke. Göttingen (Vandenhoeck & Ruprecht), S. 208–229, S. 210.

35 Ulrich 2009, S. 212f.

36 Vgl. Oberender, Peter/Hebborn, Ansgar/Zerth, Jürgen (2006): *Wachstumsmarkt Gesundheit*, Stuttgart (Lucius & Lucius) 2. Aufl..

37 Man muss sich vergegenwärtigen, dass Haltungen wie Geiz, Habsucht und Selbstliebe bis weit in das 17. Jahrhundert hinein als schwere Sünden galten. Dass sie zu veritablen, gesellschaftlich nicht nur akzeptierten, sondern sogar erwünschten ›Interessen‹ umgemünzt werden konnten, ist nicht zuletzt ein Erfolg der sich konstituierenden politischen und ökonomischen Diskursmacht. Vgl. hierzu vor allem Hirschman, Albert O. (1980): *Leidenschaften und Interessen. Politische Begründungen des Kapitalismus vor seinem Sieg*, Frankfurt (Suhrkamp).

systematische Ort der Moral in der Marktwirtschaft ist, hat bedeutende Konsequenzen für die *Legitimität* unternehmerischen Handelns. Es bedeutet nämlich, daß die Spielzüge, also die unter Wettbewerbsdruck stattfindenden Handlungen der Unternehmer ›moralfrei‹ in dem Sinne sind, daß sie von unmittelbaren moralischen Intentionen und Rücksichtnahmen freigesetzt werden. Langfristige Gewinnmaximierung ist daher *nicht ein Privileg* der Unternehmer, für das sie sich ständig entschuldigen müssten, es ist vielmehr ihre *moralische Pflicht*, weil genau dieses Verhalten – unter Voraussetzung einer geeigneten Rahmenordnung – den Interessen der Konsumenten, der Allgemeinheit, am besten dient. Gewinnmaximierung steht so unter einer ethischen Richtigkeitsvermutung«[38]. Die Autoren erläutern diese These in einer Fußnote: »Unmittelbar handlungsleitend ist durch den Wettbewerb erzwungen, das Gewinninteresse. Dies schließt keineswegs aus, daß ein Unternehmer, der über sein Tun reflektiert, genau darin einen moralischen Sinn sieht und ihn bejaht: Er mag aus moralischer Motivation die Wettbewerbsordnung wollen, aber bei Handlungen innerhalb der Wettbewerbsordnung muß die moralische Motivation keine Rolle spielen«[39]. Moralische Intentionen und Motivationen seien zwar nicht irrelevant, aber sie gingen »nicht die wirtschaftlichen Handlungen, sondern in die Gestaltung der Regeln für dieses wirtschaftliche Handeln ein«[40].

Wohlgemerkt sind es Wirtschaftsethiker, welche das individuelle und korporative Handeln am Markt von ›moralischen Intentionen und Rücksichten freigesetzt‹ sehen. Folglich spiele es im wirtschaftlichen Handeln der Akteure keine Rolle, ob sie moralische Absichten hegten, sie müssten dem Gewinninteresse folgen, weil dieses vom Wettbewerb erzwungen wird. Im Sinne von Homann und Blome-Drees ist der Markt als moralfreier Raum anzusehen, da er unter dem Zwang des Wettbewerbs gerade keine Handlungsfreiheit und damit auch keine moralische Entscheidung zuließe. Man könne sich gar nicht gegen die Gewinnmaximierung entscheiden. Auch wenn in die Rahmenordnung des Marktes die Moral einginge, so bliebe doch das Gewinninteresse als Prinzip davon unberührt: der Akteur am Markt müsse diesem in seinen Handlungen folgen. Die Autoren betonen, dass ihre Wirtschaftsethik auf das Ziel ausgerichtet sei, »die Institutionen so zu gestalten, daß Moral möglich wird. Die Evolution der Gesellschaft ist dabei auf individuelle Moral

38 Homann, Karl/Blome-Drees, Franz (1992): *Wirtschafts- und Unternehmensethik*, Göttingen (Vandenhoeck & Ruprecht), S. 38f.

39 Homann/Blome-Drees 1992, S. 39, Anm. 28.

40 Homann/Blome-Drees 1992, S. 40.

angewiesen«[41]. Kritisch ist hier jedoch anzumerken, dass die prinzipielle Ermöglichung von Moral der prinzipiellen Entmoralisierung der ökonomischen Handlungen entgegensteht – ein Widerspruch, der in dieser Wirtschaftsethik nicht aufgelöst wird.

Was hier von Wirtschaftsethikern in der Spur der dominierenden Wirtschaftstheorie formuliert wird, lässt erkennen, dass das Prinzip der Gewinnmaximierung das Handeln der Akteure dominiert und keine moralischen Rücksichten und Intentionen zulässt. Es scheint also, auf unser Thema gewendet, gar nicht möglich, dass die Krankenhäuser als Unternehmen sich in ihrem Handeln an moralischen Rücksichten auf ihre Patienten orientieren. Pointiert formuliert stellen sie nicht, wie allerorten behauptet, den Menschen in den Mittelpunkt, sondern werden vom Wettbewerb gezwungen, dem Gewinninteresse zu dienen.

Hat man sich diesen Sachverhalt klar gemacht, wird es schwer, die These vom Prinzip der (langfristigen) Gewinnmaximierung als dem besten Mittel für eine allgemeine Wohlfahrt und das jeweilige Kundeninteresse für überzeugend zu halten. Was hier mit einem moralischen Anspruch vorgetragen wird, ist letztlich nichts anderes als der Anspruch auf Durchsetzung der je eigenen Interessen – ohne die moralische Verbrämung wäre es in jedem Fall ehrlicher. Nähme man diese These ernst und setzte voraus, dass die Rahmenordnung geeignet ist, so wäre damit zu rechnen, dass die Krankenhausträger mit einer (langfristigen) Gewinnmaximierungsstrategie ökonomisch wie moralisch am besten dastehen. – Wir erhalten nun den geradewegs gegenteiligen Befund zu der eingangs notierten moralischen Intuition. Dieser Widerspruch lässt sich aufklären, wenn man die zugrunde liegende ökonomische Theorie noch einmal etwas genauer analysiert.

Die Autoren können sich auf den ersten Blick für ihre Behauptung auf Adam Smith und seine Vorstellung von der ›unsichtbaren Hand‹ berufen. Peter Ulrich besteht – im Widerspruch zu Homann und Blome-Drees – darauf, dass das eingeführte Gewinnprinzip einer eigenen moralischen Begründung bedarf. Man könne heute nicht mehr, wie es Adam Smith tat, voraussetzen, »dass die ›natürlichen‹ Kräfte im Marktkosmos von selbst sämtliche gesellschaftlichen Interessen-, Wert- und

---

41 Homann/Blome-Drees 1992, S. 40f. – Ergänzend sei noch darauf hingewiesen, dass Karl Homann die Ökonomik als die ›Fortsetzung der Ethik mit anderen Mitteln‹ unter den modernen Bedingungen einer Gesellschaft zu verstehen lehrt, die sich nicht mehr auf Subsistenz beschränken lasse: Homann, Karl (2001): Ökonomik: Fortsetzung der Ethik mit anderen Mitteln. In: Siebeck, Georg (Hrsg.): *Artibus ingenius. Beiträge zu Theologie, Philosophie, Jurisprudenz und Ökonomik*, Tübingen (J.C.B Mohr Siebeck), S. 85–110. Vgl. hierzu kritisch: Herms, Eilert (2002): *Normetablierung, Normbefolgung, Normbestimmung. Beobachtungen und Bemerkungen zu Karl Homanns These »Ökonomik – Fortsetzung der Ethik mit anderen Mitteln«*. In: Zeitschrift für Wirtschafts- und Unternehmensethik (ZfWU), 3. Jg., H. 2, S. 137–169.

Normenkonflikte zu harmonisieren vermögen und dem Allgemeininteresse oder Gemeinwohl zuarbeiten, sofern der Mensch mit seiner begrenzten Vernunft diese ›eingebaute Harmonie‹ des Marktsystems nicht durch interventionistische Massnahmen stört«[42]. Ulrich sieht die Gefahr, dass die »ethisch-politische Problematik der vernünftigen Ordnung und Einbettung der Marktwirtschaft (...) so unterschwellig auf das naturalistische und evolutionistische Postulat reduziert [wird], die Systementwicklung ihrer naturwüchsigen Eigendynamik zu überlassen (Laissez-faire-Postulat)«[43].

›Laissez-faire‹[44] ist eine Forderung, die üblicherweise mit dem Namen Adam Smith verbunden wird, der als Vater der klassischen, liberalen Ökonomie der Moderne angesehen wird. Versucht man, wie Ulrich das fordert, das dominante ökonomische Programm in seiner impliziten Normativität kritisch zu reflektieren, so führt der Weg an Adam Smith und seiner Begründung einer freien Marktwirtschaft nicht vorbei. Allerdings war der sich sehr wohl bewusst, dass der Markt nur dann eine optimale Lösung hervorbringt, wenn drei Bedingungen erfüllt sind: 1) Es herrscht tatsächlich freier Wettbewerb, 2) die Konkurrenten begegnen einander mit Sympathie und sittlichen Gefühlen, 3) der Staat gewährleistet eine allgemeine Gerechtigkeit und schafft öffentliche Einrichtungen, die nicht nach Marktprinzipien geführt werden:

»Gibt man daher alle Systeme der Begünstigung und Beschränkung auf, so stellt sich ganz von selbst das einsichtige und einfache System der natürlichen Freiheit her. Solange der einzelne nicht die Gesetze verletzt, läßt man ihm völlige Freiheit, damit er das eigene Interesse auf seine Weise verfolgen kann und seinen Erwerbsfleiß und sein Kapital im Wettbewerb mit jedem anderen oder einem anderen Stand entwickeln und einsetzen kann [...] Im System der natürlichen Freiheit hat der Souverän lediglich drei Aufgaben zu erfüllen, die sicherlich von höchster Wichtigkeit sind, aber einfach und dem normalen Verstande zugänglich: Erstens die Pflicht, das Land gegen Gewalttätigkeit und Angriff anderer unabhängiger Staaten zu schützen, zweitens die Aufgabe jedes Mitglied der Gesellschaft soweit wie möglich vor Ungerechtigkeit oder Unterdrückung durch einen Mitbürger in Schutz zu nehmen oder ein zuverlässiges Justizwesen einzurichten, und drittens die Pflicht, bestimmte öffentliche Anstalten oder Einrichtungen zu gründen und zu unterhalten, die ein einzelner oder eine kleine Gruppe aus eigenem Interesse

---

42 Ulrich, Peter (2008): *Integrative Wirtschaftsethik. Grundlagen einer lebensdienlichen Ökonomie*, Bern (Haupt), S. 183.

43 Ulrich 2008, S. 184. Zur durchaus divergenten Interpretation des Werks von Adam Smith vgl. Meyer-Faje, Arnold/Ulrich, Peter (Hrsg.): *Der andere Adam Smith*. Bern (Haupt) 1991.

44 Foucault, Michel (2004): *Geschichte der Gouvernementalität II. Die Geburt der Biopolitik*. Frankfurt (Suhrkamp), S. 40, benennt den Händler Le Gendre als ›Autor‹ des berühmten »Laissez faire« in seiner Antwort auf die Frage des Ministers Colbert, was dieser für die Geschäftsleute tun könne. Foucault sieht in dieser Antwort um das Jahr 1750 das Kernprinzip der gouvernementalen Selbstbegrenzung der Politik gegenüber dem Markt, den man »in groben Zügen Liberalismus nennt«.

nicht betreiben kann, weil der Gewinn ihre Kosten niemals decken könnte, obwohl er häufig höher sein mag als die Kosten für das ganze Gemeinwesen«[45].

Smith nennt hier öffentliche Einrichtungen und Anlagen zur Erleichterung von Handel und Verkehr, einzelne Handelszweige unterstützende Maßnahmen, Ausgaben der Bildungseinrichtungen sowie Repräsentationsaufgaben des Staates. Unter diesen Bedingungen sieht Smith zwar keine Kongruenz, aber doch weitgehende Konvergenz von Moral und Ökonomie. Nun kann man mit Recht sagen, dass sich seit der stationären Nationalökonomie des 18. Jahrhunderts die Bedingungen so grundlegend verändert haben, dass Smiths Argumente kaum mehr unsere Situation treffen. Smith hat jedoch etwas Fundamentales erkannt: Der Markt ist moralisch unsensibel und sorgt nicht per se für eine gerechte Verteilung der Wohlstandsgewinne ebensowenig wie für gerechte Ausgangsbedingungen beim Tausch von Gütern, Waren und Dienstleistungen. Das bedeutet aber, dass eine Versorgung mit Gesundheitsleistungen über den Markt möglicherweise zu einer effizienteren, nicht aber unbedingt gerechteren Verteilung führt. Ohne eine moralische Regulierung bleibt der Markt an dieser sensiblen und politisch brisanten Stelle blind.

Betrachtet man die drei von Smith genannten Kriterien, so ist sehr schnell einsichtig, dass das erste nicht zutrifft: Der Gesundheitsmarkt ist gerade kein freier Markt mit freier Konkurrenz, sondern hochgradig reguliert und eingeschränkt. Das kann nun entweder so verstanden werden, dass dieser regulierte Markt die befürchteten Benachteiligungen für die Patienten verhindert, und damit die Privatisierung der stationären Krankenversorgung sich als ethisch unproblematisch darstellt. Das kann aber auch so interpretiert werden, dass die Regulierung zu Marktverzerrungen führt, die gerade zu einer Benachteiligung der Schwächeren am Markt führt. Das zweite Kriterium ist wohl schon zu Zeiten von Adam Smith mehr ein moralischer Appell denn eine Beschreibung der Realität gewesen. Hier lässt sich Kant in gewisser Weise als Fortführung der Gedanken von Smith verstehen. Sympathie und Mitgefühl sind aber nicht einfach theoretische Begriffe, mit denen die für die moralische Urteilsbildung so wichtige Selbstdistanzierung und Perspektivenübernahme gefasst werden. Vielmehr beschreiben sie eine Haltung, einen Habitus der konkreten Begegnung mit dem Anderen. Dieser Punkt wird im Folgenden noch eingehender zu bedenken sein, geht es doch gerade in Pflege und Medizin immer auch um die direkte und konkrete Begegnung mit einem anderen Menschen, der in seiner Eigenart zu respektieren und zu würdigen ist. Das dritte Argument von Adam Smith ist nun genau jenes, für das heutige Privatisierungsbefürworter den Gegen-

45 Smith, Adam (1982): *Der Wohlstand der Nationen. Eine Untersuchung seiner Natur und seiner Ursachen* [1776]. München (dtv) 2. Aufl., S. 582.

beweis zu erbringen suchen, dass auch öffentliche Güter privat und gewinnwirtschaftlich erstellt werden können, ohne damit Qualitätsverluste oder andere Einschränkungen verbunden sein müssen.

Peter Oberender und Thomas Rudolf haben die Theorie des Marktversagens zur wissenschaftlichen Basis erklärt, um Aussagen darüber treffen zu können, ob öffentliche Güter über den Markt oder über den Staat hergestellt werden sollen[46]. Dabei differenzieren sie zwischen den verschiedenen Arten von öffentlichen und privaten Gütern, um anschließend zu zeigen, dass öffentliche Güter durchaus privat hergestellt werden können und dabei ihren Charakter nicht verlieren müssen. Sie verweisen dabei insbesondere auf die aktuellen Formen der Public-Private-Partnership. Was Oberender und Rudolf überhaupt nicht verstehen – und darin liegt meines Erachtens das Kernproblem ihrer Analyse – ist die Tatsache, dass die Unterscheidung zwischen öffentlich und privat nicht eine rein ökonomische ist, sondern wesentlich politische Kategorien impliziert. Diese politische Dimension bleibt jedoch in der Analyse völlig ausgeblendet. Sie verkennen, dass öffentliche Güter wie Landesverteidigung oder Gesundheit nicht nur über individuelle Präferenzen oder die Höhe der Ausschließungskosten, sondern ganz entscheidend über das ›öffentliche Interesse‹ definiert werden, das sich nicht mit der Summe der individuellen Präferenzen deckt.

Ohne Ulrichs weite dogmengeschichtliche Rekonstruktion des Neoliberalismus aus einem moralisch entkernten Liberalismus à la Smith hier nachzeichnen zu können, sei doch darauf verwiesen, dass für ihn das kardinale Problem der gegenwärtigen *mainstream-economics* darin besteht, dass diese sich als ›reine Systemökonomik‹ verstehe, »die nichts als die Funktionslogik des marktwirtschaftlichen Systems – die Logik des Wettbewerbs und des Vorteilstausches am Markt – analysiert und expliziert. Mit einer Sozialökonomie, die das wirtschaftliche Handeln hinsichtlich seiner Bedeutung für das gute Leben und das gerechte Zusammenleben der Menschen untersucht, kann und will die reine Systemökonomik nichts zu tun haben; sie hat sich ihrer für ethische Fragen zuständigen Mutterdisziplin, der Moralphilosophie, gänzlich entfremdet«[47].

Wenn wir also die Frage nach den moralischen Implikationen der Privatisierung von Krankenhäusern stellen, müssen wir sie in den Gesamtzusammenhang

46 Oberender Peter/Rudolf, Thomas (2005): Das Konzept des Marktversagens bei öffentlichen Gütern aus mikroökonomischer Sicht. In: Wirtschaftswissenschaftliches Studium. Zeitschrift für Ausbildung und Hochschulkontakt 34. Jg., H. 6, S. 321–327.

47 Ulrich, Peter (2009): *Die Wirtschaft in einer wohlgeordneten Gesellschaft. Ein wirtschaftsethischer Orientierungsversuch.* In: Haubl, Rolf/Hausinger, Brigitte (Hrsg.): Supervisionsforschung: Einblicke und Ausblicke. Göttingen (Vandenhoeck & Ruprecht), S. 208–229, S. 217.

einer ökonomischen Theorie und Praxis stellen, die die Gewinnmaximierung zu einem zentralen Prinzip wirtschaftlich rationalen Handelns erhoben hat. Wir kommen damit zum Eigeninteresse zurück und finden dieses *in oeconomicis* in maximalisierter Form wieder vor: Das Prinzip der Gewinnmaximierung ist in der ökonomischen Theorie die vollständig rationalisierte Form des Eigeninteresses: Wer wirtschaftlich rational handelt, versucht seine Bedürfnisse und seine Gewinnchancen maximal – und nicht nur ein bisschen – zu befriedigen. Im Hintergrund steht das Modell des *homo oeconomicus*, zu dessen zentralen Charakteristika es gehört, dass er maximal eigeninteressiert und nutzenmaximierend handelt[48]. Dieses Modell soll nach Auskunft der Ökonomen kein Menschenbild repräsentieren, sondern gerade testen, unter welchen institutionellen Bedingungen Menschen sich strikt eigeninteressiert verhalten *dürfen*. Die ökonomische Theorie erklärt also, dass Menschen als ökonomische Akteure sich dann rational verhalten, wenn sie unter den Bedingungen des Marktes gewinnmaximierend agieren. In dem Moment, in dem das Gesundheitswesen zu einem Markt umgestaltet wird – dieser seit Jahrzehnten sich vollziehende Schritt ist wesentlich von den Ökonomen angestoßen und begleitet worden, die nun erklären, wie man sich rational in diesem Markt zu verhalten hat – gewinnt das Prinzip der Gewinnmaximierung dort seine robuste Geltung. Wer sich dagegen stellen wollte, muss den Vorwurf des Irrationalismus gewärtigen. Auch wenn man nun noch im Detail darüber streiten kann, welche Höhe der maximale Gewinn unter der Kautel einer nachhaltigen Unternehmensführung annehmen darf, ist die generelle Linie doch klar: Theoretisch gehört die Gewinnmaximierung in der derzeit dominanten Wirtschaftstheorie zum Kernbestand unternehmerischen Handelns. Man kann nun graduell differenzieren zwischen privaten Trägern, die als ›richtige‹ For-Profit-Unternehmen schon länger und bewusst unter den Bedingungen des Marktes agieren und den kommunalen und freigemeinnützigen Trägern, die sich bisher als Not-For-Profit-Unternehmen verstanden und ohne maxi-

48 Vgl. Manzeschke, Arne/Drews-Galle, Veronika (2010): *Sei ökonomisch. Prägende Menschenbilder zwischen Modellbildung und Wirkmächtigkeit.* Münster (LIT) (erscheint im Herbst 2010). – Auch wenn es Varianten des Modells gibt, die eine ›beschränkte Rationalität‹ als Ausgangspunkte und einen ›beschränkten Nutzen‹ als Zielpunkt des wirtschaftlichen Handelns angeben, so bleibt doch das Problem dieser Konzeption, dass sie mit ihren Als-ob-Annahmen (Wirtschaftliches Handeln von Menschen wird dann rational konzeptualisierbar, wenn man so tut, als ob alle Menschen wie homines oeconomici handeln würden) »im Ansatz die ethische Dimension aus der Problematik vernünftiger sozialer Praxis [eliminiert] und reduziert diese auf die interpersonelle Abstimmung privater, von vornherein jeglicher ethisch-kritischen Hinterfragung ganz in utilitaristischer Tradition entzogener Präferenzen«; Ulrich, Peter (2008): *Integrative Wirtschaftsethik. Grundlagen einer lebensdienlichen Ökonomie.* Bern (Haupt), S. 200.

male Gewinnerzielungsabsicht agiert haben[49]. Das alles ändert jedoch wenig daran, dass die Gewinnmaximierung als Prinzip in diesem System verankert ist, welches zwar, wie Ulrich zeigt, keine hinreichende Begründung, aber in seiner Wirkung auch keine notwendige Beschränkung erfährt. Welche Wirkungen dieses Prinzip entfaltet, soll im folgenden Exkurs illustriert werden.

## 6. Ökonomisierung im Gesundheitswesen

Das Argument lautet, dass die Ökonomisierung des Gesundheitswesens zu einer Einschränkung – offenbar mehr als nur – der pflegerischen Leistungen gegenüber den Patienten führt, was aus einer ethischen Perspektive zu kritisieren ist, weil diese Schädigung vermeidbar wäre.

Der Anspruch der Politik mit der Einführung des DRG-Systems war es, die Transparenz, Wirtschaftlichkeit und Wettbewerbsfähigkeit der Gesundheitsdienstleister im stationären Sektor zu steigern. Keinesfalls sollte durch ein verstärktes Kostenbewusstsein die Qualität der Versorgung eingeschränkt werden[50]. Genau das zeichnet sich aber – zumindest in der Pflege – ab. Vermeidbar wäre eine solche Schädigung im Sinne des hier vorgetragenen Anspruchs, weil die Politik als Sachwalterin der öffentlichen Angelegenheiten durch entsprechende Gesetze und Verordnungen gegensteuern könnte. Weniger vermeidbar hingegen scheint die Schädigung der Patientinnen und Patienten auf der Ebene des Unternehmens selbst zu sein. In dem Maße, in dem das Krankenhaus entsprechende Erlöse vorweisen muss, werden hier die Spielräume für eine kostenintensive und dem *state of the art* entsprechende Pflege enger. Eine Sequenz aus einem Interview mit einer Pflegedirektorin eines kommunalen Krankenhauses der Maximalversorgung macht das deutlich:

---

49 Vgl. hierzu Badelt, Christoph (2007): *Zwischen Marktversagen und Staatsversagen? Nonprofit Organisationen aus sozioökonomischer Sicht.* In: Badelt, Christoph/Mayer, Michael/Simsa, Ruth (Hrsg.): Handbuch der Nonprofit Organisation. Strukturen und Management. Stuttgart (Schäffer Poeschel) 4. Aufl., S. 90–119. – Zur Spezifik eines wertschöpfenden und integrativen Managements im Krankenhaus vgl. Rüegg-Stürm, Johannes (2009): *Integrative Management-Ethik in Krankenhäusern.* In: Baumann-Hölzle, Ruth/Arn, Christof (Hrsg.): Ethiktransfer in Organisationen. Handbuch der Ethik im Gesundheitswesen. Basel (Schwabe), Bd. 3, S. 75–100.

50 Der Gesetzgeber hat im Zusammenhang mit dem Fallpauschalengesetz (§ 135 Abs. 2 SGB V) die Betreiber der Krankenhäuser verpflichtet, »sich an einrichtungsübergreifenden Maßnahmen der Qualitätssicherung zu beteiligen, die insbesondere zum Ziel haben, die Ergebnisqualität zu verbessern und einrichtungsintern ein Qualitätsmanagement einzuführen und weiterzuentwickeln«. Die Auflage der Qualitätssicherung sollte verhindern, dass Effizienzgewinne auf Kosten der Qualität in der Versorgung realisiert werden.

»Es wird härter. [...] Das Haus muss Erlöse bringen. Die Konkurrenz ist groß, und ich meine, natürlich wenn der Erlös nicht kommt, die Kommunen haben kein Geld mehr. Was geschieht danach? Das bringt natürlich auch Ängstlichkeit mit. Und diese Ängstlichkeit heißt, was tun wir dafür, dass das Haus auch mit überleben kann« [51].

Hier sind die Verlustvermeidung und die Gewinnerzielung zum ›Muss‹ des (Be-) Handelns geworden – ein starkes Anzeichen für die Ökonomisierung des Hauses.

Die Einschätzung der Pflegedirektorin steht stellvertretend für viele und macht deutlich, dass eine Erlösorientierung auch in Krankenhäusern handlungsleitend ist, die ihre Gewinne nicht an Aktionäre abführen müssen. Es ist deshalb wohl nicht als Spekulation anzusehen, dass auch für andere kommunale, freigemeinnützige, noch mehr aber für privat-gewinnwirtschaftlich orientierte Häuser die Erlösorientierung eine essentielle Rolle spielt und sich einschränkend auf das Leistungsangebot auswirken kann. Während kommunale und freigemeinnützige Träger ihre Gewinne in das Unternehmen reinvestieren müssen, können private Träger die Gewinne an Aktionäre weitergeben und dem Unternehmen so Geld zu anderen Zwecken entziehen. Die Vermutung liegt nahe, dass bei der dort bestehenden höheren Gewinnerwartung entsprechende Einsparungen beim Personal, dem größten Kostenblock, höher sein müssen und deshalb hier Qualitätsminderungen zu erwarten sind[52]. Der Einspruch privater Träger lautet, dass sie als Unternehmen die Wertschöpfung mit Augenmaß betrieben und deswegen weder ihre ›Kunden‹ noch ihre Mitarbeitenden durch überzogene Gewinnerwartungen schädigten, womit sie sich schließlich selbst schaden würden. Außerdem erbrächten sie die gleiche Leistung und Qualität wie andere Träger auch, nur dass sie dies *effizienter* täten und deshalb eine größere Gewinnspanne realisieren könnten[53]. Das scheint *prima vista* plausibel. Dagegen ließe sich anführen, dass private Träger ihre Effizienz möglicherweise vor allem durch niedrigere Lohnkosten, durch Outsourcing, Haustarife und Personaleinsparung erreichen. Eine sehr schlichte Rechnung besagt: »Der Gewinn des einen ist des anderen Schaden«[54]. Fairerweise muss man allerdings sagen, dass sol-

51 Manzeschke, Arne (2010): *Der pauschale Patient. Auswirkungen der DRG auf Professionsethos und Versorgungsqualität.* Wiesbaden (VS-Verlag), S. 73 (im Druck).

52 Es lässt sich bei den meisten Privatisierungen beobachten, dass der Anteil der Pflegekräfte reduziert und der des ärztlichen Personals erhöht wird. Begründet wird dieser Schritt zumeist mit einer Investition in die Qualität der medizinischen Versorgung.

53 Vgl. hierzu den Beitrag von Matthias Kettner in diesem Band.

54 Diese ›Dialektik‹ hatte bereits der französische Philosoph Montaigne, Michel de (1999): *Essais* [1588]. Frankfurt (Eichborn), Nr. 22, S. 60, vermerkt. – In den 1950-er Jahren hat der deutsch-amerikanische Volkswirt K. William Kapp darauf hingewiesen, dass die »*Volkswirtschaftliche Kosten der Privatwirtschaft*« – so der deutsche Titel des 1958 bei Mohr in Tübingen erschienenen Werkes – in den üblichen ökonomischen Theorien zu wenig Berücksichtigung fänden.

che Formen der Kosteneinsparung auch in kommunalen oder freigemeinnützigen Häusern passiert – sofern die Handhabe dazu besteht. Diese Debatte ist ohne eine umfassende Erhebung bei allen Trägern nicht zu entscheiden. Dabei wäre zu untersuchen, in welchem Maße private Krankenhausträger, die ihre Gewinne an Shareholder ausschütten, tatsächlich effizienter sind und worin diese Effizienz besteht (echte Optimierungen oder verdeckte Einsparungen?). In jedem Fall ist diese Seite des Arguments nicht theoretischer, sondern praktischer Natur und deswegen prinzipiell nicht falsifizierbar. Das gilt jedoch für andere Seite des Arguments, dass nämlich privat wirtschaftende Träger aufgrund ihrer marktwirtschaftlichen Affinität effizienter seien und deshalb die gleiche Leistung zu günstigeren Preisen erstellen könnten. Theoretisch ist dieses Argument zumindest insoweit, als von seinen Protagonisten mit dem Hinweis auf die Marktlogik begründet wird, dass es gerade der ökonomische Anreiz (Wettbewerb) sei, der zu den kreativeren, produktiveren und damit auch preisgünstigeren Lösung führe. Effizienz ist ein relationaler Begriff; es geht darum, effizienter als der Andere zu sein, sich also gegen ihn am Markt durchzusetzen. Eine weitere Annahme ist die, dass der ›Kunde‹ von diesem Wettbewerb profitiert, weil er die Wahl zwischen den verschiedenen Produkten hat und durch seine Wahl diesen Wettbewerb weiter befördert – ein *perpetuum mobile* der Produktivität und Prosperität. Sieht man einmal davon ab, dass das Kreisen um immer höhere Effizienz die Zielfrage (Effektivität: Was wollen wir bewirken?) aus dem Blick zu verlieren droht, so ist ebenfalls unklar, ob die Effizienz des Einen, durchgesetzt gegen einen Anderen – »der Gewinn des einen ist des anderen Schaden« –, einem Dritten tatsächlich zugute kommt und wie in dieser Konstellation die Bilanz auf einer theoretischen und praktischen Ebene aussieht.

Das Argument von der Effizienz der privaten Träger genoss in den letzten Jahren fast schon den Status einer gesicherten Wahrheit. In den Debatten war immer wieder zu hören, die privat-gewinnwirtschaftlich orientierten Träger seien aufgrund ihrer marktwirtschaftlichen Affinität die effizienteren. Als Gegenargument hatte man bisher man nur auf vergleichende Studien und Metastudien für die Vereinigten Staaten verweisen können, die zeigten, dass dort die privaten Träger teurer, schlechter in der Qualität und mit einem höheren Mortalitätsrisiko für die Patienten verbunden sind[55]. Zwar sind Interpolationen vom einen Sozialsystem auf das andere immer problematisch, aber es ist zunächst einmal nicht einzusehen, warum es sich in Deutschland prinzipiell – nicht graduell – anders verhalten sollte als in den USA. Dass es auch in Deutschland mit der Effizienz der privaten Träger nicht zum besten bestellt, ihre *systematisch* größere Effizienz nicht mehr als eine Behauptung sein könnte, zeigen nun Studien, die über den Zusammenhang von Trägerschaft und Effizienz in den deutschen Krankenhäusern Auskunft geben[56]. Hier sind noch weitere Studien nötig, gerade auch solche, die qualitative und quantitative Erklärungsansätze zusammenführen. Insgesamt aber gibt es starke Indizien dafür, dass Ökonomisierung und Privatisierung im Krankenhaussektor einer Situation Vorschub leisten, in der sich die Krankenhausträger gezwungen sehen, die Erhaltung der Organisation vor die Versorgungsinteressen der Patienten zu stellen. Das ist ethisch betrachtet eine Situation, die nicht nur bedenklich stimmt, sondern einer klaren Verurteilung und Revision bedarf.

Die wirtschaftsethischen Reflexionen haben gezeigt, dass die ›dominante ökonomische Theorie‹ in zwei wichtigen Punkten die moralischen Bedenken, hier würden eigene Interessen unter Inkaufnahme der Schädigung Dritter verfolgt, nicht ausräumen konnte. Das Prinzip der Gewinnmaximierung ist erstens ausdrücklich von moralischen Intentionen freigesetzt und verbietet es den wirtschaftlich Handelnden, die eigenen Interessen zugunsten Anderer zurückzustellen – das wäre wirtschaftlich irrational. Allerdings hat die ›Entmoralisierung des Gewinnprinzips‹

---

55 Woolhandler, Steffie/Campbell, Terry/Himmelstein, David U. (2003): *Costs of Health Care Administration in the United States and Canada.* In: New English Journal of Medicine (NEJM) Vol. 349, S. 768–775; Desai, Kamal R./Deusen Lukas, Carol van/Young, Gary J. (2000): *Public Hospitals: Privatization and uncompensated Care.* In: Health Affairs, Vol. 19, Nr. 2, S. 167–172; Deveraux, Philip J. et al. (2002): *A systematic review and metaanalysis of studies comparing mortality rates of private for-profit and not-for-profit hospitals.* In: Canadian Medical Association Journal (CMAJ) May 28, 166 (11), S. 1399–1406; Le Grand, Julian (2001): *The Provision of Health Care: Is the Public Sector ethically superior to the Private Sector?* In: LSE Health and Social Care Discussion Paper Nr. 1, London (London School of Economics and Political Science – Health and Social Care).

56 Tiemann, Oliver/Schreyögg, Jonas (2009): *Effects of Ownership on Hospital Efficiency in Germany.* In: BuR – Business Research, Vol. 2, Issue 2, S. 115–145. Die Autoren weisen anhand einer statistischen Erhebung (n=1046) nach, dass die kommunal betriebenen Krankenhäuser signifikant besser in der technischen Effizienz abschnitten als privat-gewinnwirtschaftliche oder freigemeinnützige. Der Wettbewerbsdruck – der ›reinen Lehre‹ nach der Anreiz für höhere Gewinne und allgemeine Wohlfahrt – erweist sich nach dieser Studie geradezu als »signifikant negativer Einfluss auf die Effizienz der Krankenhäuser«. Vgl. außerdem Wörz, Markus (2008): *Erlöse – Kosten – Qualität: Macht die Krankenhausträgerschaft einen Unterschied?* Wiesbaden (VS Verlag für Sozialwissenschaften), S. 202, der konstatiert, »dass hierzulande private Krankenhäuser, die zu Verbünden gehören, ceteris paribus höhere Erlöse erzielen, als alle anderen Krankenhäuser. (…) Es ist nicht der private Trägerstatus als solcher, der die höheren Erlöse verursacht, sondern die Kombination von privatem Trägerstatus und Verbundzugehörigkeit«.

einen massiven Einfluss auf die moralische Orientierung von Individuen und Organisationen; ihr Ethos wird durch ein ökonomisches Kalkül überformt und droht dadurch in seiner Substanz zu erodieren. Die empirischen und theoretischen Betrachtungen haben gezeigt, dass das Gewinnprinzip eine moralische Haltung der Akteure – sc. die eigenen Interessen zugunsten des Anderen aus Wohlwollen und Menschenliebe zurückzustellen – systematisch verbietet bzw. negativ untergräbt. Es ist in diesem durch private Gewinnmaximierung stimulierten Wirtschaftssystem nicht vorgesehen, dass eigene Gewinnmöglichkeiten zugunsten der Interessen Anderer unrealisiert bleiben[57]. Zweitens erweist sich das Moment der Effizienz, von privaten Trägern gerne herangezogen, um zu begründen, warum hier die gleiche Leistung zu günstigeren Preisen erbracht und zugleich noch Shareholder bedient werden können, bei genauerer Betrachtung sowohl empirisch wie theoretisch als inkonsistent. Effizienz ist in der ökonomischen Theorie eine abgeleitete Funktion des Gewinnprinzips und als solche ganz eindeutig an den moralfreien Wettbewerb gebunden, und der fordert vom wirtschaftlichen Akteur nun einmal, die eigenen Interessen gegen die Anderer zu verfolgen und nach Möglichkeit durchzusetzen.

Die vorangegangenen Überlegungen haben die Frage aufgeworfen, ob die Leistungserbringung von eigeninteressierten Krankenhausträgern tatsächlich einen Gewinn für *alle* beteiligten Akteure abwirft – eine so genannte ›win-win-Situation‹. Es wird ökonomischerseits argumentiert, dass die Konkurrenz zwischen verschiedenen Anbietern zu einem verbesserten Angebot für die Patientinnen und Patienten führen würde, dass also für den obsiegenden Konkurrenten im Wettbewerb und den Empfänger seiner Leistung, den Patienten, jeweils ein Gewinn zu verzeichnen sei. Im ökonomischen *mainstream* scheint die Frage nach dem notwendig auftretenden Schaden des unterlegenen Konkurrenten vernachlässigbar. Ethisch ist sie es nicht. Weiter und genauer ist zu fragen, mit welchen Kosten für wen dieser jeweilige Gewinn verbunden ist. Das ist eine oben bereits angeführte praktische Frage, die sich etwa in gedrückten Lohnkosten oder in extremer Arbeitsbelastung für das Personal manifestiert. Es ist aber auch ein theoretische Frage, ob nämlich die aufgeführten Gewinne (Residuum für den Unternehmer, Dividende für den Shareholder, Versorgung für den Patienten) in einer gesellschaftlichen ›Gesamtkostenrechnung‹ tatsächlich eine positive Bilanz ergeben können, oder ob uns eine eingeschränkte oder sogar bewusst irreführende Buchführung über die Schäden dieser Wirtschafts-

57 Es handelt sich hierbei um ein theoretisches Argument; dass es in der Praxis zum Teil – zum Glück! – auch anders geht, stellt nicht dieses Argument sondern die Leistungsfähigkeit der ökonomischen Theorie in Frage.

weise hinwegtäuschen[58]. Ethisch ist in diesem Zusammenhang erstens zu fragen, ob wir den Menschen angemessen erfassen, wenn wir ihn *theoretisch* als konkurrenzierendes Wesen zu verstehen suchen, das systematisch Gewinn für sich und andere daraus schlägt, dass es die eigenen Interessen gegen die Anderer durchzusetzen vermag. Ethisch ist zweitens zu fragen, welche Verantwortung wir dafür haben, wenn wir uns gemeinsam von falschen Vorstellungen hinsichtlich unseres Menschenbildes und unserer Wirtschaftsweise leiten lassen, was – wie im Falle des Klimawandels – zur Verdrängung der erkennbaren Wirklichkeit, zur Aktivierung von nicht minder schädlichen Abwehrmechanismen und zu einem Zeitverlust für nötige und mögliche Veränderungen führt. Es deutet sich an, dass diese dominante ökonomische Theorie gravierende Reflexionsdefizite hinsichtlich ihrer moralischen Implikationen aufweist. Diese sollen im Folgenden aus einer spezifisch ethischen Perspektive eingehender bedacht werden.

## 7. Emmanuel Levinas: Verantwortung für den Anderen

Im Sinne einer minimalen Bestimmung eines moralisch vertretbaren Eigeninteresses hatten wir eingangs gesagt, dass dieses solange legitim sei, solange andere nicht zu Schaden kämen. Es ist in einem dritten Argumentationsgang zu fragen, ob dieses Eigeninteresse näher und anders bestimmt werden kann, als es die ökonomische Theorie gängig tut. Im Kontrast hierzu entwirft der litauisch-französische Philosoph Emmanuel Levinas (1906–1995) eine Perspektive auf das ethische Gefordertsein des Menschen und sein Eigeninteresse, die es erlaubt, die Verantwortung für den Anderen aus der Erfahrung der konkreten Nähe zu bestimmen – eine Perspektive, die sich einlässt auf das, was die medizinisch-pflegerische Beziehung in ihrem Kern ausmacht. Nähe heißt für Levinas, den Anderen *von Anfang an* als an-

58 Die ökologische Wirtschaftstheorie macht schon lange darauf aufmerksam, dass die schädigenden Einflüsse unserer Wirtschaftsweise kaum Eingang in die ökonomischen Bilanzen gefunden haben. Diese Schäden (Umweltverschmutzung, Abbau der Biodiversität, erhöhter Stress für Mensch und Tier) werden von den Unternehmen als externe Effekte aus den eigenen Bilanzen herausgerechnet und dem Gemeinwesen als soziale Kosten überwiesen. Vgl. hierzu Diefenbacher, Hans (2001): *Gerechtigkeit und Nachhaltigkeit. Zum Verhältnis von Ethik und Ökonomie.* Darmstadt (Wissenschaftliche Buchgesellschaft); Kapp, K. William (1988): *Soziale Kosten der Marktwirtschaft.* Frankfurt (Fischer). – Kapp hat hier seine Überlegungen aus den 1950-er Jahren weiter gedacht und zu einer grundlegenden Revision der Volkswirtschaftslehre hin zu einer neuen ›Politischen Ökonomie‹ aufgerufen.

ders und nicht identisch mit sich selbst vorzustellen[59]. So stehen Eigeninteresse und Verantwortung für den Anderen bei Levinas gleichursprünglich und gleichberechtigt nebeneinander – ein Ansatz mit starken Konsequenzen für die Ethik.

Die natürliche Selbsterhaltung bzw. das Eigeninteresse ist für Levinas ein fundamentales Moment menschlicher Existenz. Weit davon entfernt, das Selbst-Sein und Haben-Wollen vorschnell als unmoralisch aburteilen zu wollen, betont er deren positive Seite, die im leiblich-sinnlichen Genuss zum Ausdruck komme[60]. Der Genuss des Lebens sei ein leibliches und sinnliches Moment, das dessen vernünftiger Organisation vorausgehe und diese trage: »Das Stück Erde, das mich trägt, ist nicht nur mein Gegenstand; es trägt meine Erfahrung des Gegenstandes«[61]. Der Genuss, der im Leib seinen ›Umschlagsort‹ hat[62], ist ein ›Leben von …‹ und hat seinen Endpunkt in der Befriedigung des Bedürfnisses. Die Endlichkeit im Genuss der Nahrung (Bedürfnis) unterscheidet sich von der Unendlichkeit, welche das Begehren in Bezug auf einen anderen Menschen, besonders in der Erotik, kennt. So ist der Genuss in sich endlicher Selbstbezug des Subjekts mit positiven wie negativen Implikationen: gesteigerter Genuss und Glück vs. schaler Genuss und Lebensebbe; Beherrschen der sinnlichen Erfahrungen und Beherrschtwerden von ihnen. Der Genuss trägt andererseits auch Züge der Transzendenz, des Unendlichen in sich. Mit Transzendenz ist ein Schritt aus dem Da-Sein gemeint; ein ›Über-dem-Sein‹, eine Erhebung, die jenseits einfacher Metaphorik auf das *Humanum* des Menschen hinweist. »Man wird Subjekt des Seins nicht dadurch, daß man das Sein übernimmt, sondern indem man sich des Glückes erfreut, indem man den Genuß, der auch eine Erhebung, ein ›Über-dem-Sein‹ ist, verinnerlicht«[63]. Das Genießen im und als Leib ist darüber hinaus für Levinas eine Bleibe, ein Aufenthaltsort, an den das Ich zurück-

59 Levinas kritisiert an der traditionellen europäischen Philosophie, dass sie eine ursprüngliche Dualität (Eines und Anderes) nicht denken könne, sondern entweder in eine Einheit verfalle oder die Dualität über ein Drittes zu vermitteln suche. Weil sich das Andere neben dem Einen nicht ursprünglich denken lasse, müsse die Dualität *vor* dem Denken und *vor* dem Sein gesucht werden – in der ›Nähe‹; Levinas, Emmanuel (1992): *Jenseits des Seins oder anders als Sein geschieht.* Freiburg/München (Alber), S. 52ff..

60 Levinas, Emmanuel (1987): *Totalität und Unendlichkeit. Versuch über die Exteriorität.* Freiburg/München (Alber), S. 166.

61 Levinas 1987, S. 195f..

62 Vgl. zur Leibphilosophie in Fortführung der Husserl'schen Phänomenologie besonders Böhme, Gernot (2008): E*thik leiblicher Existenz. Über unseren moralischen Umgang mit der eigenen Natur.* Frankfurt (Suhrkamp); Schmitz, Hermann (1990): *Der unerschöpfliche Gegenstand. Grundzüge der Philosophie.* Bonn (Bouvier); Waldenfels, Bernhard (2000): *Das leibliche Selbst. Vorlesungen zur Phänomenologie des Leibes.* Frankfurt (Suhrkamp) 2000.

63 Levinas 1987, S. 166f..

kehrt, an dem es sich vertraut fühlt und unterschieden und geschützt von der übrigen Welt. Diese Innerlichkeit hat ihre eigene Ökonomie des Herstellens, Austauschens und Verwaltens.

Die Innerlichkeit und das Bei-sich-Bleiben bergen aber auch eine Gefahr, nämlich alle Anderen als Ähnliche dem eigenen Selbst anzugleichen. Die Begegnung und der Austausch mit dem Anderen ist zunächst eine Erfahrung, die das Bewusstsein macht, aber nun nicht so, dass das subjektive Bewusstsein über den Anderen als Objekt verfügt und für sich als ›Bewusstsein von etwas‹ konstituiert. Vielmehr ist es so,

»daß ein Sein [des Anderen; AM] die Formen seines Gegebenseins bestimmt, daß das Sein den Formen des Wissens, von dem es erfaßt wird, befiehlt, daß eine wesentliche Notwendigkeit das Sein an die Formen seines Erscheinens im Bewußtsein kettet. [...] Die Beziehung zwischen dem Bewußtsein und der Wirklichkeit des Wirklichen wird hier nicht mehr als ein Zusammentreffen des Seins mit einem davon radikal verschiedenen Bewußtsein gedacht, das seinen eigenen Gesetzen unterworfen, das Sein, auf das es trifft, irgendwelchen psychologischen Gesetzen folgend getreu oder nicht getreu abbildet und in einer blinden Psyche Bilder zu einem kohärenten Traum ordnet. Ein solcher Psychologismus ist fortan unmöglich geworden, wenn auch der Unterschied zwischen dem Sein und der Subjektivität, der es erscheint, das aus Bewußtsein oder Wissen bestehende Seelenleben zur Selbstheit (*ipseité*) werden läßt«[64].

Zentral für Levinas' Denken ist es, dass »ein Sein die Formen seines Gegebenseins bestimmt« und sich sogar ›eigensinnig‹ dem Bewusstsein aufdrängt und bis in die Selbstheit des Selbst vordringt. Nur von dieser radikalen epistemologischen Wende her ist verständlich, wenn Levinas davon sprechen kann, dass ein Selbst durch den Anderen (der die Formen seines Gegebenseins relativ zu diesem Selbst bestimmt) in Anspruch genommen werden kann.

Weil die traditionelle Philosophie seit Platon die Dualität nicht gleichursprünglich denken kann, droht sie immer wieder, das Andere zum Objekt der eigenen, subjektiven Erkenntnisbemühungen zu machen und es sich selbst anzugleichen, über das Andere herrschen und verfügen zu wollen. Auch der andere Mensch steht in der Gefahr, als ein solches Objekt angesehen und beherrscht zu werden. Dem steht jedoch die Erfahrung des Antlitzes entgegen.

»Das Antlitz ist Not. Die Nacktheit des Antlitzes ist Not, und in der Direktheit, die auf mich zielt, ist es schon inständiges Flehen. Aber dieses Flehen fordert. In ihm vereinigt sich die Demut mit der Erhabenheit. Und dadurch kündigt sich die ethische Dimension der Heimsuchung an (...) während das freie Denken ›das Selbe‹ bleibt, nötigt sich das Antlitz mir auf, ohne daß ich gegen seinen Anruf taub sein er

64 Levinas, Emmanuel (1995a): *Hermeneutik und Jenseits*. In: Ders.: Zwischen uns. Versuche über das Denken an den Anderen, München/Wien (Carl Hanser), S. 87–100, S. 87f..

ihn vergessen könnte, d. h. ohne daß ich aufhören könnte, für sein Elend verantwortlich zu sein. Das Bewußtsein hört auf, die erste Stelle einzunehmen« [65].

Während der Genuss dem Menschen ermöglicht, bei sich zu bleiben, sich selbst und die anverwandelten und einverleibten Gegenstände zu genießen, ruft das Antlitz des Anderen den Menschen aus sich, aus seinem Bei-sich-Sein heraus. Der Andere lässt sich gerade nicht als Objekt in das eigene Leben, in die eigene Innerlichkeit hineinziehen; er ist ›draußen‹, exterioritär, und ›anders als das Sein‹. Der Andere als Seiendes lässt sich nicht über das allgemeine Sein mit mir vergleichen und meinem Beharren im Sein anverwandeln. Der Andere ruft mich vielmehr aus meinem Beharren im So-Sein heraus: »Der Mensch, verstanden als Individuum einer Gattung oder als ein *Seiendes*, das in einer ontologischen Region seinen Ort hat, im Sein beharrend, wie alle Substanzen, er genießt keinerlei Privileg, das ihn als Ziel der Wirklichkeit einsetzen würde. Aber man muß den Menschen zugleich von der Verantwortung her denken, die älter ist als der *conatus* der Substanz oder als die innere Identifikation; von der Verantwortung her, die genau diese Innerlichkeit stört, indem sie ständig von außen ruft; man muß den Menschen im Ausgang vom Sich denken, das sich gegen seinen Willen an den Platz aller stellt, als Stellvertreter für alle aufgrund seiner Unaustauschbarkeit selbst; man muß den Menschen von der Bedingung oder Un-bedingung des Geisels her denken – des Geisels für alle anderen, die genau als andere nicht zur selben Gattung wie ich gehören, da ich für sie verantwortlich bin, ohne mich auf ihre Verantwortlichkeit mir gegenüber zu stützen, die ihnen erlauben würde, an meine Stelle zu treten, denn selbst für ihre Verantwortlichkeit bin ich letzten Endes und von Anfang an verantwortlich«[66]. – Den Menschen als *humanum* und nicht primär von seinem *conatus* zu denken, bedeutet den Menschen in seiner Fähigkeit zur Transzendenz ernst zu nehmen, das heißt, in seiner Fähigkeit, nicht bei sich und in seinem Da-Sein zu verharren. Den Menschen von seinem *conatus* zu denken, hieße »daß das, was am natürlichsten erscheint, am problematischsten wird«[67]. Es hieße letztlich, den Menschen wie alle anderen Gegenstände der Welt von einer physikalischen Eigenschaft, dem Beharrungsvermögen oder dem Trägheitsmoment, her verstehen zu wollen. Darin hat der Mensch kein Privileg und kein Ziel; darin gewinnt er keine Identität und Dignität. Die gewinnt er dort, wo er sich herausrufen lässt aus seinem So-Sein durch das Anders-

65 Levinas, Emmanuel (2007): *Die Spur des Anderen.* In: Ders.: Die Spur des Anderen. Untersuchungen zur Phänomenologie und Sozialphilosophie. Freiburg/München (Alber) 5. Aufl., S. 209–235; S. 222f.

66 Levinas, Emmanuel (2005a): *Humanismus des anderen Menschen.* Hamburg (Felix Meiner), S. 101f..

67 Levinas, Emmanuel (1996): *Ethik und Unendliches. Gespräche mit Philippe Nemo.* Wien (Passagen), S. 95.

Sein des Anderen. Das Bei-sich-Sein hat per se keinerlei ethische Qualitäten, sondern verhält sich zum Ethischen wie die Diastole zur Systole beim Herzschlag[68]. Beide sind nötig, aber das Ethische geschieht dort, wo der Andere ›jenseits des Seins oder anders als Sein geschieht‹[69], also radikal ursprünglich, vorgestellt und gelten gelassen wird. »Vor dem Anderen ist das Ich unendlich verantwortlich«[70] – so lautet ein Spitzensatz dieser Ethik. Levinas insistiert damit auf einer nicht-vertretbaren Veranwortung, einer ›Unaustauschbarkeit‹ der Verantwortung des Einen für den Anderen.

Da es aber nicht nur *einen* Anderen, sondern *viele* Andere gibt, ist es notwendig, eine Reihenfolge zu bestimmen und die unendliche Verantwortung für den einen Anderen zu begrenzen. Levinas deutet dieses Moment als »Ursprung des Theoretischen«. Das bis dato vortheoretische In-Anspruch-genommen-Werden durch den Anderen wird ins Theoretische geweitet:

»Es gibt an einem bestimmten Moment die Notwendigkeit eines ›Abwägens‹, eines Vergleichs, und die Philosophie wäre in diesem Sinne das Erscheinen einer Weisheit am Grund dieser ursprünglichen *caritas*; sie wäre – und ich spiele nicht mit Worten – die Weisheit dieser *caritas*, die Weisheit der Liebe« [71].

Im Kontrast zur dominanten Wirtschaftstheorie, welche die moralische Verantwortung des Einen für den Anderen vom Subjekt gerade fernhalten will – wir erinnern uns: die ökonomischen Handlungen werden »von unmittelbaren moralischen Intentionen und Rücksichtnahmen freigesetzt« – lässt Levinas nur eine Ordnung gelten, die die interpersonale Beziehung als das erste nicht unmöglich macht[72]. Weil Levinas diese Beziehung zu allererst als eine asymmetrische denkt, kann es in der Begrenzung der Verantwortung für den Anderen nicht um eine formale Gerechtigkeit wechselseitiger Anerkennung gehen, sondern um eine Gerechtigkeit, die aus der

68 Levinas, Emmanuel (1987): *Totalität und Unendlichkeit. Versuch über die Exteriorität.* Freiburg/München (Alber), S. 140.

69 Levinas, Emmanuel (1992): *Jenseits des Seins oder anders als Sein geschieht.* Freiburg/München (Alber).

70 Levinas, Emmanuel (2007): *Die Spur des Anderen.* In: Ders.: Die Spur des Anderen. Untersuchungen zur Phänomenologie und Sozialphilosophie. Freiburg/München (Alber) 5. Aufl., S. 209–235, S. 225.

71 Levinas, Emmanuel (1995b): *Philosophie, Gerechtigkeit und Liebe.* In: Ders.: Zwischen uns. Versuche über das Denken an den Anderen. München/Wien (Carl Hanser), S. 132–153.

72 Levinas spricht in diesem Zusammenhang vom Staat, der solche Beziehungen nicht unmöglich machen darf, andernfalls wäre er totalitär. Deshalb fordert er, dass man diesen Staat begrenze, damit die *caritas* sich entfalten könne. Entsprechendes kann man auf die Ökonomie übertragen: Wo diese die interpersonale Beziehung unmöglich mache, muss sie mit legitimer Gewalt begrenzt werden, um der *caritas* Raum zu schaffen; vgl. Levinas 1995b, bes. S. 134f.

*caritas* hervorgeht; diese muss immer über jene wachen[73]. Konsequenz einer solchen Ethik der Verantwortung ist es, »dem Anderen den Vortritt vor sich zu lassen«[74].

## 8. Rückblick auf eine noch zu führende Debatte

Bei Levinas treffen wir auf ein diametral anderes Verständnis von den Beziehungen und Handlungen zwischen Menschen als es uns die ›dominante Ökonomik‹ bietet. Auf der einen Seite der moralisch eingehegte, aber im Inneren doch moralfreie Raum des Marktes, in dem der Einzelne sich gezwungen sieht, sein Eigeninteresse ungehemmt gegen den Anderen auszuleben. Auf der anderen Seite eine Ethik, die diese scheinbar natürliche Anlage als ›das Problematischste‹ ansieht, und die Humanität des Menschen gerade darin erkennt, dem Anderen den Vortritt zu lassen. Auf der einen Seite eine Ökonomik, die sich ihrer anthropologischen und sozialethischen Begründungsprobleme damit entledigt hat, dass sie sich selbst für die Gestaltung des Rahmens unmittelbar unzuständig erklärt. Auf der anderen Seite eine Ethik, welche im besten Sinne fundamentalontologisch die Begründung einer unendlichen Verantwortung für den Anderen in der Heimsuchung des Ichs durch das Antlitz des Anderen jenseits des Seins sucht[75].

Es geht bei Levinas nicht um Abwehr oder Abwertung des Ökonomischen, sondern um eine angemessene Verortung und Begrenzung des Ökonomischen. Dessen Tendenz zur Totalität läuft Gefahr, das Individuelle und Humane des Menschlichen zu verhindern oder sogar zu verschütten:

»Totalität ist nicht nur eine philosophische Anschauung, wo man die Dinge als zusammengenommen, als Ensemble – das Wort ist auch in dem deutschen Ausdruck der Mathematik – betrachtet. Das hat auch eine Begründung, einen konkreten Sinn; und ich verbinde damit sehr die ökonomischen Verhältnisse der gegenseitige change … – Austausch – Austausch, ja. Diese Addition des Totalen ist sicher das ökonomische Leben. Also gerade da, wo das Antlitz keine Rolle spielt, wo Menschen Termini sind, wo sie in ein Ensemble kommen, wo sie sich addieren. Diese Konkretheit der Addition der Totalität ist das ökonomische Leben und das staatliche – das ökonomische Leben wird auch konkret im Staat. Ja und dann die Suche nach Gerechtigkeit, auch als Erkenntnis der Termini, die in diesem Ensemble stehen. Ich meine,

73 Levinas 1995b, bes. S. 137. In diesem Zusammenhang verweist Levinas auf die Liebe als Barmherzigkeit, die das Hauptattribut Gottes darstelle.

74 Levinas 1995b, S. 139.

75 Es kann hier nicht der Ort sein, die Kontroversen um dieses vorrationale und vorsprachliche Moment der Ethik von Levinas zu diskutieren; vgl. Perpich, Diane (2008): *The Ethics of Emmanuel Levinas. Cultural Memory in the Present.* Stanford (University Press), bes. S. 50ff..

man darf es nicht nur kritisieren, sondern muß das Moment betrachten, wo so etwas vielleicht ursprünglich Sinn hat«[76].

Für die Privatisierungsproblematik erscheinen mir zwei Aspekte wesentlich. Erstens der Aspekt des Eigeninteresses, zweitens der Aspekt der Begegnung von Angesicht zu Angesicht. Levinas wertet den *conatus essendi* nicht ab, aber er sieht hier ein natürliches Element im Spiel, dass den Menschen in keiner Weise vor anderen Wesen, die dem gleichen Beharrungsvermögen im So-Sein folgen, auszeichnet. Zum Menschen im Sinne des Humanums wird der Mensch erst dort, wo er sich aus diesem So-Sein herausrufen lässt durch die Forderung des Antlitzes des Anderen. Hier gibt es gewisse Parallelen zu Kant, der die Humanität des Menschen, seine Zierde, nicht schon in der Pflichterfüllung, sondern erst in der Kultivierung des Mitgefühls für den Anderen erreicht sieht. Im Gegensatz dazu erkennt der breite Strom der klassischen Ökonomik diesen *conatus* als hinreichenden Grund dafür an, dem Eigeninteresse im ökonomischen Handeln nicht nur Raum zu geben, sondern ihn sogar durch entsprechende Anreizstrukturen systematisch zu fordern und auszubilden. Man könnte in Anlehnung an Kant sagen, dass es hier eine unbedingte Pflicht zur Kultivierung dieses Eigeninteresses gibt, die notwendigerweise der Kultivierung des Mitgefühls entgegensteht, was wohl nicht nur für Kantianer unmoralisch ist. Von einer Privatwirtschaft ist entsprechend zu erwarten, dass sie dieser Tendenz noch stärker Vorschub leistet als eine Gemeinwirtschaft.

Zweitens ist es wichtig, die für das pflegerische und medizinische Geschehen so bedeutsame Begegnung von Angesicht zu Angesicht zu bedenken[77]. Erinnert sei daran, dass im gegenwärtigen Krankenhausbetrieb die Kontakte von Angesicht zu Angesicht zwischen Personal und Patienten immer weiter reduziert werden. In der Perspektive von Levinas folgt aus einem reduzierten Kontakt zwischen Pflegenden und Patienten eine ›ermäßigte ethische Forderung‹. Je weniger ich mich dem Angesicht des Anderen aussetzen muss, desto weniger erfahre ich seine Not, sein Flehen

76 Levinas, Emmanuel (2005b): *Intention, Ereignis und der Andere. Gespräch zwischen Emmanuel Levinas und Christoph von Wolzogen am 20. Dezember 1985 in Paris.* In: Ders.: Humanismus des anderen Menschen, Hamburg (Felix Meiner), S. 131–150, S. 133.

77 Auch wenn Levinas das Angesicht primär metaphorisch als Ort der Unbeholfenheit und Armut des Menschen, des dem Tode Ausgesetztseins und zugleich als Imperativ, den Anderen nicht zu töten und ihn nicht in seinem Sterben allein zu lassen, versteht (vgl. Levinas 2005b, bes. S. 136), so meine ich, dass für den hier verhandelten Kontext die konkrete Begegnung von Angesicht zu Angesicht genau auf diese metaphysischen Zusammenhänge verweist und von hier ihre Bedeutung und ethische Relevanz erhalten.

und seine Anordnung[78]. Diese Nicht-Erfahrung kann durch eine ›nachgeholte‹ Reflexion über die Verpflichtung für den Anderen nicht kompensiert werden. Es fehlt die Betroffenheit, die vermutlich direkter und nachhaltiger das Ethos herausfordert als es eine rationale Erwägung vermag. Verstärkt wird diese ›ethische Ermäßigung‹ noch durch den Umstand, dass der klinische Alltag strukturell auch die Zeit für solche rationale Erwägung immer weniger hergibt, sondern stattdessen die ökonomische Forderung nach mehr Effizienz in einem immer stärker ›gesichtslosen‹ Klinikalltag erhöht. Man kann dem Personal nicht die Bereitschaft und die Fähigkeit zur Verantwortung für die Patienten absprechen. Angesichts der extrem anstrengenden und anspruchsvollen Situationen kann man kaum hoch genug anerkennen, dass doch noch sehr viel Verantwortung wahrgenommen wird, die sich aus der Bereitschaft speist, dem Anderen den Vortritt zu lassen – man denke an 9 Mio. Überstunden im Bereich der Pflege. Und doch weist die Entwicklung des Systems in eine Richtung, in der die notwendigen und berechtigten Routinen der Entlastung von der ›unendlichen Verantwortung für den Anderen‹ nun eine Dimension annehmen könnten, in welcher der Patient als (anderer) Mensch immer weniger wahrgenommen wird – bis sein Antlitz völlig aus der Wahrnehmung der medizinisch-technischen Systeme und der ökonomisch optimierten Behandlungsprozeduren verschwunden ist. Wir hätten dann vermutlich ein medizinisch-pflegerisches Versorgungssystem, das hocheffizient und auf einem hohen technischen Stand Leistungen erbringt. Das dürfte dann im Wortsinn ›ohne Ansehen der Person‹ geschehen, nicht aber ohne Ansehen seiner Zahlungsfähigkeit.

78 »Die Epiphanie des absolut Anderen ist Antlitz, in dem der Andere mich anruft und mir durch seine Nacktheit, durch seine Not, eine Anordnung zu verstehen gibt. Seine Gegenwart ist eine Aufforderung zu Antwort. Das Ich wird sich nicht nur der Notwendigkeit zu antworten bewußt, so als handele es sich um eine Schuldigkeit oder Verpflichtung, über die es zu entscheiden hätte. In seiner Stellung selbst ist es durch und durch Verantwortlichkeit oder Diakonie, wie im 53. Kapitel des Buches Jesaja«; Levinas, Emmanuel (2007): *Die Spur des Anderen*. In: Ders.: Die Spur des Anderen. Untersuchungen zur Phänomenologie und Sozialphilosophie. Freiburg/München (Alber) 5. Aufl., S. 209–235, S. 224.

# Therapeutische Interaktion und Funktionslogik des Marktes

*Friedrich Heubel*

## 1. Einleitung

Eine weit verbreitete Intuition lautet: Gesundheitsgüter und -leistungen sollten nicht von der Kaufkraft des Einzelnen abhängen, sondern allen Personen in gleicher Weise zugänglich, also dem marktlichen Wettbewerb entzogen sein. Die entsprechende plakative Formulierung lautet »Gesundheit ist keine Ware«. Das Gewinnmotiv gilt im Gesundheitswesen als verdächtig, plakativ formuliert: »Ethik ist nicht Monetik«. Diese Intuitionen nehmen, indem sie den Markt kritisieren und bestimmte Ansprüche verallgemeinern, eine öffentliche Perspektive in Anspruch. Dem entspricht, dass der ›Markt‹ in Bezug auf das Gesundheitswesen tatsächlich in verschiedener Form Gegenstand öffentlicher Aktivitäten ist: Der Gesetzgeber setzt erklärtermaßen auf Marktelemente, um Qualität und Effizienz des Gesundheitswesens zu stärken (s. u.)[1], das Bundeskartellamt untersagt Krankenhauszusammenschlüsse, um eine marktbeherrschende Stellung einzelner Träger zu verhindern[2]. Demgegenüber gehen einzelne öffentliche Instanzen mit der Privatisierung von Krankenhäusern einen im Grundsatz entgegengesetzten Weg: Sie reduzieren ihre Verantwortung vor der Öffentlichkeit und ersetzen sie durch Verantwortung vor privaten Geldgebern.

Ich möchte im Folgenden klären, ob die genannten Intuition (›Kein Markt im Gesundheitswesen‹) einen rationalen Kern hat. Dabei stellt sich sowohl die Frage nach der Reichweite öffentlicher Verantwortung überhaupt als auch die Frage, wel-

---

1 »Der Gesundheitsmarkt ist der wichtigste Wachstums- und Beschäftigungssektor in Deutschland«. Koalitionsvertrag zwischen CDU, CSU und FDP, 17. Legislaturperiode, S. 78/124.

2 »2. Auf dem für die Zusammenschlusskontrolle sachlich relevanten Markt stehen sich der Patient bzw. der einweisende Arzt als sein Disponent als Nachfrager und die Krankenhäuser als Anbieter der erforderlichen Krankenhausbehandlung gegenüber, wobei eine Unterteilung des Marktes für Krankenhausdienstleistungen nach medizinischen Fachbereichen in Betracht zu ziehen ist.« Zweiter Leitsatz des Beschlusses des Kartellsenats des OLG Düsseldorf zum vom Kartellamt verfügten Verbot einer Krankenhausübernahme durch die Rhön-Klinikum AG. http://www.justiz.nrw.de/nrwe/olgs/duesseldorf/j2007/VI_Kart_6_05__V_beschluss20070411.html

che Elemente des Marktgeschehens – außer Effizienz und Marktbeherrschung z. B. Wettbewerb, Rationalisierung, Ökonomisierung, Kommerzialisierung – für das Krankenhaus relevant sind. Ich beginne mit einer Rekonstruktion des Markthandelns als Tausch und benutze den originären Tausch als Kriterium zur Abgrenzung des Marktes als universeller geldvermittelter Tausch von der Spekulation. Ich kontrastiere marktkonformes Handeln mit dem Handeln als Therapie und analysiere dessen Einbettung in die Organisation des Krankenhauses als privates Unternehmen. Im Ergebnis halte ich die genannte Intuition für gerechtfertigt: Die (materielle) Privatisierung von Krankenhäusern ist moralisch problematisch, weil sie im Bemühen um markttypische Effizienz Handlungsanreize setzt, die therapeutischem Handeln widersprechen. Das Problem ist nicht nur ein individual- sondern auch ein sozialethisches. Ich ziehe eine Parallele zwischen dem Kontrollverlust auf den Finanzmärkten und der Entöffentlichung im Gesundheitswesen. Mit Argumenten, die an gute Argumente Kants angelehnt sind, schlage ich eine Rechtfertigung für regulierende Kontrolle vor.

## 2. Markt als Tausch

›Markt‹, verstanden im Sinne der ökonomischen Theorie[3], ist – darüber besteht ein weitgehender Konsens – eine hochorganisierte Form des Tauschs. Tausch heißt: Zwei tauschende Akteure geben und empfangen zugleich und im wechselseitigen Einverständnis je einen von zwei verschiedenen aber als gleichwertig betrachteten Gegenständen oder Leistungen. Im historisch älteren Naturaltausch tauschen die Akteure in der Regel Produkte ihrer Arbeitskraft, zum Beispiel Jagdbeute, landwirtschaftliche Erzeugnisse, Werkzeuge, Schmuck. Die Tauschpartner sichern so ihren Lebensunterhalt und/oder verbessern subjektiv ihre Lebensbedingungen. *Auch bei der modernen, hochorganisierten Form des Tauschs auf Märkten ist diese Grundstruktur erhalten.*[4] Denn auch was Marktteilnehmer an Mitteln zur Lebensgestaltung geben und erhalten, beruht auf ihrer Arbeitskraft. Das gilt sowohl für Menschen, deren Arbeitsmittel die eigene Person ist, wie z. B. bei Sängern, es gilt für Menschen, die etwas herstellen, entweder mit eigenen Werkzeugen wie beim Handwerk oder mit

3 Einen metaphorisch benutzten Begriff vom Markt, dem eine quantifizierbare Äquivalenz der Tauschgegenstände fehlt, wie z.B. in ›Heiratsmarkt‹, lasse ich hier außer Acht.

4 Ich verstehe diesen Satz ausdrücklich nicht als anthropologische oder geschichtsdeterministische Behauptung und nehme auch nicht Stellung zu der Vorstellung, dass die sich aus dem Zusammenspiel der Tauschhandlungen »notwendig und kulturunabhängig ergebende wettbewerbliche Eigendynamik« eine vorbestehende »Idylle« zusammenbrechen lässt, vgl. Thielemann, Ulrich (1996): *Das Prinzip Markt.* Bern (Haupt), S. 324.

fremden wie in der Fabrik, und es gilt für Menschen, die mit Hergestelltem Handel treiben sowie für die verschiedenen Mischformen. Nur ist im Markt zum Unterschied vom Naturaltausch der Tausch[5] über Geld[6] vermittelt. Die tauschenden Akteure bringen ihre Arbeitskraft ein, erhalten dafür Geld und kaufen mit dem Geld jeweils das Produkt, das auf der Arbeitskraft anderer Akteure beruht.

Für das dauerhafte Funktionieren des marktförmigen Tauschs müssen grundsätzlich zumindest die folgenden drei Bedingungen erfüllt sein: Äquivalenz, Eigentum und Geldwertstabilität:

*Erstens.* Der Akteur als Verkäufer will sein Produkt nicht «unter Wert« abgeben, der Akteur als Käufer ein Produkt nicht «über Wert« erwerben. Der Kaufpreis soll mit anderen Worten nicht durch Ausnutzen von Informationsvorteilen, durch Täuschung oder durch Machtverhältnisse verzerrt sein, zwischen Produkt und Preis soll Äquivalenz bestehen. Sobald Akteure mit dergleichen Verzerrungen rechnen müssen, vermindert sich ihr Interesse am Tausch, weil sie reale Tauschoptionen verlieren.

*Zweitens.* Wie beim Naturaltausch müssen die Akteure sicher sein, dass ihnen das Ertauschte – sowohl Geld wie Produkt – bei Wechsel der Machtrelation und der Nutzenerwägungen einer Seite nicht wieder genommen werden kann. Der Tausch – auch die Transaktion von Produkt gegen Geld und Geld gegen Produkt – muss gelten. In dem komplexen Tauschsystem des Marktes heißt das, dass jederzeit

5 »*Geldwirtschaft*, Form der modernen Volkswirtschaft, in der jeder Tauschakt (Ware gegen Ware) in zwei unabhängige Kaufakte (Ware gegen Geld, Geld gegen Ware) zerlegt ist. Da fast ausschließlich Kreditgeld im Umlauf ist, wird häufig auch von *Kreditwirtschaft* gesprochen. – *Gegensatz*: Naturalwirtschaft«; o.V. (2004): *Art. »Geldwirtschaft«.* In: Gabler Wirtschaftslexikon. Wiesbaden (Gabler), 16. Aufl., S. 1168.

6 Die drei »Grundfunktionen« des Geldes sind: »a) *Rechenmittelfunktion*: (...) Die Funktion des G[eldes] als Rechenmittel des Tauschverkehrs könnte allerdings auch von einem abstrakten Maß wahrgenommen werden. Diese Funktion ist daher nicht konstitutiv für das Wesen des G[eldes] – b) *Wertaufbewahrungsfunktion*: Entsprechendes gilt für die Funktion der Wertaufbewahrung. Die Haltung von G[eld] erlaubt, Kaufkraft interregional und intertemporal zu transportieren. Diese Funktion wird aber auch von anderen Aktiva erfüllt, und zwar oft besser, weil mit sinkendem Wert des G[eldes] nur der Nominalwert, nicht dagegen der für die Qualität der Wertaufbewahrung entscheidende Realwert erhalten bleibt. – c) *Tauschmittelfunktion*: Konstitutiv für das Wesen des Geldes ist daher allein die Eigenschaft bzw. Funktion als transaktionsdominierendes Tauschmittel. Diese Eigenschaft verleiht dem G[eld] den höchsten Liquiditätsgrad von Eins; das bedeutet, dass G[eld] ohne Abschlag zum Nominalwert angenommen wird. Als transaktionsdominierendes Tauschmittel ermöglicht G[eld] den Marktteilnehmern die Einsparung von Transaktionskosten sowie von Informationskosten über die Marktmöglichkeiten. Als Tauschmittel erweitert das G[eld] mit dieser Kostenersparnis bei gegebener Faktorausstattung den Bereich der realen Produktionsmöglichkeiten der Volkswirtschaft«; o.V. (2004): *Art. »Geld«.* In: Gabler Wirtschaftslexikon. Wiesbaden (Gabler), 16. Aufl., S. 1155.

feststehen muss, wer wann welche Verfügungsrechte worüber hat[7], also uneingeschränktes Verfügungsrecht – das Eigentum – und die Bindungswirkung von Verträgen. Beide müssen ebenfalls mit rechtlichen Mitteln durchsetzbar, das heißt institutionell gesichert sein.

*Drittens.* Alle am marktförmigen Tausch beteiligten Akteure haben ein Interesse daran, dass der Wert des universellen Tauschmittels sich nicht während des – in der Regel mehrphasigen – Tauschvorgangs ändert. Auch dieses Interesse muss institutionell gesichert sein (z. B. durch eine Notenbank).[8]

Insgesamt lassen sich die wichtigsten Züge des marktförmigen Tauschs dadurch verstehen, dass der Tausch in dieser Form im Vergleich zum Naturaltausch ein vermittelter ist. Die einzelnen Kaufakte bilden erst in ihrer Gesamtheit den Tausch (nämlich den Tausch von Produkten zwischen Akteuren), sind also selbst keine Tauschhandlungen im vollen Sinne. Das Geld als Tauschmittel eröffnet aber allen Beteiligten eine dem Naturaltausch weit überlegene Menge von Tauschoptionen. Darauf beruht die große Attraktivität des wirtschaftlichen Marktes als universaler geldvermittelter Tausch. Allerdings verwandelt sich auch der kommunikative Kontext: Unmittelbarer Partnerbezug und damit direkte soziale Kontrolle wird ersetzt durch Teilhabe an einer vergleichsweise abstrakten, Verlässlichkeit sichernden Institution.

Selbstständigkeit und Abhängigkeit[9] sind auch für die Handlungslogik der Akteure im Markt relevant. Wer unter Marktverhältnissen am Tausch interessiert ist – und das ist wegen des notwendigen Lebensunterhalts jeder – muss am Geld interessiert sein. Solange ein Akteur »abhängig erwerbstätig« ist, d. h. keine Möglichkeit hat, den monetären Gegenwert seiner Arbeitskraft zu beeinflussen, kann er das Gleichgewicht zwischen Einkommen und Lebensgestaltung nur dadurch herstellen, dass er seine Lebensführung dem gegebenen Einkommen anpasst. Sobald jedoch

---

7 Das gilt insbesondere dann, wenn Geld nicht materialiter sondern als Kontenbewegung transportiert wird.

8 An dem genannten Interesse ist nicht zu zweifeln. Die institutionelle Sicherung gilt allerdings im strengen Sinne nur für abgrenzbare Wirtschaftsräume. Solange es eine Vielzahl von Währungen, aber keine Welt-Notenbank gibt, spricht sich dieses Interesse in Versuchen aus, feste Wechselkurse durchzusetzen oder Währungsrisiken durch Hedging-Methoden zu begrenzen.

9 »*Selbstständige*, Begriff der amtlichen Statistik der Erwerbstätigkeit für Personen, die einen Betrieb oder eine Arbeitsstätte gewerblicher oder landwirtschaftlicher Art wirtschaftlich und organisatorisch als Eigentümer oder Pächter leiten (einschließlich selbstständiger Handwerker) sowie alle freiberuflich Tätigen, Hausgewerbetreibenden und Zwischenmeister. – Gegensatz: *Abhängige*«; o.V. (2004): *Art. »Selbständige«*. In: Gabler Wirtschaftslexikon. Wiesbaden (Gabler), 16. Aufl., S. 2648. – »Abhängige, zusammenfassende Bezeichnung der amtlichen Statistik für Beamte, Angestellte, Arbeiter und Auszubildende. – Gegensatz: Selbstständige. – Vgl. auch Erwerbstätige«; o.V. (2004): *Art. »Abhängige«*. In: Gabler Wirtschaftslexikon. Wiesbaden (Gabler), 16. Aufl., S. 13.

ein Akteur durch eigene Produktion, Handel oder beides die Möglichkeit hat, den monetären Gegenwert seiner Arbeitskraft zu beeinflussen, kann er innerhalb gewisser Grenzen sein Einkommen den Interessen seiner Lebensgestaltung anpassen – allerdings muss er dazu ein Gleichgewicht zwischen monetärem Aufwand und monetärem Ertrag (Einkauf und Verkauf) herstellen. Verlust muss vermieden, Gewinn angestrebt werden[10]. Geld in Form von Gewinn hat also beim »Selbstständigen« anders als beim »Abhängigen« eine spezifische handlungsleitende Funktion. Die Wertschätzung gilt nicht nur den Interessen (die an das Einkommen angepasst werden müssen), sondern auch dem Gewinn, der das Verfolgen von Interessen erst ermöglicht. Dieses für die Handlungslogik des »Selbstständigen« typische Element der Vermarktlichung wird von Kettners Kommerzialisierungsformel in der folgenden Bedingung ausgedrückt:

Kommerzialisierung: Die wirtschaftliche Normativität wird zum Ausdruck einer Wertschätzung von Profit als solchem[11].

## 3. Die Funktionslogik des Marktes und die Handlungslogiken der Akteure

Die Funktionslogik des Marktes im Sinne des universalen, geldvermittelten Tauschs besteht in der Attraktivität der vervielfältigten Tauschoptionen und der institutionell reduzierten Komplexität der Tauschentscheidungen. Es ist also ratsam, nützlich, empfehlenswert, sich des – funktionierenden – Markts zu bedienen. Es handelt sich um eine Klugheitsregel, eine ›prudentielle‹ Norm. Sie ist verallgemeinert in dem Sinne, dass sie für jeden Akteur gilt, soweit das Interesse am Tausch bei Menschen vorausgesetzt werden kann. Vorausgesetzt ist allerdings ebenfalls die Intaktheit der institutionellen Bedingungen – Äquivalenz, Eigentum, Geldwert[12]. Insofern ist die Klugheitsregel immer noch eine bedingte Regel: Es kann unklug sein, auf einem Markt mit Funktionsdefekten zu tauschen, z.B. auf einem Schwarzmarkt, auf dem Zigaretten als Währung dienen oder Diebesgut die Ware ist.

10 Zur Veranschaulichung: Herr A erhält in seinem Beruf als Lehrer für seine Arbeitskraft ein Einkommen, aus dem Einkommen kauft er ein Klavier, denn er liebt Musik und hat ein musikalisches Kind. Er verkauft das Klavier nicht wieder, Klaviere eignen sich auch nicht als Wertanlage und lassen keine Rendite erwarten. Herr B dagegen handelt mit Klavieren. Auch er erhält für seine Arbeitskraft in seinem Beruf als Kaufmann ein Einkommen: die Marge zwischen Ein- und Verkauf. Er kauft und verkauft Klaviere und lebt von der Marge.

11 Vgl. Matthias Kettners Beitrag im vorliegenden Band, S. 131.

12 Schwarzmarkt ist ein Markt mit Funktionsmängeln, z.B. Zigaretten als Währung, Diebesgut als Ware.

Was hier als Funktionsdefekt des Marktes – er funktioniert nicht oder nicht vollkommen, wenn die rechtliche Infrastruktur nicht gegeben ist – erscheint, ist Ausdruck der Handlungslogik des eigeninteressierten Akteurs, denn diese stimmt mit der Funktionslogik des Marktes nicht notwendig überein. Insoweit nämlich, als das Interesse am Tausch primär ein Interesse am eigenen Nutzen ist, ist es gerade kein Interesse am Nutzen des Anderen. Der Nutzen des Anderen liegt nur dann im eigenen Interesse, wenn der Andere auch für die Zukunft als Tauschpartner in Frage kommt. Das mag für den Naturaltausch in Nachbarschaftsverhältnissen zutreffen, es trifft aber nicht zu für den universellen geldvermittelten Tausch, bei dem die originären Tauschpartner in der Regel einander unbekannt sind. Jedenfalls ist es dem einzelnen Akteur unmöglich, über sein ganzes Leben generalisierend eine Nutzen-Schadens-Bilanz aufzustellen und so einen Grund dafür zu gewinnen, dass es in jedem vorkommenden Fall ratsam sei, das Interesse des Anderen in das eigene Interesse aufzunehmen. Das Eigeninteresse reicht also nicht so weit, alle zukünftig möglichen Interaktionspartnern unter allen Umständen die Berücksichtigung ihrer gleichberechtigten Interessen zu garantieren. Eine solche Garantie zu geben, ist erst dann ›rational‹, wenn alle möglichen Transaktionspartner zugleich sie geben. Dass alle möglichen Aktionspartner dies aus eigenem Antrieb tun, wäre eine Aktion, mit der kein Einzelner rechnen kann. Insofern ist die Verlässlichkeit und damit Attraktivität des Marktes (Markt immer gedacht als universaler, geldvermittelter Tausch), also seine volle Funktionsfähigkeit, immer noch abhängig von einem weiteren, kollektiven Schritt.

Da ein intrinsisches Interesse am Nutzen des jeweiligen Tauschpartners, also ein moralähnliches Element, nicht generell vorausgesetzt werden kann, muss es durch ein extrinsisches verstärkt oder ersetzt werden. Diese Funktion erfüllt zum Beispiel die Familienloyalität beim Nepotismus: Das Familienoberhaupt sorgt für und diszipliniert zugleich die Familie und kann dafür mit der Verlässlichkeit der ›Neffen‹ rechnen. Das direkte Füreinander innerhalb der Familie wird durch einen als konsentiert zu betrachtenden, mehr oder weniger diskreten Zwang gesichert. Die bloße Familienloyalität verträgt sich freilich nicht mit der Universalität des geldvermittelten Tauschs, hier muss die Loyalität *jeder* Person gelten. Der hier erforderliche Zwang kann nicht an ein Merkmal geknüpft sein, in dem sich die Menschen unterscheiden, wie z. B. die natürliche Familienzugehörigkeit. Es muss ein Merkmal sein, das für alle Menschen gleichermaßen gilt und das mit der Fähigkeit verbunden ist, überhaupt Zwang auszuüben, also zu handeln. Das ist die Fähigkeit des Menschen, seinem Handeln Regeln zu setzen, Regeln, die in diesem Falle insofern über das bloße Interesse hinausgehen, als sie Interessen Grenzen setzen können, mit anderen Worten, seine Moralität. Dem entspricht das Rechtssystem: Jedem der gleichberechtigten Akteure wird soviel Zwang zugemutet, dass jeder die gleiche

Handlungsfreiheit genießen kann, sowohl der Zwang wie die Handlungsfreiheit werden generalisiert. Die Zumutung ist gerechtfertigt, denn der Zwang trifft aktuell nur den, der die eigene Handlungsfreiheit rechtswidrig zuungunsten anderer Akteure ausweitet. Mit anderen Worten, indem das Rechtssystem den Regelverstoß mit einem ›Übel‹ (z. B. der Strafe) verbindet, erzeugt es die extrinsische Motivation zur Beachtung der rechtmäßigen Interessen jedes Anderen.

Wie gesagt, stimmt die Handlungslogik des eigeninteressierten Akteurs nicht notwendig mit der Funktionslogik des Marktes überein. Solange der Markt funktioniert, reicht es für den Akteur aus, sich an die Regeln zu *halten*, d. h. Beschränkungen seiner Interessen hinzunehmen, wenn nur die individuelle Nutzen-Schadensbilanz positiv bleibt. Die Regeln auch zu *setzen* – oder an ihrer Gestaltung mitzuwirken – ist für ihn, solange die Institutionen wirken, nicht ›rational‹, denn es würde der Verfolgung seiner Eigeninteressen Mittel entziehen. Die Handlungslogik des Trittbrettfahrers ist durchaus ökonomisch attraktiv. Da die Rechtsordnung aber nicht von allein entsteht, sondern ihre Regeln durch ein spezifisches Handeln gesetzt und realisiert werden müssen, bedarf es einer zusätzlichen Handlungslogik von anderer Art als der ökonomischen. In dieser Handlungslogik befindet sich der mögliche Akteur in der Rolle des Gesetzgebers. Zugleich mit allen anderen Akteuren begrenzt er sich selbst. Indem er die Ansprüche aller, insofern sie rechtmäßig sind, nicht nur als gegen sich selbst gültig anerkennt, sondern auch – etwa als Abgeordneter – durchsetzbar macht, bindet er sich nicht nur selbst an die Gerechtigkeitsnorm, sondern macht sich die Gerechtigkeit sogar zum Zweck. Mit anderen Worten: Er handelt – nach Kant'schen Begriffen – verdienstlich.

Die Handlungslogik des eigeninteressierten Akteurs ist also für das Funktionieren des als universeller, geldvermittelter Tausch verstandenen Marktes eine notwendige, aber keine hinreichende Bedingung. Erst die institutionelle Infrastruktur macht die Funktionsbedingungen vollständig, Sie nimmt eine moralische Norm in Anspruch und sie zu etablieren ist selbst eine moralische Leistung. Wir stoßen hier auf eine zweite funktionsnotwendige Bedingung.

Im Folgenden schildere ich zunächst zwei gesetzliche Vorgaben, die markttypische Vorstellungen auf das Gesundheitswesen anwenden.

## 4. Marktelemente im Gesundheitswesen

Im Jahr 2000 hat der Deutsche Bundestag mit dem Beschluss des Gesetzes zur Reform der gesetzlichen Krankenversicherung (GKV-Gesundheitsreformgesetz) folgenden Absatz in das Krankenhausfinanzierungsgesetz (KHG) eingefügt:

»§ 17b: Einführung eines pauschalierenden Entgeltsystems
(1) Für die Vergütung der allgemeinen Krankenhausleistungen ist für alle Krankenhäuser, für die die Bundespflegesatzverordnung gilt, ein durchgängiges, leistungsorientiertes und pauschalierendes Vergütungssystem einzuführen; (...). Das Vergütungssystem hat Komplexitäten und Comorbiditäten abzubilden; sein Differenzierungsgrad soll praktikabel sein (...). Die Fallgruppen und ihre Bewertungsrelationen sind bundeseinheitlich festzulegen; die Punktwerte können nach Regionen differenziert festgelegt werden. Die Bewertungsrelationen sind als Relativgewichte auf eine Bezugsleistung zu definieren«.

Diese Vorschrift enthält das Programm zur Einführung der sogenannten *diagnosis related groups* (DRGs)[13], die Anfang 2010 formal abgeschlossen sein wird. Es handelt sich um ein Klassifikationssystem von Krankheitsfällen: Es werden Gruppen oder Klassen von Krankheitsdiagnosen gebildet mit im nationalen Durchschnitt gleichem Kostenaufwand. Für die Krankheitsfälle der gleichen Gruppe erhält das Krankenhaus grundsätzlich (d. h. lediglich regionale Differenzierungen sind möglich) die gleiche Vergütung. Die bisherige Vergütungsform nach Tagespflegesätzen pro Krankheitsfall entfällt. Die Folge ist:

»Dem Leistungserbringer wird damit anders als im pflegesatzbasierten System die Vergütung eines Patientenfalles krankenhausübergreifend unabhängig vom tatsächlichen Aufwand der Behandlung vorgegeben. Daraus ergibt sich der Anreiz für das Krankenhaus, die Behandlung im Interesse betriebswirtschaftlicher Effizienz mit möglichst geringem Ressourcenverbrauch durchzuführen«[14].

Technisch gesehen, wird ein landesweiter Grundbetrag (Bezugsleistung, base rate) definiert und jeder Gruppe von Diagnosen ein Faktor (Relativgewicht) zugeordnet, mit dem der Grundbetrag multipliziert wird[15]. Das System ist insofern ein lernendes, als sich die Relativgewichte ändern können, wenn der Ressourcenaufwand infolge von Diagnostik- und Behandlungsfortschritten steigt oder sinkt. Es wird damit gerechnet bzw. erwartet, dass als Folge des neuen Vergütungssystems Häuser, die der Konkurrenz nicht gewachsen sind, d. h. ihre Leistungen nicht betriebswirtschaftlich kostendeckend erbringen können, schließen müssen.

Mit diesem Anreizsystem greift der Gesetzgeber – wie aus der amtlichen Begründung hervorgeht[16] – bewusst auf marktwirtschaftliche Ordnungsvorstellungen zurück: Es wird »Intensivierung des Preiswettbewerbs« angestrebt (S. 72), die ge-

---

13 Vgl. hierzu auch die Ausführungen zu den DRGs bei Horst Imdahl in diesem Band.

14 Lauterbach, Karl W./Lüngen, Markus (2001): *Was hat die Vergütung mit der Qualität zu tun?* In: Arnold, Michael/Litsch, Martin/Schellschmidt, Henner (Hrsg.), Krankenhausreport 2000. Stuttgart (Schattauer), S. 115.

15 Weil das Verhältnis von einfachen und komplizierten Behandlungsfällen von Krankenhaus zu Krankenhaus schwankt, ergibt sich für das einzelne Krankenhaus jeweils ein spezifischer Casemix.

16 Allgemeiner Teil der amtlichen Begründung des GKV-Modernisierungsgesetzes (Bundestagsdrucksache 15/1525, S. 71 ff.).

setzliche Krankenversicherung müsse in den »allgemeinen Wirtschaftsmarkt« eingegliedert bleiben (S. 78), »verfestigte marktferne Strukturen« sollen zugunsten »einer wettbewerblichen Orientierung«[17] verlassen werden (S. 79). Zweck des Anreizsystems ist die Steigerung von Effizienz und Qualität der medizinischen Versorgung[18]. Der Gesetzgeber sieht also gleiche Wettbewerbsbedingungen zwischen den Krankenhäusern nicht als Selbstzweck. Vielmehr sollen die Krankenhäuser durch das Prinzip »gleiche Leistung zum gleichen Preis« vergleichbar gemacht werden. Aufgrund des Selbsterhaltungsinteresses des einzelnen Hauses wird so ein Anreiz zur betriebswirtschaftlichen Optimierung gesetzt. Häuser, denen das nicht in hinreichendem Maße gelingt, werden schließen müssen. Allerdings kann sich die betriebswirtschaftliche Optimierung nur auf Verbesserungen im Angebot stützen (Qualitätswettbewerb), die im freien Markt übliche Konkurrenz über den Preis ist den Häusern verwehrt. Der Gesetzgeber setzt demnach den Wettbewerb als Mittel der Rationalisierung der Gesundheitsversorgung überhaupt und zugleich zur Kostendämpfung ein. Er agiert als Sachwalter nicht nur der Kranken, sondern auch der

17 Vgl. Bundesgesundheitsminister Dr. Philipp Rösler im Interview: »Frage: Sehen Sie angesichts der Kostensteigerungen im Gesundheitswesen auch Einsparmöglichkeiten und Wirtschaftlichkeitsreserven im Gesundheitssystem, die zur Gegenfinanzierung genutzt werden können? Antwort: Ich bin als Liberaler davon überzeugt, dass sich in unserem Gesundheitswesen mit mehr fairem Wettbewerb Preise und Qualität im Sinne der Versicherten positiv entwickeln können. Deswegen möchte ich eine stärker wettbewerbliche Neuausrichtung. Ich möchte weg von einem System, das glaubt, alles im Detail regeln zu müssen, und sich anmaßt zu wissen, was in jedem Einzelfall zu tun ist. Dazu muss das Gesundheitswesen in allen Bereichen von seinen Fesseln befreit werden, die es träge, bürokratisch und langsam gemacht haben. Dazu ist auch mehr Transparenz für die Versicherten nötig und Zugang zu Informationen. Wir brauchen den mündigen Versicherten, der die Wahl hat zwischen verschiedenen Versorgungsmodellen und -angeboten. Ich bin überzeugt, dass ein aufgeklärter, mündiger Patient besser beurteilen kann, ob das Preis-Leistungs-Verhältnis bei seiner Behandlung in Ordnung ist, als wenn man versucht, dies staatlich zu regeln. Der mündige Versicherte wird auch mehr für seine eigene Gesundheit tun, denn für ihn liegt es im eigenen Interesse, auf seine Gesundheit zu achten. – Frage: Mehr Wettbewerb im System kann die Versorgungsqualität erhöhen und Kosten sparen. Können die Krankenkassen damit rechnen, in Zukunft mehr Gestaltungsspielräume z. B. beim Abschluss von Einzelverträgen mit Ärzten und Krankenhäusern zu erhalten? Antwort: Mehr Wettbewerb bedeutet mehr Wettbewerb für alle Beteiligten, für Ärzte, für Apotheker, für Krankenhäuser und auch für die Krankenkassen. Wir wollen, dass die Krankenkassen mehr Spielräume für gute Verträge bekommen.« In: Gesundheit konkret (Zeitschrift der BARMER GEK), Nr. 1, 2010, S. 36.

18 »Allerdings gibt es strukturelle Mängel, die zunehmend zu einer Fehlleitung der Mittel führen. Gerade im Bereich der großen Volkskrankheiten , die die höchsten Kosten verursachen, sind mangelnde Effektivität und Qualität zu verzeichnen. Deshalb müssen die vorhandenen Mittel effizienter eingesetzt und die Qualität der medizinischen Versorgung deutlich gesteigert werden«. Allgemeiner Teil der amtlichen Begründung des GKV-Modernisierungsgesetzes (Bundestagsdrucksache 15/ 1525, S. 71).

Gesunden, die über ihre Krankenkassenbeiträge das Gesundheitssystem finanzieren.

Das Bundeskartellamt agiert auf der Basis des Gesetzes gegen Wettbewerbsbeschränkungen (GWB)[19]. Das Bundeskartellamt hat mit Beschluss vom 10. März 2005 im Rahmen der Zusammenschlusskontrolle nach §§ 35ff. GWB einem privaten Krankenhausbetreiber untersagt, zwei Kreiskrankenhäuser zu übernehmen. Nach Auffassung des Bundeskartellamts war der beabsichtigte Erwerb zu untersagen, weil das Zusammenschlussvorhaben zur Entstehung bzw. Verstärkung einer marktbeherrschenden Stellung des Krankenhausbetreibers auf dem Markt für akutstationäre Krankenhausleistungen auf dem räumlichen Markt B. N./B. K. (PLZ-Bereich 976.. –977..) und dem Regionalmarkt M. (PLZ-Bereich: 985.. – 986..) geführt hätte[20]. Der Widerspruch des Krankenhausbetreibers wurde vom Oberlandesgericht Düsseldorf mit Beschluss vom 11. 4. 2007 zurückgewiesen. In der Begründung des Beschlusses ist das Ziel des GWB wie folgt zusammengefasst:

»Das GWB soll in erster Linie die Freiheit des Wettbewerbs gewährleisten. Durch die Fusionskontrolle soll den Gefahren vorgebeugt werden, die von einem marktbeherrschenden Unternehmen ausgehen können. Ziel des als Institution zu schützenden Wettbewerbs ist es in diesem Fall, eine Konzentration von Marktmacht zu verhindern, um auf diese Weise dazu beizutragen, dass das an der Nachfrage orientierte Angebot von Sach- und Dienstleistungen zu möglichst geringen Preisen bei zumindest gleichbleibender Qualität erfolgt. Hierauf zielt aber auch die Gesundheitspolitik ab, die mit den ihr zur Verfügung stehenden Mitteln eine leistungsfähige und bedarfsgerechte Krankenversorgung zu sozialverträglichen Pflegesätzen herbeiführen will.«

Das Bundeskartellamt agiert also auch hier als Sachwalter nicht nur der Kranken, sondern auch der Gesunden.

Sowohl das DRG-System als auch die Fusionskontrolle erwarten vom Wettbewerb eine tendenzielle Kostenkontrolle und beide sehen das Gesundheitswesen

---

19 Gesetz gegen Wettbewerbsbeschränkungen in der Fassung der Bekanntmachung vom 15. Juli 2005 (BGBl. I S. 2114 (2009, 3850)), das zuletzt durch Artikel 13 Absatz 21 des Gesetzes vom 25. Mai 2009 (BGBl. I S. 1102) geändert worden ist.

20 Nach: Beschluss des Kartellsenats des Oberlandesgerichts Düsseldorf vom 11.04.2007. Aktenzeichen: VI-Kart 6/05(V). Der vollständige Text ist zu finden unter http://www.justiz.nrw.de/nrwe/olgs/duesseldorf/j2007/VI_Kart_6_05__V_beschluss20070411.html.

insofern als einen Markt[21], dass die Nachfrage nach Gesundheitsleistungen die Anbieter zu einem der Nachfrage entsprechenden Angebot motiviere. Beide sehen aber auch eine Besonderheit dieser Nachfrage, die sie von der Nachfrage auf einem »freien« Markt unterscheidet. Denn diese Nachfrage wird von den Kranken nicht direkt, sondern im Wege über die Ärzteschaft formuliert. Die nach der entsprechenden DRG zu vergütenden Leistungen richten sich nämlich nach dem Durchschnitt des Mittelverbrauchs *pro Diagnose*, und es ist die Ärzteschaft, die die Diagnosen stellt. Die Logik des DRG-Vergütungssystems bedeutet also nicht, dass die betriebswirtschaftliche Optimierung unter der Dominanz der Betriebswirtschaftler und die Ärzteschaft sozusagen unter Kuratel steht. Dass der Gesetzgeber diese entscheidende Rolle der Ärzteschaft voraussetzt, muss jedenfalls unterstellt werden, denn ohne diese Voraussetzung wäre seine Erwartung von Qualitätsverbesserung nicht plausibel. Was die Fusionskontrolle betrifft, so bestätigt das OLG Düsseldorf diese Besonderheit der Nachfrage in seinem zweiten Leitsatz:

»Auf dem für die Zusammenschlusskontrolle sachlich relevanten Markt stehen sich der Patient bzw. der einweisende Arzt als sein Disponent als Nachfrager und die Krankenhäuser als Anbieter der erforderlichen Krankenhausbehandlung gegenüber, wobei eine Unterteilung des Marktes für Krankenhausdienstleistungen nach medizinischen Fachbereichen in Betracht zu ziehen ist.«

Hier ist zwar nur vom einweisenden Arzt die Rede, aber die Formulierung des tatsächlichen Patientenbedarfs, also die Bestimmung der realen »Nachfrage« erfolgt im Krankenhaus ebenfalls durch Ärzte. Was sind die Besonderheiten dieser Nachfragesituation?

---

21 Genau genommen, ist ein Markt für Gesundheitsleistungen von einem Markt für Krankenhäuser zu unterscheiden; vgl. Wolfgang Pföhler, Vorstandsvorsitzender der Rhön-Klinikum AG auf der Analystenveranstaltung vom 10. November 2005 in Frankfurt/M: »Die Marktabdeckung ist sowohl horizontal, d.h. in der Fläche und in allen Fachgebieten – und vertikal – d.h. in allen Versorgungsstufen, also Grund- und Regelversorgung, aber auch Zentral- und Maximalversorgung. Flächenversorgung und Flächendeckung korrespondieren miteinander.« – »Für ein bundesweites, flächendeckendes Angebot wollen wir unseren Marktanteil von rund zwei Prozent und etwas über 40 Krankenhäusern auf einen Marktanteil von acht bis zehn Prozent erhöhen.« – »Wichtig ist aber bei allen Expansionsplänen eines: wir wollen nicht Wachstum um des Wachstums willen, sondern ein *profitables* Wachstum.« – Auf der Hauptversammlung der AG 2006: «Damit haben wir als erster privater Klinikbetreiber in Deutschland die Herausforderung angenommen, ein Universitätsklinikum *unternehmerisch* zu führen« (Hervorhebung im Original).

## 5. Die authentische Nachfrage und die Logik der therapeutischen Interaktion

Patient sein heißt, eine Umkehrung der gewohnten Lebensperspektive zu erleben. Statt integriert in Beruf und Familie mit mehr oder weniger großer Befriedigung seine Aufgaben zu erfüllen, wird man sich selbst zur Aufgabe. Eine Erkältung kann man noch mit etwas Geduld einfach aussitzen und die Reparatur der Natur überlassen. Aber ein gebrochenes Bein, ein Herzinfarkt oder der Verdacht auf einen Tumor ist ein Problem oder wird zu einem Problem, dem man sich nicht entziehen kann. Ein Problem, das seinen Sitz in einem selbst hat, das man aber doch nicht selbst lösen kann. Gegen alle Üblichkeit wird man fremden Menschen Zugang und Einblick in den eigenen Körper und das eigene Leben gewähren müssen. Sie können Dinge entdecken, die für jeden anderen Geheimnisse sind oder von denen nicht einmal man selbst wusste. Man muss damit rechnen, dass andere Menschen in den eigenen Körper eingreifen und dort Arbeiten vornehmen, die man selbst nicht übersieht. Es ist wie eine Naturkatastrophe, nur dass die innere statt der äußeren Natur betroffen ist, man ist isoliert, auf ein Erleben zurückgeworfen, das nur einem selbst zugänglich ist. Muss man ins Krankenhaus, so trifft man zwar dort zwar auf Menschen, die in der gleichen Situation sind: Alle Mitpatienten sind wegen eines Problems mit ihrer eigenen Körperlichkeit hier. Aber die Fragen, die ich an die möglichen Helfer habe, bleiben meine Fragen: Was werden sie mir sagen? Was werden sie mit mir machen? Was werden sie finden? Was ist nötig? Was ist vermeidbar? Was wird aus mir? Die Mitpatienten und meine Angehörigen können mir beistehen, aber das Problem bleibt meines. Die Menschen, an die ich mich am ehesten halten kann, sind die Pflegenden. Die sind zwar noch nicht die Experten, die ich offenbar brauche, aber sie »kennen wenigstens den Betrieb«. Im übrigen fängt eine andere Art von Eingriff schon an: Über meine Zeit wird verfügt, Zimmer und Station teile ich mit zufälligen Fremden, eigene und fremde Intimitätsverletzungen werden in der Funktionslogik des Krankenhauses zur Normalität.

Welche ›Nachfrage‹ ergibt sich aus dieser Situation? Zwei Ebenen lassen sich unterscheiden. Das Vordringlichste erwarte ich von den Ärzten. Sie sollen sich der Ausnahmesituation meines Perspektivenwechsels bewusst sein. Sie sollen sich dafür interessieren, was mich in diese Situation gebracht hat. Sie sollen das Problem, das ich mit mir selbst habe, verkleinern: Sie sollen mir sagen, was ich tun sollte, aber unter Berücksichtigung dessen, was ich leisten kann. Sie sollen mich auf dem diagnostischen Weg begleiten und nicht einfach ein Standard-Raster über mich laufen lassen. Sie sollen mir sagen, welche Befürchtungen unsinnig sind und welche realistisch. Wenn sie eine Diagnose stellen, sollen sie sagen, was das für mich lebenspraktisch bedeutet. Das Beste ist, es gibt einen Arzt, der mich am besten kennt, der meinen ›Fall‹ vollständig übersieht und die Behandlung macht, denn dem kann ich am ehesten vertrauen und muss keine Informationspannen befürchten. Im Übrigen sollen die Professionellen, denen ich mich notgedrungen anvertraue, die sozialen und körperlichen Verletzungen, mit denen ich rechnen muss, so klein wie möglich halten, sie sollen auf taktvolle Weise ersetzen, was mir durch die Krankheit selbst ebenso wie durch die Behandlung vorübergehend unmöglich geworden ist, sie sollen Verständnis haben, wenn ich davon überfordert bin, und mir in Situationen von Ratlosigkeit oder Verzweiflung zu Seite stehen. Sie sollen zuverlässig und glaubwürdig sein, denn sie repräsentieren die Glaubwürdigkeit der Institution. Dieses Anforderungs- oder Wunsch-Spektrum gilt im Grundsatz für alle, tatsächlich aber vor allem gegenüber den Pflegenden, mit denen der Kontakt am engsten ist.

Mit anderen Worten: Was hier ›nachgefragt‹ wird, folgt einer anderen Handlungslogik als der des Tauschs. Das ›Geschehen‹ zwischen Patient und Arzt verknüpft die beiden Akteure auf besondere Weise: *Der Patient ist nicht nur Akteur, sondern auch Gegenstand der Interaktion.* Er ist gegen die allgemeine Üblichkeit bereit, seine Lebensgeschichte und seinen Körper auf alles medizinische Relevante hin von einer anderen Person durchleuchten zu lassen, ohne dass die andere Person sich in gleicher Weise durchleuchten lässt. Insofern besteht eine Asymmetrie. Allerdings wird die andere Person, also Arzt oder Ärztin, in einer anderen Weise auf die Probe gestellt: Der Patient wahrt seine Souveränität, indem er die Expertise und die Vertrauenswürdigkeit seines Gegenübers überprüft und erst bei positivem Urteil sein Mandat erteilt.

Dieses Urteil enthält notwendig eine Projektion. Denn dem Patienten fehlt zwar die medizinische Expertise, aber er weiß, dass Diagnostik und Therapie Risiken enthalten und darüber hinaus auch vom subjektiven Urteil des Arztes abhängen. Wenn er seine Souveränität wahren will, muss er sich also ein Urteil darüber verschaffen, nicht nur wie der Arzt im Moment handelt, sondern auch, wie er handeln wird, sobald seine, des Patienten, aktive Mitwirkung nicht mehr möglich ist (wenn z. B. die Operation begonnen hat oder das Medikament im Körper ist). Der Patient beobachtet also das Handeln des ärztlichen Akteurs. Dessen Arbeit besteht in objektiver Richtung darin, zu erfassen und zu erfragen, was der Patient an Symptomen, Befunden, Krankheitsgeschichte und persönlichem Erleben bietet und es mit dem diagnostischen Klassifikationssystem zu vermitteln (Frage: »Was ist ein Fall von was?«), und in subjektiver Richtung die aus medizinischer Sicht angezeigten diagnostischen und therapeutischen Möglichkeiten einschließlich ihrer lebensweltlichen Folgen für das Erleben des Patienten begreiflich, bewertbar und akzeptabel zu machen (Frage: »Zu was entschließen Sie sich?«). Diese Arbeit erfordert ein Maß von Urteilskraft, wie es nur durch Erfahrung erworben werden kann, und sie ist das Material, auf das der Patient sein Urteil stützt.

Weil beide Seiten auf je verschiedene Art einen erheblichen Aufwand treiben, kann die therapeutische Interaktion auch als ›Arbeitsbündnis‹ oder als Verhandlungssituation beschrieben werden. Ihr zeitlicher Verlauf kann Minuten bis – oder bei chronischen Krankheiten – Jahre umfassen, die Entschlüsse können dramatisch und sanft, einfach und kompliziert, erleichternd und quälend, durch einen Vertrauensvorschuss gegenüber der ärztlichen Profession gebahnt und durch Misstrauen behindert sein. Er muss auch nicht mit einer tatsächlichen Übereinkunft enden, wie man an den Mengen von verschriebenen Medikamenten sieht, die nicht eingenom men, sondern weggeworfen werden. An der zugrundeliegenden Handlungslogik ändert das nichts. Sie gilt im Grundsatz für Praxis und Krankenhaus und auch für die Beziehungen zwischen ihnen. Wenn die Interaktion gelingt, dann hat sich *im Patienten selbst* – zusätzlich zu einer indirekten Transaktion von Geld gegen Gesundheitsmittel – etwas geändert: Er ist gesünder geworden, hat einen Lebenssinn gefunden, eine Fertigkeit erworben. Diese ›Erwerbungen‹ sind nicht tauschbar. Es gibt für die einzelne ›Erwerbung‹ keinen quantifizierbaren und damit marktfähigen Gegenwert.

In dieser Interaktion wird demnach nichts getauscht in dem Sinne, wie es im Naturaltausch und im universellen geldvermittelten Tausch des Marktes geschieht. Denn was der Patient in dieser Situation an Daten, Erfahrungen und Erlebnissen ›gibt‹, ist für den Arzt ohne persönlichen Nutzen, es hat eher den Charakter eines Mittels, das er seinerseits für seine diagnostische und therapeutische Arbeit benutzt. Es steht auch in keinem Äquivalenzverhältnis zu dem, was der Arzt ›gibt‹. Man kann seine Leistung zwar eine Dienstleistung[22] nennen, aber weder Arzt noch Patient können sich im Sinne einer Kaufs- oder Verkaufsentscheidung an einem Preis orientieren. Weder Arzt noch Patient wissen vor dem Eingehen der Interaktion, was sie ›sich einhandeln‹. Davon zu unterscheiden sind jedoch die materiellen Mittel, die als Ergebnis der Patient-Arzt-Interaktion – also unter fachlicher Verantwortung des Arztes – aufgewendet werden müssen. Untersuchungsgeräte, Instrumente und Medikamente sind handelbare Wirtschaftsgüter und auch das Einkommen des Arztes unterliegt wirtschaftlichen Erwägungen. Es werden zwar Kaufentscheidungen getroffen, aber nicht individuell zwischen Arzt und Patient, sondern kollektiv zwischen Krankenkassen, Krankenhausverbänden und Ärzteschaft. In einem Krankenversicherungssystem, wie wir es in Deutschland haben, gibt es keine direkte

22 »*Dienstleistungen.* I. Allgemein: In Abgrenzung zur Warenproduktion (materielle Güter) spricht man bei den D[ienstleistungen] von *immateriellen Gütern.* – Als ein typisches *Merkmal von D[ienstleistungen]* wird die Gleichzeitigkeit von Produktion und Verbrauch angesehen (z. B. Taxifahrt, Haarpflege in einem Frisiersalon)«; o.V. (2004): *Art. »Dienstleistungen«.* In: Gabler Wirtschaftslexikon. Wiesbaden (Gabler) 16. Aufl., S. 696.

Beziehung zwischen dem Beitrag des Versicherten und den für ihn aufgewendeten Gesundheitsmitteln. Der Versicherungsbeitrag ist, so gesehen, der Preis für die Sicherheit, in jedem Fall ohne Rücksicht auf die Kosten ausreichend behandelt zu werden, es gibt im Krankenhaus keinen »fee for service«. Die Finanzierung der Krankenhauskosten ist also so konstruiert, dass die therapeutische Situation von Rücksichten auf Patientenkaufkraft und ärztliches Gewinninteresse[23] frei bleiben kann. Ebenso wie durch den Gesetzgeber der DRGs und durch das Bundeskartellamt wird die Besonderheit der therapeutischen Situation respektiert: Eine nicht näher quantifizierbare Interaktion ist notwendige Bedingung für quantitative Entscheidungen über Wirtschaftsgüter.

Freilich klingt der Ausdruck ›authentische Nachfrage‹ hybrid. Authentisch bezieht sich auf ein Problem, das ein Akteur – selbstbezogen und nicht quantifizierbar – mit seiner eigenen Handlungsfähigkeit hat; Nachfrage bezieht sich auf die Zahlungsbereitschaft einer Vielheit von Wirtschaftssubjekten. Der Ausdruck spiegelt aber etwas Spezifisches der ärztlichen Kompetenz wider: Die Kommunikations- und Urteilsfähigkeit einerseits und den daraus resultierendem Sachaufwand andererseits. Anders ausgedrückt: Etwas dem Markt Unzugängliches hat für den Markt reale Folgen. Wenn man also von authentischer Nachfrage sprechen kann, müsste man auch von authentischem Angebot sprechen können. Authentisches Angebot wäre dann das Angebot, das der Arzt jedermann macht, ein subjektives gesundheitliches Bedürfnis mit den objektiven materiellen und immateriellen Lösungsmöglichkeiten zu vermitteln. In alltagssprachlicher Formulierung ist es das Angebot zu helfen, im Schema von Zweck und Mittel ausgedrückt: sich selbst zum Mittel für den Zweck eines Anderen zu machen.

## 6. Öffentlicher und privater Akteur

Die nicht quantifizierbare Interaktion zwischen Arzt und Patient therapeutische Situation, therapeutische Handlungslogik) resultiert im Verbrauch materieller, quantifizierbarer Wirtschaftsgüter wie Räume, Geräte, Materialien, Instrumente, Medikamente. Der Aufwand für diese Wirtschaftsgüter konkurriert aber mit dem Aufwand, den die Bürger aufgrund weiterer Interessen treiben oder treiben müssen wie Bildung, Recht, soziale und äußere Sicherheit. Über sie zu verfügen, kann daher nicht allein den Entscheidungen der die Patienten vertretenden therapeutischen Seite überlassen werden. Im Falle der Gesundheitsversorgung stehen sogar im einzelnen Bürger divergente Interessen gegeneinander: Als Kranker wünscht man op-

23 Die innerärztlichen Verteilungskämpfe sind davon zu unterscheiden.

timale Versorgung, als Gesunder möglichst niedrige Krankenkassenbeiträge. Auch wenn sich also authentische Nachfrage und authentisches Angebot treffen und die therapeutische Interaktion gelingt, kann die resultierende Therapie auf begrenzte Ressourcen treffen.

Dieser Interessenkonflikt zwischen Kranken und Gesunden betrifft jeden Bürger, kann aber vom einzelnen allein nicht gelöst werden. Aus Sicht der Moral haben alle Bürger den gleichen Anspruch auf (Mit-) Entscheidung, sind also alle zu beteiligen[24]. Die Lösung kann also nur in einem repräsentativen Verfahren, nämlich der Entscheidung durch öffentlich legitimierte Instanzen liegen. Inhaltlich kann sie variieren, weil die Prioritäten zwischen den großen öffentlichen Verwendungszwecken wechseln und innerhalb der Medizin auch von technischen und Effizienzfortschritten abhängen, sie muss auch nicht notwendig quantifizieren, sondern kann auf Verfahrensregeln abstellen. Sie kann eine solidarische bzw. kollektive Finanzierungslösung (Pflichtversicherung oder Steuerfinanzierung) heute nicht mehr aufgeben, ohne das Versorgungsniveau zu gefährden. Sie muss jedenfalls sichern, dass *die Ermittlung der sinnvollen therapeutischen Optionen grundsätzlich der Bestimmung des Ressourcenverbrauchs vorausgeht*, denn das erste ist notwendige Bedingung für das zweite, nicht umgekehrt. Kompromisse beim Ressourcenverbrauch können unter transparenten Bedingungen rechtfertigbar sein, aber Kompromisse bei der vorgängigen Ermittlung der therapeutischen Optionen würden das Verfahren selbst sinnlos machen. Diese organisatorische Vorgabe gilt auch für das Krankenhaus: Es soll die quantitativen Wirtschaftsgüter, die Voraussetzungen und Ergebnisse therapeutischer Entscheidungen sind, zur Verfügung stellen, die therapeutische Situation selbst aber unangetastet lassen.

Die Einführung des einheitlichen Vergütungssystems durch DRGs zwingt nun die Krankenhäuser bzw. die Träger zu einem unternehmenstypischen, an betriebswirtschaftlichen Prinzipien wie Kostendeckung und Effizienz orientierten Verhalten. Auch öffentliche Träger nutzen dabei die verschiedenen möglichen Arten der organisatorischen Verselbständigung[25]. Solange aber die öffentliche Verantwortung gilt, dürfen Kranke und Gesunde davon ausgehen, dass sie ihre Ressourcen dennoch in gemeinverträglicher Weise verwenden, d. h. dass sie dem obersten Zweck Krankenversorgung dienen, nämlich dem durch die Ärzteschaft formulierten authentischen Bedarf der Patienten, und dass eventuell zu beachtende materielle Einschränkungen der öffentlichen Willensbildung entsprechen. Zumindest dürfen sie

24 Vgl. die Ausführung zum Gesellschaftsvertrag im Beitrag von Christian Lenk in diesem Band.

25 Vgl. den Beitrag von Franziska Prütz in diesem Band.

davon ausgehen, dass grobe Abweichungen von diesen Prinzipien im Zweifelsfall bekannt und in demokratischen Verfahren korrigiert werden können.

Dies ändert sich jedoch mit der materiellen Privatisierung – es sei denn, es würde eine gemeinnützige Form gewählt. Der offizielle Übergang öffentlichen Eigentums in privates entlastet den neuen Träger von der Bindung an das allgemeine Interesse, zugleich ist betriebswirtschaftlich rationales Verhalten nun überlebenswichtig und zusätzlich dadurch gefordert, dass Renditen für Anteilseigner erwirtschaftet werden müssen, und zwar bei gebundenen Preisen. Damit ändert sich die Anreizstruktur für den Krankenhausträger als Akteur in entscheidender Weise. Die vordem politisch vorgegebene Forderung auf Abgleich zwischen den Ausgaben für Kranke und den übrigen konkurrierenden Hauhaltsanforderungen ist für ihn keine bindende Norm, sondern nur eine Frage der Strategie. Den betriebswirtschaftlichen Notwendigkeiten kann jetzt ohne die politische Rücksicht auf ein Allgemeininteresse nachgegangen werden. Das private Interesse der Anteilseigner am Gewinn – nicht das demokratisch zu bestimmende allgemeine Interesse – steht direkt dem privaten Interesse der Patienten an Gesundheit gegenüber und die Anteilseigener sind in überlegener Position. Die ›Spieße‹ sind nicht mehr gleichlang.

Auch die Rolle der ärztlichen Expertise im politischen Raum ändert sich. Auf der Makro-Ebene im politischen Prozess der Finanzierung des Gesundheitswesens ist die Expertise der Ärzte ein unerlässliches – allerdings nicht das einzige – Mittel, den Bedarf festzustellen, dessen Finanzierung öffentlich vertretbar ist[26]. Sie wirkt in zwei Richtungen: Die Kranken sollen bekommen, was therapeutisch sinnvoll ist, die Versichertengemeinschaft aber nicht mehr belastet werden als nötig. Auf der Mikro-Ebene des privaten Krankenhausträgers dagegen entfällt dieser Zwang, beide Orientierungslinien für die ärztliche Expertise gelten nicht mehr. Deshalb verliert die unbeeinflusste therapeutische Interaktion (als Vorbedingung für die Ermittlung des realen und die Vermeidung des medizinisch unnötigen Bedarfs) hier den Vorrang, den sie eigentlich haben müsste. Die authentische Nachfrage interessiert nicht als solche. Dagegen interessiert ein Bedarf, der sich zurichten lässt und geweckt werden kann. Dabei ist es aus Sicht des Krankenhausträgers rational, ertragsträchtige Leistungen zu vermehren und dadurch Skalenerträge zu erwirtschaften, besonders aufwendige aber abzubauen[27], das Leistungsangebot also zu typisieren und nicht zu fragen »was braucht welcher Patient«, sondern eher zu fragen, »was kann

26 Z. B. legt der Gemeinsame Bundesausschuss aus Krankenkassen- und Ärztevertretern unter Aufsicht der Regierung fest, welche diagnostischen und therapeutischen Maßnahmen von der gesetzlichen Krankenversicherung getragen werden.

27 Vgl. Leidner, Ottmar (2009): *Was sich nicht rechnet, findet nicht statt.* In: Deutsches Ärzteblatt, 106. Jg., H. 28/29, C 1208–C 1212.

welchem Patienten angeboten werden«[28]. Das Prinzip passgenauer Zuordnung kann zurücktreten, selbst wenn gelegentlich überflüssige Leistungen erbracht werden. Diese Rationalität widerspricht der Rationalität der authentischen Nachfrage.

Die veränderte Rolle der ärztlichen Expertise verändert auch das Verhältnis der Patienten zum Krankenhaus. In der Handlungslogik der Interaktion Patient-Arzt ist das Krankenhaus ein Mittel, das dem Arzt zu Gebote steht und dessen sich der Patient mit Hilfe des Arztes bedient. Krankenhäuser stellen eine Infrastruktur zur Verfügung, ohne die eine moderne, anspruchsvolle und kostenträchtige Medizin nicht möglich wäre. Diagnostik, Therapie und Pflege werden von der therapeutischen Seite angeboten, die sich dieser Infrastruktur bedient. Die Akteure Krankenhausträger und therapeutische Seite lassen sich nicht gegeneinander auswechseln: Die Therapeuten haften persönlich für mögliche Fehler und sind bei Fehlverhalten strafbar, während das Krankenhaus nur bei Organisationsverschulden in Anspruch genommen werden kann[29]. Ansprechpartner des Patienten ist nicht das Krankenhaus, sondern der einweisende und behandelnde Arzt. Im privaten Unternehmen Krankenhaus sind die Ärzte aber nicht mehr so souverän wie im nicht privaten, es sei denn, sie verselbständigen sich organisatorisch. Sie werden zwar weiter als die Vertrauenspersonen benutzt, denen man als Patient das Urteil über Sinn oder Unsinn einzelner Maßnahmen zutrauen kann, sind es aber de facto nicht mehr uneingeschränkt. Der ihnen erwiesene Vertrauensvorschuss besteht darin, dass der Patient davon ausgehen kann, sein Wohl habe Vorrang vor den Eigeninteressen des Personals, des Managements und eventueller Kapitalgeber. Dies gilt nicht mehr uneingeschränkt. Der renditegetriebene Krankenhausträger unterminiert also auf Dauer seine eigene Glaubwürdigkeit bzw. muss dem vorbeugen.

Da schließlich Patienten als medizinische Laien auf die Expertise von Ärzten angewiesen sind, werden sie bei unzuverlässiger ärztlicher Expertise auch schutzlos gegenüber pseudomedizinischen Angeboten, nehmen technische Perfektion als gute Medizin und werden in der Illusion einer alles heilen könnenden Medizin bestätigt. Die so geförderte Nachfrage wird dann als Berechtigung für das Angebot genommen: »Die Nachfrage ist doch da, warum sie nicht befriedigen?«.

Patienten einerseits und Krankenhausträger andererseits haben jeweils nachvollziehbare Interessen, ihre Perspektiven fallen auseinander: Die Rationalität des

28 Vgl. Jörg-Dietrich Hoppe auf dem 27. Deutschen Krankenhaustag am 25. November 2004 in Düsseldorf: »Das Angebot an Krankenhausleistungen wird sich mehr und mehr als Renditekalkül der Investoren und nicht mehr am Bedarf der Patienten ausrichten«; In: Deutsches Ärzteblatt, 101. Jg., H. 49, S. C 2653.

29 Vgl. Schulte-Sasse, Uwe (2009): *Keine rechtlichen Konsequenzen bei »Managerpfusch«.* In: Deutsches Ärzteblatt, 106. Jg., H. 42, S. A 2061–A 2062.

Unternehmens Krankenhaus fordert zwingend eine positive monetäre Bilanz. Die Rationalität des Patientenhandelns aber fordert: Die Interaktion soll nur eingegangen werden, wenn trotz des Eingriffsrisikos mit einem Gesundheitsgewinn gerechnet werden kann, und Gesundheitsgewinn heißt Verbesserung der körperlich-geistigen Funktionsfähigkeit, der Handlungsfähigkeit, des Überlebens. Es geht also um den Patienten selbst, nicht um etwas, das er erwerben und wieder veräußern und in einer monetären Bilanz erfassen könnte.

## 7. Implikationen der betriebswirtschaftlichen Rationalität im Krankenhaus

Die durch die Ärzte formulierte authentische Nachfrage der Patienten kann der betriebswirtschaftlichen Rationalität zuwiderlaufen. Z. B. sind Mengenausweitung einerseits und Einstellung von Verlustbringern andererseits durch die vom Experten formulierte authentische Nachfrage nicht durchweg gedeckt. Unter dem Zwang zur Gewinnmaximierung bleibt dem in den Status des selbständigen Akteurs versetzten Krankenhaus also nichts übrig als *die therapeutische Expertise zu eigenen Zwecken zu nutzen,* das heißt, sich Verfügung über sie zu verschaffen und ihre Effekte da zu begrenzen, wo sie mit dem Gewinnstreben im Konflikt stehen. Mit anderen Worten: *Der korrigierende Effekt von Expertise wird tendenziell außer Kraft gesetzt und damit das Szenario der totalen Kommerzialisierung*[30] *wahrscheinlicher. Der Selbstentmächtigung von Expertise auf dem Finanzmarkt entspricht hier eine Entmächtigung der therapeutischen Kompetenz* (s. u.). Das konsequent als Unternehmen geführte Krankenhaus will auf eine Nachfrage antworten, die es selbst bereits zurichten konnte. Die Tendenz, die einweisenden Ärzte ins Unternehmen zu integrieren und unternehmenseigene Medizinische Versorgungszentren aufzubauen folgt dieser Logik.

Dem Rationalisierungszwang folgend, wird, was sich nicht zählen oder messen lässt, systematisch unterschätzt. Das trifft vor allem die scheinbar unnötigen kommunikativen Leistungen der Pflegenden. Pflegende ersetzen den Patienten nicht nur das durch Krankheit unmöglich Gewordene in ihren körperlichen Alltagsverrichtungen (ATLs[31]), sondern auch ihre durch die Rationalität der Institution Krankenhaus verfremdete Alltagskommunikation. Darüberhinaus werden Pflegende – viel unmittelbarer als die Ärzte – Zeugen weiterer Verletzungen der Kranken, nämlich Schmerz, Leiden, zerstörte Hoffnungen und Todesnähe, Situationen also, die in

30 Vgl. den Artikel von Matthias Kettner in diesem Band.

31 Aktivitäten des täglichen Lebens (ATL) ist ein Fachausdruck der professionellen Pflege.

jedem Menschen eine persönliche, über Professionalität hinausgehende Anteilnahme hervorrufen. Im normalen Leben heißt Anteilnehmen, dass man sich mit dem vom Unglück Betroffenen auch emotional identifiziert, »geteiltes Leid ist halbes Leid«. Dass sich Pflegende aber mit allen Patienten in dieser Weise identifizieren, ist unmöglich. Zur pflegerischen Professionalität gehört es, trotzdem einfühlsam, taktvoll und klug zu sein. Beides, sowohl die große Nähe zum Patienten wie das Fehlen seiner üblichen Sozialkontakte fordern von den Pflegenden enorme Kommunikationsleistungen (»Interaktionsarbeit«[32]). Stellen für Pflegekräfte zu streichen, drückt direkt die Missachtung dieser Leistungen aus[33].

Ärzte und Ärztinnen, insbesondere wenn sie höher qualifiziert sind, müssen im Zuge der Kostensenkung effizienter eingesetzt werden. Zum Beispiel gehört es herkömmlich zur guten Praxis des Anästhesisten, die Patienten, zu deren Anästhesie er eingeteilt ist, am Vortag zu besuchen, sie über die Risiken von Narkosen aufzuklären und ihr Einverständnis einzuholen. Für den Betriebsablauf ist es aber rationeller, zumindest die gehfähigen Patienten zu einem in seinem Arbeitszimmer wie in einer Einzelpraxis sitzenden Anästhesisten zu schicken. Dadurch werden »unnötige« Wege der Spezialisten gespart, während die Wege der Patienten für den Einzelnen kaum einen Aufwand darstellen. Diese organisatorische Umstellung hat allerdings die Folge, dass es – bei vielen Patienten und mehreren Anästhesisten – zur Ausnahme wird, dass ein Anästhesist während der Operation einen Patienten betreut, den er am Tag zuvor selbst beraten hat. Es ist also dem im Einzelfall beratenden Anästhesisten unmöglich, als Person dafür einzustehen, dass das, was er dem Patienten zusagt, auch eingehalten wird; die Erwartung, die der Patient an die persönliche Glaubwürdigkeit des Arztes hat, geht ins Leere; auf Seiten des Arztes kann sich kein der Person des Patienten geltendes Verantwortungsgefühl entwickeln. Das Gespräch ist auf eine fachkundige, unpersönliche Beratung reduziert und zwar um den Anteil von Kommunikation, der die Akteure als Personen miteinander in Beziehung setzt: Den Patienten, der zu seinem eigenen Schutz die Glaubwürdigkeit des Arztes prüft und ihm danach Vertrauen zuspricht und den Arzt, der nach dem Maße dieses Vertrauens Verantwortung für eine andere Person übernimmt. Mit anderen Worten: Die so unscheinbare organisatorische Änderung bricht den Hand-

---

32 Vgl. Böhle, Fritz/Glaser, Jürgen (2006) (Hrsg.): *Arbeit in der Interaktion – Interaktion als Arbeit. Arbeitsorganisation und Interaktionsarbeit in der Dienstleistung.* Wiesbaden (VS Verlag für Sozialwissenschaften).

33 Vgl. auch Kettner, Matthias (2005): *2 x moralisches Selbstbewusstsein. Haben Pflegende ein anderes Moralbewusstsein als Ärzte?* In: Pflege Aktuell, 59. Jg. H. 10, S. 530–535.

lungsstrang des Anästhesisten aus äußeren Gründen ab und zerstört damit die Handlungslogik der therapeutischen Interaktion[34].

## 8. Zwischenergebnis

Krankenhäuser stellen diejenigen materiellen Mittel zur Verfügung, auf die die moderne Medizin angewiesen ist, wenn angezeigte Gesundheitsleistungen aus organisatorischen und/oder finanziellen Gründen nicht ambulant erbracht werden können. Die ›angezeigten‹ Gesundheitsleitungen bestehen aus der ›authentischen Nachfrage‹ der Patienten, formuliert durch die Expertise der therapeutischen Seite. Die Ermittlung der authentischen Nachfrage muss von dem aus ihr folgenden materiellen Ressourcenverbrauch unabhängig sein, denn anders würden Sinn und Zweck des Gesundheitswesens verfehlt. Deshalb muss auch die Position der Ärzte unabhängig sein. Denn sie bewahrt im öffentlichen Interesse vor unvertretbarem Ressourcenverbrauch und im privaten Patienteninteresse sowohl vor medizinisch unvertretbarer Ressourcenverkürzung als auch medizinisch unvertretbarer Ressourcenverwendung. Diese doppelte (bzw. dreifache) Kontrollfunktion der ärztlichen Expertise geht tendenziell verloren, wenn die Ärzteschaft privaten Interessen Dritter unterworfen wird. Dann wird zugleich das private Interesse des Krankenhausträgers gegenüber dem privaten Interesse des Patienten ungerechtfertigterweise dominant. Dass die Ermittlung der authentischen Nachfrage unabhängig vom Ressourcenverbrauch – also auch unabhängig von seiner Ökonomie – sein muss, beruht letzten Endes darauf, dass es dabei primär nicht um einen Tausch von Gegenständen zwischen Personen, sondern auf Seiten der Patienten um die Personen selbst geht, also um Interaktion statt Transaktion.

Der Ausgleich innerhalb dieser komplexen Konstellation von Interessen kann demnach nur unter öffentlicher Verantwortung erfolgen. Insofern hat die am Anfang dieses Artikels angesprochene Intuition einen rationalen Kern: Das Gesundheitswesen einschließlich der Krankenhäuser gehörten unter öffentliche Kontrolle. Tatsächlich respektieren auch sowohl Gesetzgeber als auch Bundeskartellamt diesen rationalen Kern und halten den Raum für die ärztliche Expertise frei, obwohl sie von markttypischen Erwägungen (möglicher Effienzsteigerung einerseits und zu vermeidender Marktbeherrschung andererseits) ausgehen. Trotzdem verkaufen einige öffentliche Träger ihre Krankenhäuser, ohne die unabhängige Rolle der the-

34 Zu ähnlichen Spannungen zwischen beruflicher Handlungslogik und betrieblicher Organisation insbesondere bei Internisten vgl. Vogd, Werner (2006): *Die Organisation Krankenhaus im Wandel – eine dokumentarische Evaluation aus Sicht der ärztlichen Akteure*. Bern (Hans Huber).

rapeutischen Seite zu sichern und etablieren damit ein Anreizsystem, das, wie gezeigt, die Fehlentwicklung fördert, statt sie zu unterbinden.

In den meisten Fällen dürfte der Grund für den Verkauf sein, dass sich der öffentliche Träger von finanziellen Lasten bzw. einem chronischen Defizit befreien will. In dieser Situation erscheint die Privatisierung als naheliegende Lösung: Der private Akteur kann sich frei im Markt bewegen und die dem Markt unterstellte höhere Effizienz nutzen. Damit wird das Handlungsfeld Krankenhaus allerdings Marktregeln unterworfen, obwohl die Funktionslogik des Marktes auf dem Tausch aufbaut und der zentrale Teil des Handlungsfeldes Krankenhaus (die authentische Nachfrage) gerade *keinen Tausch* enthält. Dass therapeutische Expertise erforderlich ist, um diese Unverträglichkeit auszugleichen, wird übersehen oder in Kauf genommen.

Im folgenden Exkurs benutze ich den spekulativen Finanzmarkt als Vergleichsfolie. Hier fehlt ebenfalls das Merkmal Tausch und es besteht ein dem allgemeinen Wunsch nach Gesundheit entsprechendes Motiv: das ubiquitäre Erwerbsstreben. Im Verein mit der Attraktivität des Marktgeschehens blendet er tendenziell die begrenzende Expertise aus, und zwar mit offenkundigen und dramatischen Folgen.

## 9. Exkurs: Marktverhältnisse ohne Tausch

### *9.1. Die Spekulation*

Auf dem als universeller, geldvermittelter Tausch verstandenen Markt sind Gegenstand der typischen Transaktion Güter und Dienstleistungen oder ›Produkte‹. Allerdings kann auch das Geld selbst – auf dem Finanzmarkt – Gegenstand von Transaktionen sein. Zwei Typen von Transaktionen mit Geld als Gegenstand sind zu unterscheiden: Der Kredit als geldförmiges Produkt und das Tauschmittel Geld als Spekulationsobjekt.

1. *Der Kredit als geldförmiges Produkt.* Das ›Anlage- und Kreditgeschäft‹ normaler (Geschäfts-)Banken besteht darin, Geld von Einlegern gegen Zinsen zu leihen und an Kreditnehmer gegen Zinsen auszuleihen. Die Vergabe und die Aufnahme von Krediten sind insofern rational, als die Kreditnehmer in der Erwartung handeln, in der Zukunft soviel Mehrwert zu erzeugen, dass sie den Kredit einschließlich der Zinsen zurückgeben können. Diese Erwartung wird von der kreditgebenden Bank aus fachlicher Expertise überprüft. Dabei bleibt eine gewisse Irrtumswahrscheinlichkeit übrig, ein Risiko, das die Bank absi-

chert, indem sie für (alle) Kredite Zinsen und sogenannte Kreditsicherheiten verlangt und im übrigen den Kreditnehmer und den Anleger berät. Aus Sicht der Bank, des Kreditnehmers und des Anlegers ist der Zins der Preis für eine Leistung (ein ›Produkt‹). Alle diese Transaktionen liegen in der Funktionslogik des als universeller geldvermittelter Tausch verstandenen Markts. (Zu beachten ist: Das universelle Tauschmittel Geld kann selbst nicht getauscht werden. Tatsächlich handelt es sich um zwei verschiedene Charaktere von Geld. Sie sind durch die charakteristisch verschiedenen Verfügungsrechte bestimmt. Das aus Sicht der Bank fremde Geld steht unter Bedingungen, denn die Einlage kann vom Kunden nach dessen Belieben zurückgezogen und der Kredit muss vom Kreditnehmer zurückgegeben werden; der Zins dagegen als der Preis für geliehenes Geld wird in von Bedingungen freiem, also im vollen Eigentum des jeweiligen Akteurs stehendem Geld bezahlt. Die eine Geldart ist bedingt, die andere nicht). Die Bank bleibt also in der Funktionslogik des Marktes entsprechend der Kettner'schen Kommerzialisierungsbedingung. Sie muss darauf achten, dass sie mit ihrem eigenen Geld – den Zinsen, die sie gibt und den Zinsen die sie nimmt, und natürlich ihrem Geschäftsaufwand – im Gleichgewicht bleibt (einschließlich der Attraktivität für ihre Anteilseigner) und dass bei darüber hinaus sich realisierenden Risiken ihr Eigenkapital ausreicht.

2. *Das Tauschmittel Geld als Spekulationsobjekt.* Geld ist das Tauschmittel, ohne das der Markt als universeller, geldvermittelter Tausch unmöglich ist. Geld kann aber auch Gegenstand von Transaktionen werden, die der Funktionslogik des Marktes als universalem Tausch widersprechen. Mit anderen Worten: Es gibt Transaktionen, bei denen nichts (bzw. nichts Äquivalentes) getauscht wird, einer der Transaktionspartner aber Geld vermehrt, zum Beispiel bei dem auf Finanzmärkten üblichen Leerverkauf[35]. Die Anbieter von geliehenen Aktien verkaufen zum Preis x in der Erwartung, dass der Kurs der Aktie sinkt und sie

35 »*Leerverkauf, Blankoverkauf, Fixgeschäft, Windhandel, Short Sale*, Verkauf von Kassapapieren (z. B. Aktien, festverzinsliche (Wert-)Papiere), die man zum Zeitpunkt des Geschäftsabschlusses nicht besitzt. L[eerverkäufe] können bewusst in aktiven Anlagestrategien eingesetzt werden, um an fallenden Kursen zu verdienen. Der Leerverkäufer verkauft die Papiere heute, die er dann zu einem späteren Zeitpunkt billiger am Markt einzukaufen versucht. Ein Leerverkäufer hat seinem Vertragspartner innerhalb der Erfüllungsfrist von zwei Tagen die Papiere zu liefern. Um der Erfüllungspflicht aus dem L[eerverkauf] nachkommen zu können, besorgt er sich die Papiere im Rahmen der Wertpapierleihe bzw. eines Wertpapierpensionsgeschäftes. Um andererseits der Rückgabeverpflichtung gegenüber dem Verleiher bzw. Pensionsgeber nachzukommen, muss er sich die entliehenen Papiere bis zum Ende der Leihfrist bzw. des Wertpapierpensionsgeschäftes wieder beschaffen. Sind die Kurse erwartungsgemäß gefallen, kann er sich billiger eindecken und ohne eigenen Kapitaleinsatz aus der Differenz zwischen L[eerverkauf] und Eindeckungsgeschäft profitieren«; o.V. (2004): *Art. »Leerverkauf«*. In: Gabler Wirtschaftlexikon, Wiesbaden (Gabler), 16. Aufl., S. 1879. – Beim sogenannten »nackten Leerverkauf« entfällt auch die Leihe.

sie zum Preis von x minus y zurückkaufen und dem Eigentümer zurückgeben können. Die Käufer – vorausgesetzt sie kaufen ebenfalls in spekulativer Absicht – handeln in der umgekehrten Erwartung, nämlich der Kurs werde steigen und sie würden einen Gewinn von x plus y verbuchen können. Notwendigerweise ist eine von beiden Seiten im Irrtum, beide kennen die Irrtumsmöglichkeit und wissen, dass auch die Gegenseite sie kennt. Jeder hält sich aber im Moment für klüger oder einsichtiger als der andere. Da beide Seiten das wissen und die jeweilige Transaktion trotzdem ausführen, handelt es sich nicht um Betrug, die spekulative Transaktion hat die Form einer Wette bzw. eines Spiels. Wesentlich ist: Die Handlung des Leerverkäufers ist kein Tausch. Sie besteht zwar u. a. aus zwei Kaufakten (aus Sicht des Leerverkäufers: Leihe der Aktien, Tausch Aktien gegen Geld, dann ein Tausch Geld gegen Aktien, Rückgabe), es gibt aber in der Summe keinen Gegenstand, der gegen das universelle Tauschmittel Geld den Eigentümer gewechselt hätte: Der Verkäufer hat ›nur‹ Geld gewonnen und der Käufer Geld verloren, oder umgekehrt. Es fehlt an einem Gegenstand, der dem Tauschmittel Geld äquivalent wäre. Nach gelungener Spekulation befindet sich das Papier wieder beim ehemaligen Eigentümer. Die Logik dieser aus mehreren Schritten bestehenden Transaktion ist nicht der beiderseitige Vorteil, sondern der eigene Vorteil auf Kosten des anderen. Die Absicht des Leerverkäufers war lediglich der eigene Gewinn, der Gewinn des einen ist mit Sicherheit mit dem Verlust des anderen verbunden. Die Handlung des Leerverkäufers ist auch eine einheitliche: Die verschiedenen Phasen beziehungsweise Mittel dienen ein und demselben Ziel, die Handlung kann auch, wenn die Erwartung des Kursverlusts nicht eintrifft, misslingen. Man kann zwar den – in der Marktlogik enthaltenen – beiderseitigen Nutzen darin sehen, dass beide Partner ihrer Spiel-Lust frönen. Dann ist Wechselseitigkeit wenigstens insofern gegeben, als das Handeln der Einen Bedingung für das der Anderen ist, es handelt sich dann sozusagen um eine nichtmonetäre Interaktion in anonymer Form. Tatsächlich werden aber markttypische Mittel in einer Weise verwendet, die der Funktionslogik des Marktes als universellem Tausch widerspricht: Das universelle Tauschmittel wird benutzt, um einen Nutzen gerade ohne Tausch von Produkten, die nicht selbst Tauschmittel sind, zu erzielen[36]. Als Form von Kommerzialisierung erfüllt der Leerverkauf – und letzten Endes jede Art spekulativen Handelns am Finanzmarkt – Kettners

36 Man kann – wie Matthias Kettner vorschlägt – die Spekulation als »agonalen« und den Tausch als »kooperativen« Gebrauch markttypischer Mittel bezeichnen. Die Vokabel »kooperativ« scheint mir aber eher die Haltung des einzelnen Akteurs als die Universalität auszudrücken, die in der Institutionalisierung des Tauschs liegt.

stärkere zweite Kommerzialisierungsbedingung. Sie lautet: Kommerzialisierung ist total, wenn die wirtschaftliche Normativität zum Ausdruck der alleinigen Wertschätzung von Profit als solchem wird.

### *9.2. Die Dynamik des Kontrollversagens bei der Spekulation*

Nach dem Umgang mit der Kontrolle des für Finanzgeschäfte typischen Risikos[37] lassen sich mehrere Typen spekulativer Transaktionen unterscheiden:

1. *Der spielerische Spekulation.* Ein Akteur mit klaren Präferenzen und Bewusstsein des Risikos, der mit anderen, ihm in der Regel unbekannten Akteuren rechnet, aber keine wechselseitige Nutzenbeziehung mit ihnen eingeht. Die Transaktion hat die Form einer Wette[38]; es gibt kein getauschtes nicht-geldförmiges Produkt und insofern keinen Tausch. An der Spekulation unbeteiligte, aber von ihr Betroffene Dritte bleiben außer Acht, obwohl sie potentiell geschädigt werden (z. B. die Verbraucher durch Spekulation auf steigende Ölpreise: Der Kauf zum niedrigen Kurs vermindert das Angebot und steigert den Preis).
2. Die »*aktive Anlagepolitik*«[39]. Die Anleger wünschen in diesem Fall nicht nur die Sicherung ihres Vermögens, sondern seine Vermehrung mit allen möglichen Mitteln. Die Auswahl dieser Mittel überlassen sie tendenziell der Bank oder einem privaten professionellen Anbieter von Finanzprodukten – z. B. einem Hedge-Fonds – , dem Expertise im Umgang mit finanziellen Risiken gutgeschrieben wird. Die Bank bietet das bankenspezifische Produkt »fachliche

37 Vgl. Freiberger, Harald/Hagelüken, Alexander/Hesse, Martin (2010): *Die sieben Köpfe des Finanzmonsters.* In: Süddeutsche Zeitung Nr. 20 vom 26. Januar, S. 25. Die sieben Köpfe seien: Riskanter Eigenhandel der Banken, die Spekulation über Zweckgeschäfte, hohe Boni als Verleitung zum Wagnis, zu große Banken, zu wenig Eigenkapital, Interessenverquickung mit den Rating-Agenturen, zuviel Geld durch die US-Notenbank.

38 Vgl.: Jakob Arnoldi (2009): *Alles Geld verdampft. Finanzkrise in der Weltrisikogesellschaft.* Frankfurt (Suhrkamp), S.71, zitiert und kommentiert einen von ihm interviewten Betreiber eines Hedgefonds: »›Mit Derivaten handeln ist wie auf Pferde wetten.‹ Mit anderen Worten: Anteile an Firmen zu kaufen, ist eine Sache, doch wer mit aktienbasierten Derivaten handelt, gibt einfach eine Wette darauf ab, wie eine Aktie sich entwickeln wird. Ob man den Handel mit Derivaten nun als ein Glücksspiel oder als zulässiges Geschäftsmodell definieren soll, ist eine ernsthafte Frage, und eine Reihe von Ländern haben den Derivatehandel erst in den 80er Jahren legalisiert, indem sie ihn von der Liste der verbotenen Glücksspiele strichen (vgl. Swan, 2000)«. Verwiesen wird hier auf Swan, Edward J. (2000): *Building the Global Market. 4000 Years History of Derivatives.* The Hague (Kluwer).

39 Vgl. den Werbetext der Finanzvertriebsfirma AWD: »Ihr unabhängiger Finanzoptimierer«.

Beratung im Umgang mit finanziellen Risiken« an. Bei Hedge-Fonds[40] und Private Equity-Investment steht die Vergrößerung des Kundenvermögens im Mittelpunkt des Geschäftsmodells. Sie werden nicht öffentlich – also transparenzmindernd – vertrieben. Bei den Banken stellt die Beratung eine Dienstleistung dar, die der Kunde in Form der Zinsen bezahlt, ein echter Tausch (Dienstleistung gegen Geld, jedenfalls wenn das Geld vom Anleger erarbeitet wurde). Die »aktive Anlagepolitik« geht aber über die Logik des Einlage- und Kreditgeschäfts hinaus. Vermehrung des Vermögens als eigener Zweck ist kein Tausch, Transaktionen dieser Art liegen außerhalb der Funktionslogik des als universeller Tausch verstandenen Markts. Bei den Banken steht eine im Grundsatz marktkonforme Transaktion – die Beratung – im Dienst einer nicht markt-konformen.

3. *Vertrieb von Finanzinstrumenten.* Als Investmentbank vertreibt die Bank von Dritten produzierte spekulative Finanzinstrumente (*financial derivatives* wie Optionen, Futures, Swaps) und bezieht dafür von den Anbietern dieser Instrumente Provisionen, z. B. die beim Vertrieb von Zertifikaten üblichen »kickbacks«: Die Hälfte der vom Käufer zu bezahlenden Bearbeitungsgebühr geht als Provision zurück an die verkaufende Bank. Diese Produkte stellen extreme Anforderungen an die Beurteilung ihrer Seriosität. Zu dem Anreiz, sie deshalb ohne gründliche Prüfung zu verkaufen, tritt noch die Provision. Diese Anreizstruktur verstärkt sich selbst durch die Leistungsprämien (Boni), die die einzelnen Manager im Interesse ihrer Banken erhalten. Wenn die regulatorische Kontrolle fehlt, kann, wie die Praxis zeigt, die tatsächlich fehlende oder ausgeblendete Expertise unter diesen übermächtigen Anreizen zu Vermögensschäden der Anleger führen, die anders als der individuelle »Spekulant« von diesem Versagen überrascht sind.
4. *Die Spekulation der Bank mit eigenem Kapital.* Wenn Banken durch Gründung von sogenannten Zweckgesellschaften[41] riskante Geschäfte aus ihren Bilanzen ent-

40 »Hedge Fund, Hedge-Fonds. 1. Begriff: Investmentfonds mit einer besonderen Vielfalt von Anlagegegenständen und -strategien, in den 50er Jahren in den USA erstmals kreiert und nicht zu verwechseln mit der Hedging-Strategie bei Termingeschäften. Anlagegegenstände können neben Aktien und Anleihen Devisen Derivate sein, es werden Leerverkäufe getätigt und Kredite zur Ausnutzung des Leverage-Effekts eingesetzt. Die H[edge] F[onds] streben dabei nach absolutem Return, d. h. orientieren sich nicht an einer Benchmark«; o.V. (2004): Art. »Hedge Fund«. In: Gabler Wirtschaftslexikon, Wiesbaden (Gabler), 16. Aufl., S. 1380.

41 Vgl. Piper Nikolaus (2010): *Protokoll eines Untergangs.* In: Süddeutsche Zeitung vom 13./14. März. Piper zitiert aus dem Gerichtsgutachten von Anton Valukas über die Vorgänge, die zur Insolvenz von Lehman Brothers führten. Danach hat Lehman Brothers u. a. an drei Quartalen unter Ausnutzung einer Sonderbestimmung in den US-amerikanischen Buchführungsregeln durch Auslagerung von Verbindlichkeiten in eine Zweckgesellschaft die Bilanz manipuliert.

fernen, nutzen sie ihre Expertise der Risikobeurteilung, wissen also um das Risiko und entziehen es der Kontrolle. Hier verabschiedet sich die Bank von der ihr vom Publikum zugeschriebenen Seriosität. Sie spekuliert selbst, die Logik des Tauschs ist verlassen. Die Insolvenz als Folge fehlgehender Spekulation – wenn sie nicht durch Rettungsmaßnahmen von außen verhindert wird – führt dann nicht nur zum Ausscheiden aus dem Markt, sondern reißt alle Partner mit, für deren Verluste die Bank nicht mehr haften kann.

An dem faktischen Kontrollverlust ist eine Reihe von Akteuren beteiligt, nicht zu vergessen die Notenbanken mit ihrer Politik des billigen Geldes, große Teile der Wirtschaftswissenschaft und die Rating-Agenturen, die die Banken auf deren Rechnung zugleich beraten und bewerten. Wo es an Regulation fehlt, steht dem genuinen Erwerbsstreben keine äußere Kontrolle gegenüber. Alle an der Spekulation Beteiligten – außer dem spielerischen Spekulanten – scheinen von der Vorstellung gelähmt oder geblendet zu sein, dass der Markt, auf welche Weise auch immer, Wohlstand schafft.

## 10. Die spezifische Regulationsaufgabe

Zur Funktionslogik des Marktes gehört (s. o.) die rechtliche Infrastruktur. Insofern lässt sich behaupten: Nur der regulierte Markt ist ein funktionierender Markt. Demgegenüber haben sich Teile des Finanzmarkts von der notwendigen Regulation emanzipiert, angetrieben und bekräftigt vom ubiquitären Erwerbsstreben. Die für die Risikokontrolle notwendige Expertise ist teils überschätzt, teils ausgeblendet, teils beiseite geschoben worden. Die Schäden in der Realwirtschaft sind unübersehbar: Firmenzusammenbrüche und Arbeitslosigkeit. Zurzeit lässt sich beobachten, welchen Widerstand die Dynamik dieses Wildwuchses der Rückkehr zur Regulation entgegensetzt. Die Regulationsinstrumente müssen erst konstruiert, international abgestimmt und dann durchgesetzt werden.

Im Gesundheitswesen fällt der Verlust an Expertise weniger auf. Die ökonomische Expertise stellt die therapeutische in den Schatten: Therapeutische Expertise scheint zunächst ein Bedarf nur der Kranken zu sein. Erst die Kosten, die aus der Anwendung therapeutischer Expertise resultieren, gewinnen allgemeines Interesse: Sie sollen möglichst gering gehalten werden. Dazu existiert eine ausgebreitete, detailreiche Regulation, die Selbstverwaltung unter öffentlicher Aufsicht. Im Finanzmarkt wird, wenn auch langsam, Regulierung tatsächlich neu aufgebaut. Krankenhausprivatisierung dagegen baut Regulation tendenziell ab, vergleichbar der Streichung des Glass-Steagall-Acts von 1933 in den USA (der als regulatorische

Antwort auf die Börsenkrise Investmentbanken von Geschäftsbanken trennte und dessen Aufhebung vermutlich die jetzige Finanzkrise mitverursachte).

In Einzelfällen können die destruktiven Folgen von Finanzspekulationen rückgängig gemacht werden. So hat der Investor David Montgomery die Führung der »Berliner Zeitung« erworben und für den Versuch benutzt, die Zeitung auf Kosten der journalistischen Qualität ertragreicher zu machen[42]. Glücklicherweise schlug das Projekt fehl: Der Verlust der journalistischen Qualität zerstörte die öffentliche Akzeptanz, der Investor musste – mit Verlust – verkaufen, der Schaden wurde repariert. Das Gut öffentliche Information und Meinungsbildung, das in modernen Gesellschaften zur Funktionslogik gehört, wurde gerettet. Der Investor handelte im Rahmen des Geschäftsmodells Private Equity, d. h. sein Interesse galt nicht dem Produkt der erworbenen Firma, sondern der späteren Verwertung der Firma mit Gewinn, also der Spekulation. Dass die Rettung zustande kam, beruht zum großen Teil auf den an der Zeitung beschäftigten Journalisten. Sie hatten Expertise und ein Bewusstsein davon, also Professionalität und konnten den Vorteil nutzen, dass eine Zeitung stets im Blick der Öffentlichkeit steht. Privatisierung eines Krankenhauses ist insofern mehr als ein Einzelfall, als die betriebswirtschaftliche Logik, einmal in Gang gesetzt, sich weitere Aktionsräume erschließt. Anders aber als eine Zeitung bleibt sie für die Öffentlichkeit im ›low profile‹.

Positiv beruht das spezifische Regulationsproblem im Krankenhaus auf der eigentümlichen Rolle, die die therapeutische Expertise von Ärzteschaft und Pflege spielt: Authentische Nachfrage, therapeutische Interaktion und Handlungslogik sind, da sie keinen Tausch beinhalten, nicht marktfähig, der durch sie veranlasste Ressourcenaufwand aber wohl. Nach Gesundheitsleistungen besteht, ähnlich wie beim ubiquitären Erwerbsstreben, eine nie versiegende Nachfrage. Denn der Handlungsanreiz, gesund und leistungsfähig zu sein oder zu bleiben, ist ebenfalls ubiquitär. Deshalb drängen in das relativ risikolose Geschäft Kapitalverwertungsinteressen, auch von Private Equity-Fonds wie bei der Berliner Zeitung. Die Folgen dieser Kommerzialisierung[43] sind aber weniger spektakulär, die Wirtschaftsleistung sinkt nicht, im Gegenteil wird das Gesundheitswesen als – erwünschter – Wachstumsmarkt bezeichnet. Der schwindende Einfluss von Expertise wird auch nicht öffent-

---

42 Den Hinweis verdanke ich Franziska Prütz. Die beteiligten Investmentgesellschaften waren die britische Mecom und die amerikanische VSS, s. z.B. http://www.spiegel.de/wirtschaft/0,1518,381532,00.html, http://www.zeit.de/online/2008/10/berliner-zeitung?page=all. Im Januar 2009 wurde die »Berliner Zeitung« (so wie auch die anderen deutschen Zeitungen der Mecom-Gruppe) an den Kölner Verlag M. DuMont Schauberg verkauft (s. z.B. http://www.zeit.de/online/2009/02/montgomery-mecom-berliner-zeitung-dumont-schauberg?page=all).

43 Totale Kommerzialisierung im Sinne von Matthias Kettner.

lich sichtbar wie beim Qualitätsverlust einer Zeitung. Diesem Druck gegenüber hat die therapeutische Seite die authentische Nachfrage der Patienten ebenso wie die Begrenzung des Ressourcenverbrauchs auf das medizinisch Sinnvolle zu vertreten. Obwohl sie es ist, die dem Ressourcenverbrauch erst seinen Sinn gibt, ist sie strukturell auch deshalb im Nachteil, weil sie von ihrem professionellen Selbstverständnis her auf die Interaktion mit Einzelnen eingestellt ist[44].

Mit anderen Worten: Anders als bei den Berliner Journalisten, deren Professionalität im Sinne einer selbstbewussten Solidarität einen immateriellen Schaden für die Gesamtgesellschaft mitverhindert hat, ist eine ähnlich bestimmtes, gemeinsames, selbstbewusstes Auftreten von Ärzteschaft und Pflege – jedenfalls derzeit – nicht zu erwarten. Der gesellschaftliche Rang des Gutes öffentliche Information und Meinungsbildung ist für die Steuerungsfähigkeit moderner Gesellschaften als sehr hoch einzuschätzen. Aber mindestens ebenso hoch ist der Rang von ›Gesundheit‹ im Sinne einer notwendigen Voraussetzung für das private und gesellschaftliche Handeln von Menschen überhaupt. Wenn gesellschaftliche Teilhabe von vermeidbaren oder behebbaren Gesundheitsstörungen verhindert wird, steht der Sinn des demokratischen, repräsentativen Rechtsstaats in Frage. Denn wozu soll die Freiheit des Handelns jedes einzelnen Bürgers, also aller gegeneinander, gesichert werden, wenn die materiellen Voraussetzungen des Handelns einschließlich der Gesundheit dem Zufall überlassen bleiben?

44 Die moralische Gesinnung, die stark genug ist, zu helfen, auch wenn sie im Einzelfall auf eigene Interessen verzichten muss, wie wir sie von Ärzten und Pflegenden erwarten bzw. erhoffen, würde in Kant'scher Ausdrucksweise eine Tugend sein und Lob und Aufmunterung verdienen. Dem vorliegenden Artikel geht es allerdings nicht um die direkte Stärkung dieser Tugend, sondern um die öffentliche Regulation, die Hindernisse für die Tugendausübung beseitigen kann. Auch dies ist eine kantische Position: »Man kann dieses [sc. den Friedenszustand, in welchem Gesetze Kraft haben, F.H.] auch an den wirklich vorhandenen, noch sehr unvollkommen organisierten Staaten sehen, daß sie sich doch im äußeren Verhalten dem, was die Rechtsidee vorschreibt, schon sehr nähern, obgleich das Innere der Moralität davon sicherlich nicht die Ursache ist (*wie denn auch nicht von von dieser die gute Staatsverfassung, sondern vielmehr umgekehrt von der letzteren allererst die gute moralische Bildung eines Volkes zu erwarten ist*)«; Kant, Immanuel (1998): *Zum ewigen Frieden* [1795]. In: Ders.: Werke in sechs Bänden, hrsg. von Weischedel, Wilhelm. Darmstadt (Wissenschaftliche Buchgesellschaft), Bd. VI, S. 224 [Herv. F.H.]. – Ein ähnlicher Gedanke findet sich in Kants Aufsatz *Mutmaßlicher Anfang der Menschengeschichte*. Er spricht am Beispiel des Schafspelzes, den der Mensch sich selber anlegt, davon, dass der Mensch die Tiere »nun nicht mehr als seine Mitgenossen an der Schöpfung, sondern als seinem Willen überlassene Mittel und Werkzeuge ansah«, dass er aber den Menschen als gleichen Teilnehmer an den Geschenken der Natur anzusehen habe: »eine Vorbereitung von weitem zu den Einschränkungen, die die Vernunft künftig dem Willen in Ansehung seines Mitmenschen auferlegen sollte, und welche weit mehr als Zuneigung und Liebe zu Errichtung der Gesellschaft notwendig ist«; Kant, Immanuel (1998): *Mutmaßlicher Anfang der Menschengeschichte* [1786]. In: Ders.: Werke in sechs Bänden, hrsg. von Weischedel, Wilhelm. Darmstadt (Wissenschaftliche Buchgesellschaft), Bd. VI, S. 91 [Herv. F.H.].

Staatliche Instanzen handeln demnach legitim, wenn sie die Ausweitung privaten Freiheitsraums auf Kosten anderer privater Freiheitsräume unter Anwendung von Zwang verhindern – so auch den nicht in die Rücksicht auf das Gemeinwohl eingebundenen privaten Krankenhausträger, der die privaten Bedürfnisse der Patienten dominiert[45]. Krankenhausprivatisierung, die nicht zugleich die Unabhängigkeit der therapeutischen Seite sichert, tut das Gegenteil: Sie eröffnet einen Raum, in dem der Anreiz herrscht, das professionelle Selbstverständnis von Berufen, in denen persönliche Zuwendung essentiell ist, zu entwerten, die Illusion, Interaktion könne durch marktübliche Transaktion ersetzt werden, fälschlich zu legitimieren und die Unterscheidung zwischen medizinisch sinnvoll und medizinisch überflüssig zu verunklaren. Es ist ein unauffälliger Schritt, aber er setzt eine Dynamik in Gang, die die gesellschaftliche Transparenz und damit die öffentliche Entscheidungsfähigkeit aufs Spiel setzt.

Der Gesetzgeber ist im demokratischen Rechtsstaat der Repräsentant aller Bürger. Aber die Mitglieder gesetzgebenden Körperschaften und politischer Entscheidungsinstanzen sind zugleich Akteure mit persönlicher moralischer Verantwortlichkeit. Man darf also auch die Frage stellen, welches Verhalten vom einzelnen politischen Repräsentanten erwartet oder sogar verlangt werden kann. Wer derartige Risiken in Kauf nimmt, ohne sie zugleich zu begrenzen, setzt sich jedenfalls dem Verdacht aus, einsichtslos oder pflichtvergessen zu handeln. Es ist schwer, den moralisch treffenden Ausdruck für dieses Fehlverhalten zu finden. Vom Politiker wird Urteilskraft erwartet, er sollte Einsichtslosigkeit bemerken – aber auch seine Wähler sollten es. Hinter Pflichtvergessenheit kann Mutlosigkeit stehen. Mut wäre zwar zu loben, aber Mutlosigkeit nicht zu verurteilen. Möglicherweise trifft ein anderes Wort. Man hat in einem öffentlichen Verfahren eine öffentliche Aufgabe übernommen und sich zu ihr bekannt, die im allgemeinen Interesse liegt, und überlässt sie dann absichtsvoll einem Privatinteresse. Das moralische Risiko, das man damit eingeht, ist nichts weniger als Verrat an dieser Aufgabe.

45 In einem kantischen Ansatz wäre die Rechtfertigung dafür die Verallgemeinerungsfähigkeit des gesetzgeberischen Willens. Die Frage würde lauten: Ist ein gesetzgeberischer Wille – also nicht nur ein Wunsch, sondern der mit Zwang ausgestattete, durchsetzungsfähige Wille, ohne Selbstwiderspruch denkbar, der der Gesundheit jedes einzelnen Bürgers Priorität gibt vor Einzelinteressen, die das Interesse an Gesundheit negieren oder unbeachtet lassen? Die Antwort ist ja. Denn jeder Akteur kann ohne Selbstwiderspruch wollen, dass der Zwang, der eigene Interessen um der Gesundheit von Jedermann willen begrenzt, auch gegen ihn selbst gilt, solange seine eigene Gesundheit dabei eingeschlossen ist.

# Abschließende Stellungnahme der Arbeitsgruppe

Vier Hypothesen beschreiben die Ausgangsposition der Arbeitsgruppe. Im Zuge der Arbeit, deren Ergebnisse der vorliegende Band dokumentiert, konnten wir diese Ausgangsposition präzisieren und in substanziellen Teilen auch bestätigen:

1. Es gibt für das Gesundheitswesen in einer wie auch immer gestalteten Form eine öffentliche Zuständigkeit,
2. dabei geht es sowohl um die (Verteilungs-)Gerechtigkeit als auch um ein ›Mehr‹, das als ›Fürsorge‹ oder ›Solidarität‹ bezeichnet werden kann.
3. Das Unbehagen insbesondere von Ärzteschaft und Pflege angesichts der Ökonomisierung des Gesundheitswesens lässt sich nicht auf eine psychologisch erklärbare Beharrungstendenz reduzieren.
4. Die ethischen Intuitionen, die in 1–3 im Spiel sind, haben einen rationalen, d.h. argumentativ aufweisbaren Kern.

Die Privatisierung von Krankenhäusern erfolgt in vielfältigen Formen. Der in Europa vergleichsweise neue Trend der Klinikprivatisierung ist in Deutschland besonders ausgeprägt. Zugrunde liegt dem Trend im allgemeinen ein Interesse an Kostenkontrolle oder schlichtweg die Notwendigkeit von Schuldentilgung. Als die am besten geeigneten Mittel, die Kosten in den Griff zu bekommen, gilt die Verselbständigung des Managements, mit der Privatisierung als deren reinster Form, sowie der Wettbewerb im Sinne eines marktwirtschaftlichen Steuerungselements.

Lassen sich diese Erwartungen *empirisch* bestätigen?

*Quantitativ* lassen sie sich nicht bestätigen. Es gibt unseres Erachtens derzeit keine eindeutigen Belege dafür, dass privatisierte Krankenhäuser bei gleich guter Krankenversorgung kostengünstiger arbeiten oder die Versorgung sogar verbessern würden. Allerdings ist die Beurteilung aus mehreren Gründen nicht einfach: Erstens erschwert das neue Vergütungssystem nach DRGs, das den Wettbewerb in ein im Übrigen hochreguliertes Gesundheitswesen einführt, die von diesem Vergütungssystem hervorgerufenen Effekte von denen der Privatisierung zu unterscheiden. Zweitens ist die Messung der ›Qualität‹ guter Krankenversorgung notorisch schwierig, weil man auf Surrogatparameter angewiesen ist. Drittens ist die relevante Datenlage in Deutschland im internationalen Vergleich unzureichend, und dieses Defizit lässt sich vorerst auch mit ausgefeilter Erhebungsmethodik nicht beheben.

*Qualitativ* gibt es eine Fülle von Hinweisen, dass Pflegepersonal und Ärzteschaft die Einführung der DRGs ebenso wie Privatisierungsprozesse als Bedrohung ihrer professionellen Identität erfahren. Da die Zuwendung zum einzelnen Kranken im Selbstverständnis dieser Berufe zentral ist und diese Zuwendung als Verpflichtung im moralischen Sinne verstanden wird, fragt sich, ob hier etwas verlorengeht, was recht betrachtet nicht verloren gehen darf.

*Prognostisch* ist zu beachten, dass die Basisfallwerte im Rahmen des DRG-Vergütungssystems keine Gewinnbestandteile und keine Abschreibungen vorsehen. Krankenhausbetreiber, die privaten Anteilseignern Renditen zahlen müssen, stehen also unter stärkerem Kostendruck als öffentliche und freigemeinnützige Häuser. Es ist kaum vorstellbar, dass sie dauerhaft arbeiten können, ohne am Personal oder an den Leistungen oder an beidem sparen zu müssen. Die kritische Frage der Aufrechterhaltung professioneller Identitäten wird sich deshalb noch verschärfen.

Im Licht dieser Befunde und Hinweise hält die Arbeitsgruppe die folgende *moralische* Bewertung von Prozessen der Klinikprivatisierung in Deutschland für ethisch gut begründet:

Krankenbehandlung im modernen Gesundheitssystem braucht, wie andere gesellschaftliche Aufgaben (z.B. Bildung und Justiz), erhebliche materielle Ressourcen. Verteilungsprobleme sind unausweichlich. Sie müssen im öffentlichen Diskurs demokratischer Politikformulierung gelöst werden. Bei begrenzten Ressourcen, auf die alle Bürger rechtfertigbare Ansprüche haben, ist die effiziente Verwendung dieser Ressourcen ein Gebot der Gerechtigkeit. Es ist deshalb moralisch legitim, dass der Staat geeignete Organisationsmittel – auch den marktlichen Wettbewerb – zur Verbesserung von Effizienz einsetzt, vorausgesetzt, die Organisationsmittel und ihre Auswirkungen stören, verzerren, unterlaufen nicht den demokratisch und moralisch legitimen Zweck der Krankenbehandlung. Moralisch fragwürdig und daher problematisierungsbedürftig ist nicht, *ob* überhaupt mit der Krankenbehandlung Geld verdient werden darf, sondern *wie* bzw. unter welchen einschränkenden Bedingungen.

Im Gesundheitswesen müssen die legitimen Interessen der Kranken, der Gesunden und der professionellen Helfer bestimmt und ausgeglichen werden. Eine der moralischen Besonderheiten des Gesundheitswesens besteht darin, dass diese Aufgabe über bloße Verteilungsgerechtigkeit hinausgeht. Denn (1) zählt Gesundheit als körperlich-seelische Funktionsfähigkeit nach dem je individuell erreichbaren Maß zu den Vorbedingungen menschlicher Handlungsfähigkeit überhaupt, (2) ist die therapeutische Beziehung zwischen Behandlern und Behandelten (im Kern: zwischen Arzt und Patient) keine restlos standardisierbare Rollenbeziehung, sondern eine individualisierte, und (3) erfordert sie in ihrer Asymmetrie ein hohes Maß an persönlichem Vertrauen. Unter den Anforderungen einer rationalen Ethik der Krankenbehandlung gilt deshalb: Die Krankenbehandlung in Krankenhäusern muss (d.h.: *sollte*, um moralisch in Ordnung zu sein) so organisiert sein, dass das Leitziel der wirksamen, guten und keinen Bedürftigen ohne Not ausschließenden Krankenbehandlung in Einklang gebracht wird mit der durch angemessene politische Entscheidungsprozesse legitimierten Ressourcenverteilung und mit den legitimen Interessen aller an der Krankenbehandlung beteiligten Personen.

Will man die Krankenhausprivatisierung ethisch bewerten, liegt der springende Punkt in der Frage, ob und wie das Ziel wirksamer, guter und zugänglicher Krankenbehandlung sich mit dem ganz anderen Ziel vereinbaren lässt, privaten Anteilseignern finanzielle Gewinne zu verschaffen. Dass diese verschiedenartigen Ziele sich bruchlos vereinen lassen, begründen Privatisierungsbefürworter wesentlich mit Argumenten dieser Form:

Wenn die Preise trotz der finanziellen Gewinne, die die Betreiber privatisierter Kliniken machen, bei den Privaten gleich hoch oder sogar niedriger sind als die Preise bei den nichtprivaten Kliniken, so liegt jedenfalls bei den Privaten kein ethisches Problem vor, vorausgesetzt, sie bringen dieselbe Leistung in Qualität und Menge.

Das Argument gilt sogar nach den Worten eines seiner bekanntesten Vertreter nur unter der Voraussetzung, dass privatisierte Kliniken »dieselbe Leistung in Qualität und Menge« erbringen wie nicht-private. Dass diese Voraussetzung gilt, ist aber nicht erwiesen. Vielmehr mehren sich die Hinweise, dass Gewinne nur durch zusätzliche Belastung der Mitarbeiter, also auf Kosten der Mitarbeiter, und mit daraus folgenden Qualitätseinbußen bei den Patienten erwirtschaftet werden. Auch selbst wenn die genannte Voraussetzung erfüllt wäre, würde sie ein weiteres Problem aufwerfen: Die verbesserte Effizienz würde von privaten Interessenten in Form von finanziellem Gewinn abgeschöpft; da aber die staatliche Verantwortung für ein anständiges Gesundheitssystem sich auch auf dessen Effizienz erstreckt, sollten Effizienzverbesserungen der Allgemeinheit zugute kommen und ihren Erfindern (hier: Wirtschaftsunternehmen, die Kliniken betreiben) allenfalls eine zeitlich befristete Innovationsprämie zustehen, gleichsam eine befristete Pionierrente auf die Verwertung einer patenten Verbesserung.

Die angeführte Argumentform erreicht also nicht ihr Ziel, die Privatisierung von Krankenhäusern als moralisch einwandfrei darzustellen. Umgekehrt lässt sich wie folgt dafür argumentieren, dass privates Gewinnstreben im Krankenhaus eingegrenzt werden muss:

Die Hilfsbedürftigkeit von Kranken beruht darauf, dass sie ein lebenspraktisch erfahrenes und medizinisch beschreibbares Problem mit ihrer eigenen körperlichen oder seelischen Verfassung haben. Helfer, die sich diesem höchstpersönlichen Problem stellen, müssen einerseits über die Kenntnisse und Fertigkeiten von Experten im Umgang mit Krankheiten verfügen, andererseits sich in jedem Einzelfall der kranken Person zuwenden. Medizinethisch gesehen enthält solche Zuwendung sowohl Achtung wie auch Fürsorge. Patienten sind Abhängige. Die Helfer dürfen diese Abhängigkeit für ihre eigenen (finanziellen, seelischen usw.) Interessen nicht ausnutzen. Sie sollen die Autonomie der Patienten, ihr Selbstbestimmungsrecht ebenso respektieren wie ihre Eigenständigkeit als professionalisierte Mitglieder in Helferberufen. Zugleich sollen sie durch eigenes bestes Bemühen die durch Krankheit geminderte Eigenständigkeit ihrer Patienten wiederherstellen, und zwar im Interesse der Patienten, wie diese selbst ihre Interessen sehen, und nicht im eigenen Interesse. Mit dieser komplexen Motivationslage kompetent umzugehen, liegt in der professionellen Verantwortung, die die helfenden Berufe, Ärzte und Pflegende, ihren Patienten gegenüber haben. Persönliche Interessen können nicht und sollen deshalb auch nicht ›ausgeschaltet‹ sein, nur dürfen sie der professionellen Aufgabe nicht in die Quere kommen. Organisationsmittel, die systematisch einseitig auf das Eigeninteresse auf Seiten der Leistungserbringer und -finanzierer setzen, sind in diesem Zusammenhang dysfunktional: Sie setzen Handlungsanreize, die jene Zuwendung zum Patienten, die medizinethisch gesehen geboten wäre, stören.

Private Krankenhausträger, die keinen Gemeinnützigkeits-Status haben, müssen renditeorientiert arbeiten und alle betriebswirtschaftlichen Instrumente in diesem Sinne nutzen. Zur betriebswirtschaftlichen Rationalität gehört, die Aktivitäten der Mitarbeiter durch entsprechende Handlungsanreize so zu formen, dass die Unternehmensziele erreicht werden. Erfolgt diese Formung im wesentlichen durch solche Anreize, die am Eigeninteresse ansetzen, so ist sie ethisch problematisch, wenn es um die Gesundheit von Menschen geht. Werden Anreizstrukturen gesetzt, die nicht mit dem professionellen Selbstverständnis der helfenden Berufe und der dort einbekannten und auch erwarteten Verantwortung konform gehen, dann verfehlt das Krankenhaus den, seine Existenz allererst rechtfertigenden Organisationszweck. Tendenziell wird das Krankenhaus dann kommerzialisiert, das heißt: Patienten werden zum Mittel für die private Gewinnerzielung, bevorzugt werden gewinnbringende Leistungen vor weniger gewinnbringenden, gewinnbringende Patienten vor kostenträchtigen, und die Akquisition von erwünschten Patienten schiebt sich vor das Ziel der Hilfe für hilfsbedürftige. In medizinethischer Perspektive wäre das nicht zu rechtfertigen.

In medizinethischer Perspektive gebührt der therapeutischen Professionalität zum Schutz der Patienten der Vorrang vor allen Motiven der privaten Abschöpfung von Kooperationsgewinnen. In der medizinethischen Perspektive liegt nicht, dass alles medizinische Wünschbare allen zur Verfügung gestellt werden müsste. Es liegt in ihr jedoch die Forderung, institutionell zu sichern, dass zwischen dem medizinisch Angezeigten und dem finanziellen Gewinninteresse auf transparente Weise abgewogen wird, wenn abgewogen wird.

Nach Auffassung der Arbeitsgruppe ist die Forderung der transparenten Abwägung derzeit nicht erfüllt. Solange dies so ist, ist die Privatisierung von Krankenhäusern schon aus diesem Grunde moralisch problematisch. Unseres Erachtens tragen vor allem die relevanten politischen Akteure, die organisierte Ärzteschaft und die Repräsentanten der Pflege eine moralische Mitverantwortung dafür, dass dies nicht so bleibt.

Friedrich Heubel, Horst Imdahl, Matthias Kettner, Christian Lenk,
Arne Manzeschke, Franziska Prütz, Viola Schubert-Lehnhardt, Rudolf Seeliger

# Information zu den Autorinnen und Autoren

Dr. Friedrich Heubel ist Privatdozent für Medizinethik und Facharzt für Neurologie und Psychiatrie. Er war Vorsitzender der Kommission für Ethik in der Ärztlichen Forschung des Fachbereichs Medizin der Universität Marburg. Sein Interesse gilt der Medizin als Praxis und als Institution aus der Perspektive Kant'scher Moralphilosophie. Er leitet die Arbeitsgruppe Klinikprivatisierung der Akademie für Ethik in der Medizin.

Dr. Matthias Kettner ist Professor für Philosophie und Diplomspsychologe. Er habilitierte sich mit einer Arbeit über Diskursethik. Seit 2003 ist er Vorstandsmitglied der Göttinger Akademie für Ethik in der Medizin. Seine Schwerpunkte in Forschung und Lehre sind: Deutscher Idealismus, theoretische und praktische Ethik), politische Philosophie Methodenprobleme der Psychoanalyse und die sozialpsychologische Kulturtheorie.

Horst Imdahl studierte Rechts-, Sozial- und Wirtschaftswissenschaften und ist Diplom-Ökonom. Von 1999 bis 2008 war er Geschäftsführer der Städt. Kliniken Düsseldorf gGmbH und wechselte unmittelbar nach der Übernahme durch die Sana Kliniken AG zur Städt. Kliniken Mönchengladbach GmbH. Er ist Vorsitzender der Kommission »Qualitätsmanagement« bei der Krankenhausgesellschaft Nordrhein-Westfalen und hat zu Fragen der Privatisierung publiziert.

Dr. Christian Lenk studierte Philosophie, Ethnologie und Politikwissenschaft an der Universität Hamburg. Er ist Privatdozent für Ethik und Theorie der Medizin und stellvertretender Vorsitzender der Göttinger Ethikkommission. Seine Arbeitsschwerpunkte liegen im Bereich der Forschungsethik, der ethischen Beurteilung nicht-therapeutischer Eingriffe am Menschen (Enhancement) sowie zu Fragen der Gerechtigkeit.

Dr. Arne Manzeschke hat nach einer Ausbildung zum Ingenieurassistenten Theologie und Philosophie studiert. Nach Pfarramt und wiss. Assistentenzeit leitet er heute als Privatdozent und Akademischer Oberrat die Arbeitsstelle für Theologische Ethik und Anthropologie an der Universität Bayreuth. Seine Forschungsschwerpunkte liegen im Bereich der Wirtschafts- und Technikethik. 2008 wurde er mit dem Ersten Ethikpreis der Deutschen Wirtschaftsgilde für Forschungen zur Ökonomisierung im deutschen Krankenhauswesen ausgezeichnet.

Dr. Franziska Prütz studierte Medizin und promovierte mit einem medizinethischen Thema; sie war 2005–2009 Lehrbeauftragte für Medizinethik am Institut für Geschichte der Medizin der Charité und am Fachbereich Mathematik und Informatik der Freien Universität Berlin. Zur Zeit studiert sie Public-Health an der Berlin School of Public Health an der Charité. Interessenschwerpunkte: ethische Aspekte der Reproduktionsmedizin, Public-Health-Ethik.

Dr. phil. Viola Schubert-Lehnhardt studierte in Leningrad, promovierte und habilitierte zu einem medizinethischen Thema. Sie war Mitarbeiterin am ersten Lehrstuhl für Medizinethik in der DDR an der Universität Halle-Wittenberg. Sie ist Sprecherin der deutschen Mitglieder von Feminist Association of Bioethics und Vizepräsidentin der Humanistischen Akademie Deutschlands e.V. und freiberuflich zu Fragen von Frauen- und Geschlechterforschung, Gesundheitspolitik und medizinischer Ethik tätig.

Dr. Rainer Sibbel ist Professor für internationales Gesundheitsmanagement an der Frankfurt School of Finance & Management, Frankfurt am Main, Leiter des Institute for International Health Management und akademischer Direktor des Master of Business Administration (MBA) in International Hospital and Healthcare Management.